KU-406-134

BESCHERELLE
JUNIOR

GRAMMAIRE

ORTHOGRAPHE GRAMMATICALE

ORTHOGRAPHE D'USAGE

CONJUGAISON

VOCABULAIRE

DICTIONNAIRE ORTHOGRAPHIQUE

HATIER

ISBN 2-218-2643-0

SAVEZ-VOUS UTILISER

BESCHERELLE JUNIOR

Depuis la classe de CE1 tu as appris beaucoup de choses au sujet de la langue française : tu as appris comment se construisent les phrases, comment s'écrivent les mots, comment ils s'accordent entre eux ; tu as aussi étudié la façon dont les verbes se conjuguent et comment s'organisent les mots du vocabulaire. Tout cela fait beaucoup de choses à garder dans ta tête et quelquefois tu n'es pas sûr de connaître la réponse exacte, de choisir la bonne façon d'écrire : c'est pour toi qu'a été fait le Bescherelle Junior. Il t'apportera les réponses à toutes les questions que tu te poseras en grammaire, orthographe, conjugaison et vocabulaire. Dans ton livre, chaque partie a une couleur différente.

GRAMMAIRE

ORTHOGRAPHE GRAMMATICALE

ORTHOGRAPHE D'USAGE

CONJUGAISON

VOCABULAIRE

DICTIONNAIRE ORTHOGRAPHIQUE

■ Tu fais tes devoirs. Dans un exercice, on te demande de souligner le complément d'objet second dans la phrase suivante :
Les élèves ont offert un bouquet à la maîtresse.
Tu consultes le Bescherelle Junior ; dans l'index, tu trouves **COS** et on t'indique la page où tu dois regarder : p. 127.

■ Tu écris à un ami et tu ne sais plus si *coffre* prend un ou deux **f**. Tu consultes le Bescherelle Junior. Dans le petit dictionnaire orthographique, on t'indique la façon d'écrire *coffre*. En face du mot, tu trouves la page où on t'explique le problème d'**orthographe.**

■ Un peu plus loin dans ta lettre, tu as un doute : comment écrit-on :
J'espère que tu as bien reçu la lettre que je t'ai envoyée.
Tu sais qu'il s'agit de **l'accord du participe passé** ; tu regardes dans ton index et tout s'éclaire.

■ Demain, tu as un contrôle sur les homonymes et les synonymes. L'index te renvoie à la partie **vocabulaire** et tu trouves les informations qui te permettront de réussir.

SOMMAIRE

GRAMMAIRE

L'Orthographe grammaticale

L'ORTHOGRAPHE D'USAGE

ConJugaiSoN

VoCaBuLaIRE

Dictionnaire orthographique

Index

LES MOTS CLÉS

ANALYSE : faire l'analyse grammaticale d'une phrase, c'est identifier les différents groupes de mots qui la constituent et dire quelle est leur nature et leur fonction. Analyser des groupes, c'est identifier les différents mots qui les composent (nature). Analyser les propositions d'une phrase, c'est identifier si elles sont indépendantes, principales, subordonnées...

FONCTION : le rôle qu'un mot ou un groupe de mots jouent dans la phrase (sujet, COD...).

GENRE : c'est si un mot est masculin ou féminin.

NOMBRE : c'est si un mot est singulier ou pluriel.

PHRASE : c'est parler pour dire quelque chose de quelqu'un ou de quelque chose. Une phrase est composée d'une ou plusieurs propositions.

PONCTUATION : ce sont les signes typographiques (. ; , ? : !) qui rendent compréhensible ce que l'on écrit. Il est très important de la respecter.

VOIX ACTIVE, VOIX PASSIVE : ce sont les deux façons de présenter un même événement : à la voix active, on commence par parler de celui qui fait l'action ; à la voix passive, on commence par parler de celui qui subit l'action ; éventuellement on dit qui l'a faite.

GRAMMAIRE

QU'EST-CE QUE LA GRAMMAIRE ?

On appelle grammaire l'ensemble des **règles** qu'il faut respecter pour parler et **écrire correctement** la langue française et **formuler clairement** ce que l'on souhaite exprimer.
A l'école, l'étude de la grammaire comporte deux grandes parties :
- **l'étude des éléments** qui constituent la langue (noms, adjectifs, prépositions...) ;
- **l'étude de leur fonction** dans la phrase : un nom peut être complément.

1

SAVEZ-VOUS

RECONNAÎTRE LES DIFFÉRENTS TYPES DE PHRASES

COMPÉTENCES

- J'identifie les phrases déclaratives, interrogatives, impératives et exclamatives

On parle, on écrit pour communiquer. Pour raconter un événement ou donner son avis à quelqu'un, on utilise une **phrase déclarative.** Pour poser une question à quelqu'un, on utilise une **phrase interrogative.** Pour donner un conseil ou un ordre à quelqu'un, on utilise une **phrase impérative.**

1. LA PHRASE DÉCLARATIVE

A. À quoi sert la phrase déclarative ?

– La phrase déclarative permet de **raconter un événement** ou de **donner une opinion**.

- *Hier, pendant la récréation, les élèves ont parlé du match Italie-Argentine.* ◂ ON RACONTE UN ÉVÉNEMENT.
- *Ce jeune homme paraît trop poli pour être honnête.* ▸ ON EXPRIME UNE OPINION.

B. Comment reconnaît-on une phrase déclarative ?

– La phrase déclarative se termine par un **point**. Elle comporte **un** ou **plusieurs verbes conjugués**.

▶ Observons ce texte :

▪ *Le tonnerre gronde , le vent souffle en rafales et siffle*
PRÉSENT PRÉSENT PRÉSENT

furieusement à travers les branches. Les enfants se

hâtent car les premières gouttes commencent à tomber.
PRÉSENT PRÉSENT

Ils ont quitté le village de bon matin pour aller se
PASSÉ COMPOSÉ

promener dans la forêt. Ils ont marché longtemps et se sont
PASSÉ COMPOSÉ PASSÉ

imprudemment éloignés. Heureusement les premières
COMPOSÉ

maisons apparaissent ; les enfants seront bientôt à l'abri.
PRÉSENT FUTUR

▶ Nous constatons que ce texte se compose de **cinq phrases déclaratives**.

2. LA PHRASE INTERROGATIVE

A. Comment reconnaît-on une phrase interrogative ?

– Une interrogative s'achève par un **point d'interrogation**.

▪ *Pierre s'en va demain.* ◂ JE DONNE UNE INFORMATION À PROPOS DU DÉPART DE PIERRE.

▪ *Pierre s'en va demain ?* ◂ JE DEMANDE SI PIERRE S'EN VA.

B. Comment se construisent les phrases interrogatives ?

On peut construire les phrases interrogatives de **trois façons** :

– En plaçant le sujet **après le verbe :**

- *Avez* - *vous* *une* *voiture ?*
  VERBE SUJET

– En ajoutant simplement **un point d'interrogation** à une phrase déclarative :

- *Tu* *as* *une* *voiture ?*
  SUJET VERBE

– En faisant commencer la phrase par **« est-ce que »** :

- *Est-ce que tu as une voiture ?*

! Il ne faut pas oublier d'accorder le verbe avec son sujet même lorsque celui-ci se trouve **après le verbe**.

- *Chantes-tu juste ?* - *Courent-ils vraiment vite ?*

C. Comment utilise-t-on les trois constructions interrogatives ?

L'inversion verbe-sujet est plutôt réservée **à l'écrit** ou lorsqu'on s'adresse à quelqu'un que l'on ne connaît pas ou très peu. Les deux autres constructions sont **plus courantes**.

▶ Observons les différentes constructions interrogatives.

- *Bon, tu viens, oui ?* ◂ ON S'ADRESSE À UN COPAIN.
- *Viendrez-vous dîner dimanche ?* ◂ C'EST UNE INVITATION FAITE À UNE PERSONNE QU'ON CONNAÎT MAL.
- *Est-ce que tu viens dimanche ?* ◂ ON S'ADRESSE À QUELQU'UN QU'ON CONNAÎT BIEN.

Nous constatons que les différentes constructions interrogatives correspondent à une **situation différente**.

D. Quels types de réponses peut-on faire à une phrase interrogative ?

– Certaines phrases interrogatives permettent une réponse par **oui** ou par **non** : on les appelle **interrogatives totales**.

D'autres phrases interrogatives ne permettent pas une réponse par oui ou par non : on les appelle **interrogatives partielles**.

	RÉPONSE OUI OU NON	**RÉPONSE AUTRE QUE OUI OU NON**
Êtes-vous déjà allés à l'étranger ?	★	
Quels pays connaissez-vous ?		★
À quelle période préférez-vous voyager ?		★
Avez-vous déjà pris l'avion ?	★	

E. Sur quels groupes porte l'interrogation ?

– Dans une phrase interrogative, on peut faire porter l'interrogation sur le groupe occupant la fonction **sujet**, ou la fonction **COD**, la fonction **COI** ou bien encore la fonction **CC**.

Dans chacune de ces phrases, le groupe sur lequel porte la question est souligné.

- *<u>Dans quelle rue</u> habitez-vous ?* (CC DE LIEU)
- *<u>À qui</u> parlais-tu ?* (COI)
- *<u>Quelle voiture</u> avez-vous ?* (COD)
- *<u>Qui</u> vient dîner ce soir ?* (SUJET)

F. Toutes les phrases interrogatives se terminent-elles par un point d'interrogation ?

– Non ! **Seules les phrases interrogatives directes** se terminent par un point d'interrogation. Il existe aussi des phrases interrogatives indirectes. Elles sont introduites par une conjonction de subordination *(pourquoi, si, où...)*, des pronoms *(qui, lequel, laquelle)*, des adjectifs *(quel)*, des adverbes *(comment)*. Elles ne se terminent pas par un point d'interrogation. On les trouve après des verbes comme *se demander, vouloir, savoir, dire...*

▶ Observons les deux séries de phrases suivantes :
La série A est composée de phrases interrogatives directes ; la série B, d'interrogatives indirectes. Dans la série B, on constate l'absence de points d'interrogation et la présence de conjonctions de subordination.

SÉRIE A :

- *Qu'as - tu fait hier ?*
  (as : VERBE ; tu : SUJET)
- *Pouvez-vous me conduire à la gare ?*
  (Pouvez : VERBE ; vous : SUJET)

SÉRIE B :

- *Je me demande ce que tu as fait hier.*
  (que : PRONOM RELATIF ; as fait : VERBE)
- *Elle m'a demandé si je pouvais la conduire à la gare.*
  (si : CONJ. DE SUB. ; je : SUJET ; pouvais : VERBE)

▶ Nous constatons que dans le cas des interrogatives **directes** (série **A**), le sujet est placé **après le verbe** alors que dans celui des interrogatives **indirectes** (série **B**), le sujet est placé **avant le verbe**.

3. LA PHRASE IMPÉRATIVE

A. À quoi sert la phrase impérative ?

– Les phrases impératives permettent de donner un **ordre**, un **conseil** ou d'exprimer un **souhait**.

▶ Observons ce tableau :

	NUANCES
Faites bon voyage	souhait
Passez-moi le sel, je vous prie	demande
Venez dîner jeudi	invitation
Donnez-moi cela immédiatement	ordre
Prenez 2 comprimés le matin	prescription (médecin)
Relis attentivement ton énoncé	conseil

▶ Nous constatons que les phrases impératives permettent d'utiliser plusieurs sortes de **nuances** pour faire réagir quelqu'un.

B. Les phrases impératives ont-elles toujours un verbe ?

– Non, on peut trouver des **impératives sans verbe**. Il s'agit le plus souvent d'affiches ou de panneaux ou d'ordres brefs.

- *Stationnement interdit !*
- *Attention, école !*
- *Silence, hôpital.*

C. À quels temps et à quels modes peuvent-être utilisés les verbes des phrases impératives ?

– Le verbe des phrases impératives peut être à **l'impératif**, au **présent** de l'indicatif, au **futur** de l'indicatif ou enfin à **l'infinitif**.

Observons ces quatre textes :

1 ▪ *Faites* bouillir le lait. *Cassez* six œufs et *battez*-les.
(*Faites* : IMPÉRATIF ; *Cassez* : IMPÉRATIF ; *battez* : IMPÉRATIF)

2 ▪ *Vous faites bouillir du lait ; vous cassez six œufs et vous les battez.*
(*faites* : PRÉSENT ; *cassez* : PRÉSENT ; *battez* : PRÉSENT)

3 ▪ *Vous ferez bouillir le lait, vous casserez six œufs et vous les battrez.*
(*ferez* : FUTUR ; *casserez* : FUTUR ; *battrez* : FUTUR)

4 ▪ *Faire bouillir le lait, casser six œufs et les battre.*
(*Faire* : INFINITIF ; *casser* : INFINITIF ; *battre* : INFINITIF)

Nous constatons que ces textes sont des phrases impératives. Dans le texte **1**, les verbes sont à **l'impératif** ; dans le texte **2**, à **l'indicatif présent** ; dans le texte **3**, au **futur** ; dans le texte **4**, les verbes sont à **l'infinitif**.

4. LA PHRASE EXCLAMATIVE

À quoi sert la phrase exclamative ?

– Lorsqu'on veut exprimer la **colère**, la **surprise**, la **joie**, on place à la fin des phrases impératives ou déclaratives un point d'exclamation.

- *Oui, il a gagné.* — DÉCLARATIVE
- *Il a gagné ! (quelle joie !)* — DÉCLARATIVE EXCLAMATIVE
- *Maintenant, sortez !* — IMPÉRATIVE EXCLAMATIVE
- *Eh bien, sortez maintenant.* — IMPÉRATIVE

5. LE TEXTE ET LES PHRASES

Les deux armées ennemies s'avançaient dans la plaine. **(1)**. Le soleil dardait ses rayons de feu. **(2)** Les casques scintillaient. **(3)** Bientôt les premières lignes de chaque armée furent à portée de voix. **(4)** Les généraux donnèrent alors l'ordre de s'arrêter. **(5)** Iksos s'écria **(6)** : « Pensez-vous échapper à la colère de notre peuple ? **(7)** Croyez-vous que votre crime resterait impuni ? » **(8)** Malik lui répondit **(9)** : « Sauve-toi tant qu'il est encore temps ! **(10)** Va rejoindre les femmes qui pleurent déjà dans ton village ! » **(11)**. Aussitôt, d'un même mouvement, les deux guerriers se précipitèrent l'un sur l'autre. **(12)** La bataille s'engagea. **(13)**

▶ Observons le tableau suivant :

TYPES DE PHRASES	RÉCIT	DIALOGUE
déclaratives	**1, 2, 3, 4, 5, 6, 9, 12, 13**	
interrogatives		**7, 8**
impératives		**10, 11**

▶ Nous constatons que l'on trouve le plus souvent les phrases déclaratives dans les **récits**, les phrases interrogatives et impératives dans les **dialogues**.

RETENONS

Quand on parle, quand on écrit, on peut utiliser trois types de phrases.

1 **Les phrases déclaratives** permettent de donner une information ou une opinion, de raconter un événement.

- *Hier, il est venu nous voir.*
- *La terre tourne autour du soleil.*
- *Je suis d'accord avec vous.*

2 **Les phrases interrogatives** servent à poser une question à quelqu'un.

- *Aimez-vous jouer au football ?*
- *Est-ce que vous aimez jouer au football ?*
- *Vous aimez jouer au football ?*

3 **Les phrases impératives** permettent de donner un ordre ou d'exprimer un souhait.

- *Avancez tous en silence.*
- *Passez de bonnes vacances.*

On peut aussi vouloir indiquer que l'on est en colère, ou au contraire très content, ou bien encore très étonné. On donnera alors à la phrase une nuance exclamative signalée par un point d'exclamation.

- *Rentre immédiatement !*

SAVEZ-VOUS

UTILISER LA PONCTUATION

COMPÉTENCES

- Je reconnais les différents signes de ponctuation.

Lorsqu'on parle, la voix monte, descend, s'arrête.
Lorsqu'on écrit, ce sont les **signes de ponctuation** qui indiquent les montées, les descentes et les **pauses** de la voix.

A. À quoi sert la ponctuation ?

– Un texte sans ponctuation est très difficile à comprendre. Lorsqu'il s'agit d'un dialogue, par exemple, seule la ponctuation permet de **suivre la conversation**.

▶ Observons ces 2 textes, l'un ponctué, l'autre non :

1 ▪ *Racontez-moi donc cet accident l'accident oui dites-moi ce que vous avez vu ce que j'ai vu ben voilà il pleuvait il y avait du brouillard alors je n'ai pas vu grand-chose ah mais j'ai entendu un bruit épouvantable.*

2 ▪ *– Racontez-moi donc cet accident.*
– L'accident ?
– Oui, dites-moi ce que vous avez vu !
– Ce que j'ai vu, ben… Voilà, il pleuvait, il y avait du brouillard, alors je n'ai pas vu grand-chose…
– Ah !
– Mais j'ai entendu un bruit épouvantable.

Nous constatons que la version du texte **1** est difficile à comprendre : on ne sait pas qui parle, où commencent et où finissent les phrases, s'il s'agit de phrases interrogatives, déclaratives ou exclamatives.
Le texte **2** est plus facile à lire : un **tiret** marque le changement d'interlocuteur, un **point** permet de savoir qu'une phrase se termine, un **point d'interrogation** indique les questions, un **point d'exclamation** indique la fin d'une exclamative, les **virgules** permettent de séparer les groupes à l'intérieur des phrases.

B. Un signe de ponctuation peut-il changer le sens d'une phrase ?

Oui ! En remplaçant un signe de ponctuation par un autre signe ou en changeant un signe de place, on peut **transformer** complètement **le sens d'une phrase**.

Observons cette phrase :

- *Quelques années plus tard, le vaisseau spatial, abandonné par les cosmonautes, fut enfin retrouvé.*

Nous constatons que deux virgules encadrent le groupe : *abandonné par les cosmonautes.* Nous comprenons que : les cosmonautes avaient abandonné le vaisseau, que le vaisseau fut retrouvé quelques années plus tard.

Observons maintenant la même phrase, dont la ponctuation a été modifiée :

- *Quelques années plus tard, le vaisseau spatial abandonné, par les cosmonautes fut enfin retrouvé.*

Nous constatons qu'une virgule sépare le groupe *le vaisseau abandonné* du reste de la phrase. Nous comprenons que : le vaisseau fut abandonné par on ne sait qui ; des cosmonautes l'ont retrouvé quelques années plus tard.

C. À quoi sert le point ?

– Le point indique qu'une **phrase déclarative se termine**. Si elle est suivie d'une autre phrase, le premier mot de la phrase suivante commence par une majuscule. Lorsqu'on rencontre un point, la **voix descend** et marque une **pause importante**.

▶ Observons ce texte :

- *Un matin de printemps,* Pause *Pierrot se réveilla de très bonne heure.* PAUSE *Un bruit bizarre l'avait tiré de son sommeil.* PAUSE *Au-dessus de lui,* Pause *sur le toit,* Pause *un frottement régulier se faisait entendre.* PAUSE *Le bruit s'arrêtait,* Pause *reprenait,* Pause *s'arrêtait encore en changeant sans arrêt de place.* PAUSE *Pierrot se leva.* PAUSE *Il grimpa sur le toit.* PAUSE *À sa grande surprise,* Pause *il trouva là Minouche,* Pause *sa chatte,* Pause *qui venait de faire des petits.*

▶ Nous constatons que **le point** marque une **pause plus longue** que la virgule : il indique une nette descente de la voix.

D. Toutes les phrases interrogatives se terminent-elles par un point d'interrogation ?

– Non ! On utilise le point d'interrogation uniquement lorsqu'on donne la parole à quelqu'un qui pose une question : c'est une **interrogation directe**.

- *Pierre demanda : « Voulez-vous danser ? »*

On ne met pas de point d'interrogation si l'on rapporte une conversation sans donner la parole à quelqu'un : c'est une **interrogation indirecte**.

- *Pierre lui demanda si elle voulait danser.*

► Observons ces couples de phrases :

1 - *Je lui demandai quels journaux il achetait.*
  - *Je lui demandai : « Quels journaux achetez-vous ? »*

2 - *Je lui demandai pourquoi il pleurait.*
  - *Je lui demandai : « Pourquoi pleures-tu ? »*

► Nous constatons que dans le cas des phrases interrogatives indirectes les phrases ne se terminent pas par un point d'interrogation, le sujet ne se place pas après le verbe et le dialogue n'est pas rapporté entre guillemets.

! Comparez le changement de temps et de personne :
achetait : 3e pers. du sing. de l'imparfait de l'indicatif ;
achetez-vous : 2e pers. du plur. du présent de l'indicatif.

E. À quoi sert la virgule dans une phrase ?

– Dans une **énumération**, la virgule sert à séparer les mots ou groupes de mots **qui ont la même fonction**.

Observons ces phrases :

- *La gourmandise* , *la colère* , *la médisance* et *la jalousie* sont de vilains défauts.
  (La gourmandise : SUJET ; la colère : SUJET ; la médisance : SUJET ; la jalousie : SUJET)

- *Ce garçon est si doux , si gentil et si calme !*
  (doux : ATTRIBUT ; gentil : ATTRIBUT ; calme : ATTRIBUT)

Nous constatons que le dernier terme de l'énumération est précédé de la conjonction de coordination **et**, non d'une virgule.

Lorsqu'on veut faire ressortir un groupe de mots dans la phrase **(le mettre en relief)**, on peut le placer en début de phrase et le séparer du reste de la phrase par une virgule ; il s'agit le plus souvent d'un groupe occupant une fonction de complément circonstanciel.

Observons ces phrases :

- *Du haut des cimes, les alpinistes contemplaient la vallée.*
  (Du haut des cimes : CC DE LIEU MIS EN RELIEF)

- *Pendant plus de 30 jours, la pluie n'a pas cessé.*
  (Pendant plus de 30 jours : CC DE TEMPS MIS EN RELIEF)

Lorsqu'on veut mettre un **adjectif en apposition** :

– On le place entre deux virgules, s'il est au milieu de la phrase :

- *Le vieux roi, épuisé, se coucha pour mourir.*
  (épuisé : ADJECTIF APPOSÉ)

– On le fait suivre ou précéder d'une virgule, s'il est au début ou à la fin de la phrase :

- *Le vieux roi se coucha pour mourir, épuisé.*
  (épuisé : ADJECTIF APPOSÉ)

- *Épuisé, le vieux roi se coucha pour mourir.*
  (Épuisé : ADJECTIF APPOSÉ)

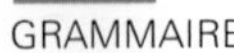

F. À quoi sert le point-virgule ?

Le point-virgule marque une pause moins importante que le point et plus importante que la virgule. Il permet de **séparer des propositions indépendantes**. On ne met pas de majuscule après un point-virgule. Dans la plupart des cas, le point-virgule permet :

– de marquer la **succession** de deux événements dans le temps :

- *L'horloge venait de sonner les douze coups de minuit* ; (TEMPS 1) **m***onsieur Durand prit son chapeau et sortit*. (TEMPS 2)

– de marquer que deux événements sont en **relation logique** :

- *Il pleut* (CAUSE) ; *je prends mon parapluie* (EFFET).

G. À quoi servent les deux-points ?

Lorsque l'on veut introduire dans une phrase une **citation**, une **énumération** ou une **explication**, on utilise les deux-points.

▶ Observons ces trois phrases :

1 ▪ *Comme le dit mon grand-père* **:** *« Mieux vaut être riche et en bonne santé que pauvre et malade. »*

▶ Nous constatons que les deux-points introduisent une **citation** qui est encadrée par des **guillemets**.

2 ▪ *Les matières que je préfère sont : l'histoire, les sciences et la grammaire.*

▶ Nous constatons que les deux-points introduisent une **énumération**.

3 ▪ *Yannick Noah n'a pas joué ce tournoi : il était blessé.*

▶ Nous constatons que les deux-points introduisent une **explication**.

H. Comment rapporte-t-on un dialogue ?

– Les guillemets indiquent le **début** et la **fin** d'un **dialogue**. Lorsqu'une nouvelle personne prend la parole, on doit **aller à la ligne** et mettre un **tiret**.

▶ Observons ces dialogues, le 1er sans tirets ni guillemets, le 2nd avec tirets et guillemets :

1 ▪ *Allô ! Monsieur Dupond est-il là ? Qui donc ? Monsieur Dupond, le nouveau directeur. Vous voulez dire Monsieur Dubon. Oui, enfin, Dubon ou Dupond, quelle importance ? Dubon, c'est Dubon... Oui, je sais, et Dupond c'est Dupond. C'est cela même. Alors, vous me le passez, oui ? Je ne peux pas, il est parti en vacances.*

2 ▪ – *« Allô ! Monsieur Dupond est-il là ?*
– *Qui donc ?*
– *Monsieur Dupond, le nouveau directeur.*
– *Vous voulez dire Monsieur Dubon ?*
– *Oui, enfin, Dupond ou Dubond, quelle importance ?*
– *Dubon, c'est Dubon...*
– *Oui, je sais, et Dupond c'est Dupond.*
– *C'est cela même.*
– *Alors, vous me le passez, oui ?*
– *Je ne peux pas, il est parti en vacances. »*

RETENONS

Bien connaître le sens des différents signes de ponctuation est indispensable si l'on veut comprendre un texte ou rendre compréhensible ce que l'on écrit.

1 **Le point** marque la fin d'une phrase déclarative ou impérative. Il doit être suivi d'une majuscule.

- *Cette chanson me plaît.* ***E****lle est très rythmée.*

2 **La virgule** permet de séparer les éléments d'une énumération qui ont la même fonction. Elle permet aussi de détacher un groupe de mots dans la phrase, de le mettre en relief :

- *Dès le lendemain, il alla lui parler.*
- *De son père, il n'avait aucune nouvelle.*

3 **Le point-virgule** marque une pause plus importante que la virgule. Il n'est pas suivi de majuscule.

4 **Le point d'interrogation** marque la fin d'une interrogative directe. On met une majuscule après le point d'interrogation.

- *Voulez-vous venir avec moi ?* ***B****ien volontiers.*

La phrase interrogative indirecte ne se termine jamais par un point d'interrogation :

- *Je lui ai demandé si elle voulait venir avec moi.*

5 **Le point d'exclamation** termine une phrase exclamative et indique la colère, la surprise... On met une majuscule après le point d'exclamation :

- *Quel bonheur de vous rencontrer* **!** **Q***uelle surprise* **!**

6 **Les deux-points** permettent d'introduire une citation, une explication ou une énumération :

- *Comme tu dis* : *« Après la pluie, le beau temps ! »*
  CITATION

- *Il était heureux* **:** *il avait gagné.*
  EXPLICATION

- *Il vendait toutes sortes de choses* : *allumettes, clous, lacets...*
  ÉNUMÉRATION

7 Lorsqu'on rapporte les paroles ou les écrits de quelqu'un, on doit les mettre **entre guillemets** et les faire précéder de deux-points :

- *Snoopy a dit* **: «** *De la réflexion naît l'action.* **»**

Dans un dialogue, chaque fois qu'un nouveau personnage prend la parole, on doit aller à la ligne et mettre **un tiret**.

– *Allô ! Monsieur Dupont est-il là ?*
– *Qui donc ?*

3

SAVEZ-VOUS

UTILISER LA FORME NÉGATIVE

COMPÉTENCES

- Je sais transformer les différents types de phrases à la forme négative.

Tous les types de phrases peuvent être soit à la forme affirmative, soit à la **forme négative**.

A. À quoi sert la négation ?

– Lorsqu'on veut indiquer qu'un événement **n'a pas eu lieu**, ou quand on **ne partage pas l'avis** de quelqu'un, on utilise *ne ... pas, ne ... plus, ne ... rien*, etc., qui encadrent le verbe de la phrase.

▶ Observons les réponses de Gérard et Stéphane :

1 ▪ *Aimez-vous lire ?*

Gérard : J'aime lire ; je lis souvent des romans policiers.

Stéphane : Je n'aime pas lire ; je ne lis jamais de romans policiers.

2 ▪ *Avez-vous vu des éléphants ?*

Gérard : Oui, j'en ai vu ; il y en a encore beaucoup.

Stéphane : Non, je n'en ai pas vu ; il n'y en a plus.

Nous constatons que Gérard et Stéphane ne sont pas du même avis. Les locutions adverbiales *ne ... pas, ne ... jamais, ne ... plus* servent à donner une **réponse négative**.

Observons les questions et les réponses suivantes :

- *Avez-vous l'heure ?* ▸ *Je* ***n'****ai* ***pas*** *de montre.*
- *Avez-vous quelque chose à dire ?* ▸ *Je* ***n'****ai* ***rien*** *à dire.*
- *Vous reste-t-il encore du pain ?* ▸ *Je* ***n'****ai* ***plus*** *de pain.*
- *Y a-t-il quelqu'un pour me renseigner ?* ▸ *Il* ***n'****y a* ***personne****.*
- *Vient-il quelquefois ?* ▸ *Il* ***ne*** *vient* ***jamais****.*

Nous constatons que devant *personne, jamais, rien*, il ne faut pas utiliser **pas**.

B. Que signifie la locution *ne ... que* ?

ne ... que a le même sens que l'adverbe **seulement**.

Observons les phrases suivantes :

1. *Dans ce quartier, il n'y a que des immeubles.*
2. *Dans ce quartier, il y a des immeubles.*
3. *Dans ce quartier, il n'y a pas d'immeubles.*

Nous constatons que : la phrase **1** signifie qu'**il y a** des immeubles et aucune autre construction ni jardins. La phrase **2** signifie qu'**il y a** des immeubles mais peut-être **aussi** des pavillons et des jardins. La phrase **3** signifie qu'**il n'y a aucun** immeuble **mais peut-être** des pavillons et des jardins.

C. Comment construit-on les phrases impératives à la forme négative ?

– Lorsque le verbe de la phrase impérative est à l'infinitif, la négation **ne ... pas** se place **avant le verbe**. Lorsque le verbe de la phrase impérative est au mode impératif, la négation **ne ... pas** **encadre** le verbe.

► Observons ces phrases :

	INTERDICTION ORALE (IMPÉRATIF)	INTERDICTION ÉCRITE (INFINITIF)
Ne pas toucher aux fruits.		★
Ne fumez pas, s'il vous plaît.	★	
Ne détachez pas votre ceinture !	★	
Ne pas effacer.		★
Ne pas avaler.		★
Ne mangez pas trop de sucre !	★	

► Nous constatons que la phrase impérative à la forme négative exprime une **interdiction**. Lorsque c'est une personne qui prononce cette interdiction (à l'oral), on utilise **l'impératif** ; à l'écrit, on utilise le plus souvent **l'infinitif**.

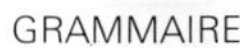

RETENONS

1 Tous les types de phrases : déclaratives, interrogatives ou impératives peuvent être utilisés **à la forme négative**.

- *Il n'est pas venu.* ◂ PHRASE DÉCLARATIVE.
- *Ne viendra-t-il pas ?* ◂ PHRASE INTERROGATIVE.
- *Ne venez pas trop tard.* ◂ PHRASE IMPÉRATIVE.

2 La forme négative est exprimée par différentes négations : **ne ... pas, ne ... plus, ne ... jamais, ne ... rien**, etc. Ces négations sont formées de deux mots ; le premier est toujours **ne**, le second change selon le sens de la négation.

3 Pour toutes les **formes simples** du verbe (présent, futur, imparfait...), la négation **encadre le verbe**.

- *Je ne vendrai pas ma voiture.*

4 Pour les **formes composées** du verbe (passé composé, plus-que-parfait...), la négation **encadre l'auxiliaire**.

- *Je n'ai pas vendu ma voiture.*

5 Lorsque le verbe est à **l'infinitif**, la négation tout entière se place avant le verbe.

- *Ne pas déranger.*

4

SAVEZ-VOUS
FAIRE LA DIFFÉRENCE ENTRE NATURE ET FONCTION

COMPÉTENCES

- Je ne confonds pas la nature et la fonction d'un mot.

On peut diviser les êtres humains en différentes catégories. Par exemple : les hommes, les femmes.
De même, les **mots** de notre langue peuvent eux aussi être divisés en différentes **catégories grammaticales** : **noms**, **verbes**, **adjectifs**, **adverbes**, **pronoms**...
Chacune de ces catégories constitue **la nature** d'un mot.
De même que chaque catégorie d'êtres humains peut jouer dans la vie des **rôles** variés : un homme peut être professeur ou coureur cycliste, les mots de différentes **natures** peuvent avoir dans les phrases des **fonctions** différentes (sujet, COD, CC...).

A. Qui nous renseigne sur la nature des mots ?

– Le **dictionnaire** indique la nature de chaque mot. Il utilise pour cela des **abréviations** : **n.** = nom ; **v.** = verbe ; **adj.** = adjectif qualificatif ; **adv.** = adverbe ; **pron.** = pronom.

► Observons la liste des mots suivants qui sont présentés tels qu'ils apparaissent dans le dictionnaire.

pomme : n.	lire : v.	jupe : n.
écrire : v.	cartable : n.	finir : v.
arbre : n.	manger : v.	joie : n.

Nous constatons que le dictionnaire, avant de nous donner le sens de chaque mot, nous indique la catégorie à laquelle il appartient : il indique sa **nature**.

Observons une deuxième liste de mots :

souvent : adv. je : pron. bruyamment : adv.
rouge : adj. difficile : adj. nous : pron.

	ADJECTIF QUALIFICATIF	PRONOM	ADVERBE
souvent			★
rouge	★		
je		★	
difficile	★		
bruyamment			★
nous		★	

B. Un mot peut-il changer de nature ?

– Quelle que soit sa position dans la phrase, qu'il soit au singulier ou au pluriel, **un mot garde toujours la même nature**.

Observons ces phrases :

- *Les pommiers fleurissent au printemps.*
- *J'ai planté un pommier dans mon jardin.*
- *L'oiseau s'est posé sur le pommier.*

Nous constatons que le mot *pommier* peut se trouver à différents endroits de la phrase, être au singulier ou au pluriel ; il conserve toujours la même nature : c'est un **nom**.

Observons les phrases ci-dessous :

- *Les enfants jouent au ballon.*
- *Le petit garçon jouait avec ses amis.*
- *Ses amis lui ont joué un sale tour.*

Nous constatons que le même mot *jouer* peut avoir différentes formes selon le temps auquel il est utilisé. Mais il conserve toujours la même nature : c'est un **verbe**.

C. Un mot peut-il avoir des fonctions différentes ?

– Un même mot a toujours la **même nature**. Cependant, il peut occuper **différentes fonctions** dans la phrase.

Observons les phrases suivantes :

1 . *Mon cartable a disparu.*
NOM FONCTION SUJET

2 . *Mes parents m'ont acheté un cartable.*
NOM FONCTION COD

3 . *Ton livre est dans mon cartable.*
NOM FONCTION CC DE LIEU

Nous constatons que le **nom** *cartable* conserve la **même nature** dans les trois phrases. Il occupe la **fonction** de **sujet** dans la phrase **1**, la fonction de **COD** dans la phrase **2**, la **fonction de complément circonstanciel de lieu** dans la phrase **3**.

Observons les phrases ci-dessous :

1 . *Le pull de Pierre est rouge.*
ADJECTIF FONCTION ATTRIBUT

2 . *Il adore les pommes rouges.*
ADJECTIF FONCTION ÉPITHÈTE

Nous constatons que l'adjectif *rouge* occupe la **fonction d'attribut** du sujet dans la phrase **1** et la **fonction d'épithète** du nom *pommes* dans la phrase **2**.

Observons les phrases ci-dessous :

1 . *Nous avons joué au tennis.*
PRONOM FONCTION SUJET

2 . *La directrice nous a punis.*
PRONOM FONCTION COD

3 . *Elle nous a dit que nous n'irions pas en récréation.*
PRONOM FONCTION COI

4 . *Le maître est venu chez nous.*
PRONOM FONCTION CC DE LIEU

Nous constatons que le pronom *nous* occupe la **fonction de sujet** dans la phrase **1**, de **complément d'objet direct** dans la phrase **2**, de **complément d'objet indirect** dans la phrase **3** et enfin de **complément circonstanciel de lieu** dans la phrase **4**.

D. Comment identifier la nature et la fonction d'un groupe de mots ?

– Un groupe grammatical est toujours constitué de plusieurs mots qui se rassemblent autour d'un **noyau**. C'est le **noyau** du groupe qui donne au groupe sa **nature** et sa **fonction**.

Lorsque le **noyau** du groupe est un **nom**, on appelle ce groupe **groupe nominal**. La fonction du nom noyau définit la fonction du groupe tout entier.

Lorsque le **noyau** du groupe est un **adjectif**, le groupe est un **groupe adjectival**. La fonction de l'adjectif détermine la fonction du groupe tout entier.

Observons les **groupes nominaux** de ces deux phrases :

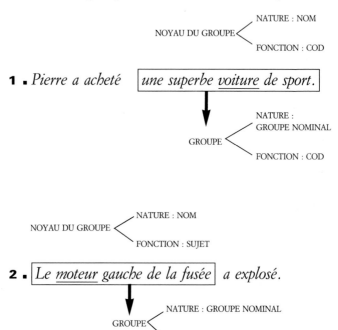

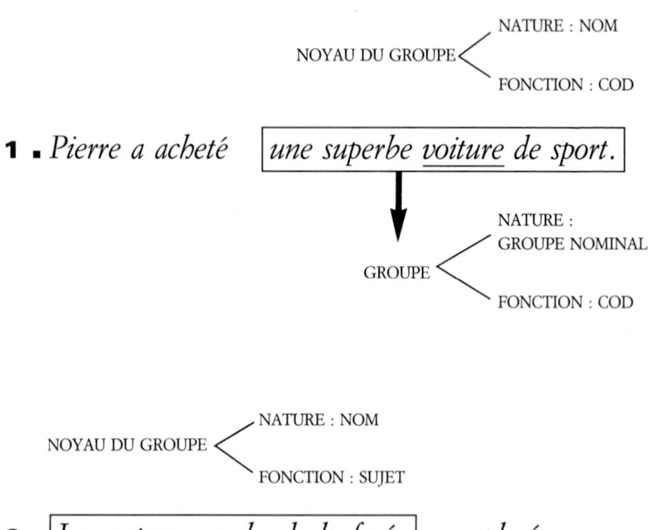

Nous constatons que, dans ces deux phrases, chaque **groupe nominal** se rassemble autour d'un **nom noyau** :

– *voiture*, dans la première phrase, occupe une fonction de complément d'objet direct ; tout le groupe qui se constitue autour du nom *voiture* est en fonction de **COD** ;

– *moteur*, dans la seconde phrase, occupe la fonction de sujet ; tout le groupe nominal est en fonction de **sujet**.

1 La **nature** d'un mot est la catégorie grammaticale à laquelle il appartient. Le dictionnaire nous indique si tel mot est un **nom**, un **verbe**, un **adjectif qualificatif**, un **pronom** ou un **adverbe**...
– Les **noms** désignent des êtres animés *(enfant, chien)*, des objets *(chaise, livre)*, des notions abstraites *(liberté, égalité)...*
– Les **adjectifs** désignent des qualités (ou des défauts), des caractéristiques *(beau, laid, vert)...*
– Les **adverbes** permettent d'indiquer le temps *(demain)*, le lieu *(ici)*, la manière *(doucement)*.
– Les **verbes** expriment des actions *(courir)* ou des états *(être)*.
– La **nature** d'un mot ne change jamais, quelle que soit sa place :

▪ *Ce livre est beau. J'ai lu ce livre.*
(livre : NOM ; livre : NOM)

2 En revanche, les mots peuvent occuper dans la phrase des **fonctions** variées (sujet, COD, CC...).

NATURE	FONCTIONS	EXEMPLES
NOMS	Sujet	▪ *Le **jour** se lève.*
	COD COI	▪ *Elle attend **le jour** avec impatience.* ▪ *Elle pense aux **jours** passés.*
	Complément d'agent	▪ *Nous avons été surpris par **le jour**.*
	Attribut du sujet	▪ *Et la nuit devint **le jour**.*
	Complément du nom	▪ *J'aperçus les premières lueurs du **jour**.*
	Comp[t] circonstanciel	▪ *Dès **le jour**, il partit.*

NATURE		FONCTIONS	EXEMPLES
ADJECTIFS QUALIFICATIFS		Épithète	▪ *Il harangua la foule* **enthousiaste**.
		En apposition	▪ *Le public,* **enthousiaste**, *applaudissait l'acteur.*
		En attribut du sujet	▪ *Il semblait* **enthousiaste.**
VERBES	conjugués	Noyau de la phrase ou de la proposition	▪ *Ils* **partirent** *pour Rome au matin.*
	à l'infinitif	Sujet	▪ **Partir**, *c'est mourir un peu.*
		Comp^{t} d'objet direct	▪ *J'aime* **partir** *à l'aventure.*
		Comp^{t} circonstanciel	▪ *Les poètes voyagent sans* **partir**.
PRONOMS PERSONNELS		Sujet	▪ **Vous** *avez cassé l'ordinateur.*
		COD COI	▪ *Je* **vous** *salue bien.* ▪ *Je* **vous** *ai remis cet argent.*
		Comp^{t} circonstanciel	▪ *Je serai chez* **vous** *à dix heures.*
ADVERBES		Comp^{t} circonstanciel	▪ **Hier**, *il était encore* **ici**.
DÉTERMINANTS	ARTICLES	Déterminent le nom	▪ **Un** *chien a mordu* **le** *jardinier.*
	ADJECTIFS démonstratifs possessifs indéfinis numéraux		▪ **Ces deux** *joueurs vont changer de club.* ▪ **Mon** *chien a mordu* **notre** *facteur.*

SAVEZ-VOUS
CE QU'EST UN NOM

COMPÉTENCES

- Je reconnais les différentes sortes de noms.

A. Que désigne un nom ?

– Un nom est un mot qui peut désigner **une personne** *(un enfant, une sorcière)*, **un animal** *(un chien)*, **un objet concret** *(une boîte, un arbre)* ou **une notion abstraite** *(liberté, égalité).*

▸ Observons attentivement ce texte :

- *Les **affreuses sorcières volent** sur des **balais déplumés**, un **chat noir** sur l'**épaule**. Parfois l'un de ces **engins bizarres s'écrase** sur le **sol** et **explose** dans un **terrible vacarme**. La **sorcière** et l'**animal sautent** tranquillement avant **explosion**.*

▸ Nous constatons que les personnes, les animaux, les objets sont désignés par des **noms** en rouge. Les **adjectifs** en vert permettent de les qualifier ; les **verbes** en bleu désignent les actions accomplies.

B. Qu'est-ce qu'un groupe nominal ?

– Un groupe nominal est constitué d'un **nom noyau** auquel se rattachent des **déterminants** et des **adjectifs**.

Observons cette phrase :

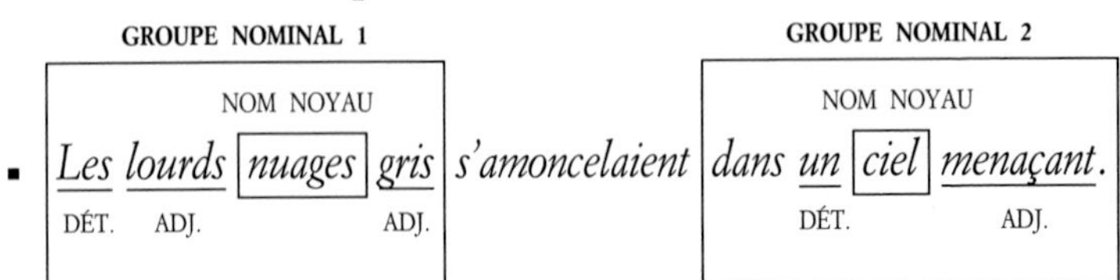

Nous constatons que le groupe nominal 1 est constitué d'un nom noyau : *nuages*, auquel se rattachent deux adjectifs qualificatifs, *lourds* et *gris* et un déterminant, l'article défini *les*.
Dans le groupe nominal 2, *ciel* est le nom noyau du groupe ; l'adjectif *menaçant* le qualifie et l'article *un* le détermine.

C. Qu'appelle-t-on le genre et le nombre d'un nom ?

– Le **genre** d'un nom, c'est le fait qu'il soit masculin *(un lit)* ou féminin *(une maison)*. Le **nombre** d'un nom, c'est le fait qu'il soit utilisé au singulier *(le lit)* ou au pluriel *(les lits)*.

Observons la phrase suivante :

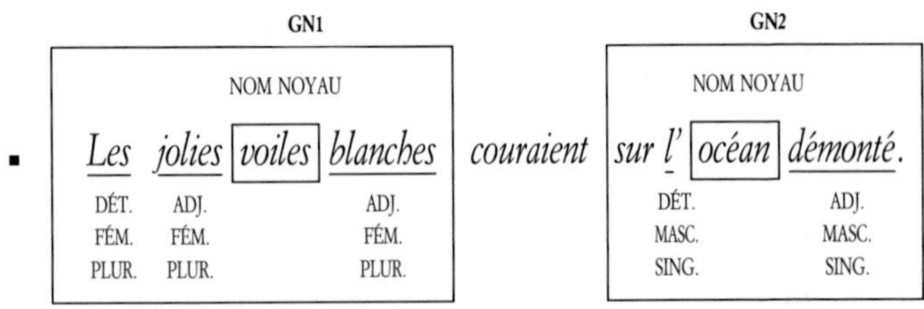

Nous constatons que le nom noyau du GN1 est féminin (genre) ; il est utilisé au pluriel (nombre). Les deux adjectifs sont du même genre et du même nombre : ils s'accordent avec le nom noyau. Dans le GN2, le nom noyau est masculin (genre) singulier (nombre). L'adjectif et l'article s'accordent avec lui.

D. Qu'est-ce qu'un nom propre ?

Les noms propres désignent :

– Les **prénoms** *(Pierre)* ou les noms de personnes ou d'animaux *(Dupont, Médor)*.
– Des **villes**, des **pays**, des **régions** *(Paris, Italie, Provence)*.
– Les **habitants** de ces villes, de ces pays ou de ces régions *(les Parisiens, les Italiens, les Provençaux)*. Les noms propres commencent par une majuscule.

Observons cette phrase :

- *Les Dupont ont acheté trois superbes Picasso.*

Nous constatons que les deux noms propres *Dupont* et *Picasso* ne prennent pas le **s** du pluriel. Picasso est un nom propre qui désigne un peintre célèbre. Dans cette phrase, ce nom propre désigne trois tableaux de ce peintre.

Observons les noms propres suivants :

- *Les Alpes, les Pyrénées, les Andes.*

Nous constatons que **certains noms propres** ne s'emploient **qu'au pluriel**.

Observons ces phrases :

- *Les galettes* ***b****retonnes sont délicieuses.*
- *Les* ***B****retonnes avaient de jolies coiffes.*

Nous constatons que les **noms propres** désignant les habitants de villes, de régions ou de pays, prennent les marques de genre et de nombre et s'écrivent avec une majuscule. L'adjectif correspondant à ce nom propre ne prend pas de majuscule.

E. Pourquoi est-il important de distinguer les noms qui désignent des êtres animés de ceux qui désignent des non-animés ?

— Certains noms désignent des êtres qui peuvent se mouvoir par eux-mêmes (des « **animés** » humains ou animaux) ; d'autres désignent des objets, des phénomènes, des idées (« **non-animés** »). Il est important de savoir distinguer les animés des non-animés lorsqu'on les remplace par des **pronoms** et lorsqu'on les utilise après les prépositions **à** et **chez**.

- *Il voit son frère.* ◂ **QUI** VOIT-IL ? (ANIMÉ).
- *Il voit son jardin.* ◂ **QUE** VOIT-IL ? (NON-ANIMÉ).
- *Il pense à son frère.* ◂ **À QUI** PENSE-T-IL ?. (ANIMÉ)
  À **QUELQU'UN**, À PERSONNE.
- *Il pense à son jardin.* ◂ À QUOI PENSE-T-IL ? (NON-ANIMÉ)
  À **QUELQUE CHOSE**, À **RIEN**.

▶ Nous constatons qu'on remplace un nom par un pronom différent selon que ce nom désigne un être animé ou non-animé.

▶ Observons ces phrases :

- *Je vais chez le boulanger.*
  ANIMÉ
- *Je vais à la boulangerie.*
  NON-ANIMÉ

▶ Nous constatons que lorsque le complément circonstanciel de lieu est un animé, on utilise la préposition **chez**. En revanche, s'il s'agit d'un non-animé, on utilise la préposition **à**.

F. Un nom est-il toujours précédé d'un déterminant ?

1. Les **noms communs** sont **le plus souvent** précédés d'un déterminant :

- *un homme, mon chien, cette table*
  - un : DÉTERMINANT ART. IND.
  - mon : DÉTERMINANT ADJ. POSS.
  - cette : DÉTERMINANT ADJ. DÉM.

2. Inversement, les **noms propres** sont **rarement** précédés d'un déterminant :

- *x Pierre, x Paris, x Durand.*

▶ Observons ces phrases :

- *Ils marchèrent avec peine.*
  - avec : PRÉP.
  - peine : NOM CC DE MANIÈRE
- *Ils l'ont découvert par hasard.*
  - par : PRÉP.
  - hasard : NOM CC DE MANIÈRE

▶ Nous constatons que lorsqu'un nom est utilisé comme **complément circonstanciel de manière** *(comment ?)*, il est souvent utilisé sans déterminant.

▶ Observons ces phrases :

- *J'ai navigué sur la Loire.*
  - la : DÉTERMINANT
  - Loire : NOM PROPRE
- *J'ai visité la France.*
  - la : DÉTERMINANT
  - France : NOM PROPRE

▶ Nous constatons que beaucoup de noms propres désignant des pays, des habitants ou des fleuves sont accompagnés d'un déterminant.

1 On appelle **nom** la nature des mots qui désignent des êtres humains, des animaux, des objets concrets *(un crayon)*, des idées abstraites *(l'amitié)*.

2 Les noms se répartissent en différentes catégories :

Les noms **propres**	*Pierre, Paris, les Français.*
Les noms **communs**	*le lapin, la table.*
Les noms **animés**	*Je vais chez le coiffeur.*
Les noms **non-animés**	*Je vais au supermarché.*
Les noms **concrets**	*un crayon.*
Les noms **abstraits**	*La liberté.*

3 **Le nom constitue le noyau du groupe nominal :** GN.

C'est au nom que se rattachent les adjectifs et les déterminants qui constituent avec lui le groupe nominal. C'est lui qui leur impose son genre et son nombre.

- *J'ai acheté*

une	*belle*	**voiture**	*verte.*
DÉT.	ADJ.	NOM NOYAU	ADJ.

GN

4 Les noms ont un **genre** et un **nombre**. Le genre d'un nom, c'est d'être masculin *(le camion)* ou féminin *(la voiture)*. Le nombre d'un nom, c'est d'être au singulier *(le bateau)* ou au pluriel *(les bateaux)*.

SAVEZ-VOUS
CE QU'EST UN VERBE

COMPÉTENCES

● Je reconnais le verbe dans la phrase ● Je distingue les verbes d'action et les verbes d'état.

On appelle **verbe** une catégorie de mots qui permettent de désigner des **actions** *(courir, manger...)* ou des **états** *(être, devenir...)*. Ces mots changent de forme selon la personne qui réalise l'action :
je *mang****e****,* ***nous*** *mang****eons***
et selon la période où cette action est réalisée :
je *mang****eais*** ◂ *PASSÉ,*
je *mang****erai*** ◂ *FUTUR.*

A. Qu'exprime le verbe dans la phrase ?

Dans une phrase, le verbe sert le plus souvent à exprimer une **action**.

► Observons ces phrases :

QUE **FIRENT** LES CONCURRENTS ?

- *Les concurrents démarrèrent.* (démarrèrent : VERBE) ▸ *Ils démarrèrent.* (démarrèrent : ACTION)

QUE **FAISAIENT** LES SPECTATEURS ?

- *Les spectateurs hurlaient.* (hurlaient : VERBE) ▸ *Ils hurlaient.* (hurlaient : ACTION)

B. Le verbe désigne-t-il toujours une action ?

– Non ! Les verbes comme *être, devenir, sembler, paraître, rester, avoir l'air*… n'expriment pas une action ; ils permettent d'**attribuer une caractéristique** (qualité ou défaut) à un être animé ou à un objet : on les appelle **verbes d'état.**

▶ Observons ces phrases :

- *La maison était immense.*
  maison : NOM — était : VERBE D'ÉTAT — immense : QUALITÉ

- *Le toit semblait solide.*
  toit : NOM — semblait : VERBE D'ÉTAT — solide : QUALITÉ

▶ Nous constatons que les verbes *était* et *semblait* permettent d'attribuer les qualités *immense* et *solide* aux noms *maison* et *toit*.

C. Comment repérer le verbe dans une phrase ?

– Le verbe est le seul élément de la phrase qui porte les **marques de la personne et du temps**.

▶ Observons ces phrases :

- *J'aime les glaces.* — 1RE PERS. SING.
- *Nous aimons les glaces.* — 1RE PERS. PLUR.
- *Tu chantes faux.* — 2E PERS. SING.
- *Vous chantez faux.* — 2E PERS. PLUR.

▶ Nous constatons que **le verbe change de forme** en changeant de **personne**.

Observons ces phrases :

- *Il habite près de chez nous.*
  PRÉSENT
- *Quand j'étais petit, il habitait près de chez nous.*
  IMPARFAIT
- *L'année prochaine, il habitera près de chez nous.*
  FUTUR

Nous constatons que lorsqu'on raconte une histoire, **si on change le moment où elle se déroule, la forme** du verbe **change**.

Observons ces phrases :

- *Cet homme ne parle guère.*
  VERBE
  NÉGATION
- *Les enfants ne disaient pas un mot.*
  VERBE
  NÉGATION
- *Il ne nous ennuiera plus.*
  VERBE
  NÉGATION

Nous constatons que dans une phrase **seul le verbe** peut être encadré par la négation **ne ... pas, ne ... guère, ne ... plus**.

D. De quels éléments se compose un verbe ?

– Le verbe se compose de deux parties : un **radical** et une **terminaison**. Le **radical** porte le **sens** du verbe ; la **terminaison** indique la **personne** et le **temps** auxquels il est conjugué.

Analysons les verbes suivants :

- *Je courais* : *cour-* (RADICAL) *ais* (TERMINAISON) ◂ IMPARFAIT/1RE PERSONNE DU SINGULIER
- *Nous chanterons* : *chant-* (RADICAL) *erons* (TERMINAISON) ◂ FUTUR/1RE PERSONNE DU PLURIEL

La **conjugaison d'un verbe** est l'ensemble des terminaisons que ce verbe peut recevoir. Les terminaisons varient en fonction de la personne et du temps.

E. Qu'est-ce que l'infinitif ?

– L'infinitif est la **forme non conjuguée du verbe**. C'est sous cette forme que les verbes sont présentés dans les dictionnaires.

Observons les infinitifs suivants :

- *aimer* : *aim-* (RADICAL) *er* (TERMINAISON) ◂ **1ER GROUPE**
- *finir* : *fin-* (RADICAL) *ir* (TERMINAISON) ◂ **2E GROUPE**
- *recevoir* : *recev-* (RADICAL) *oir* (TERMINAISON) ◂ **3E GROUPE**
- *rendre* : *rend-* (RADICAL) *re* (TERMINAISON) ◂ **3E GROUPE**

Selon les groupes auxquels ils appartiennent, les infinitifs des verbes peuvent avoir des terminaisons différentes :

– Le **1er groupe** est constitué par des **infinitifs en er** ; ce sont les plus fréquents.

– Le 2e **groupe** est constitué par un grand nombre d'**infinitifs en ir**. Leur participe présent se termine par **issant** *(finir/finissant)*.

– Le 3e **groupe** est constitué par plusieurs types **d'infinitifs : oir** et **re**.

– Les infinitifs en **ir** dont le participe présent se termine par **ant** *(tenir, tenant)* sont classés dans le **3e groupe**.

F. Quand doit-on utiliser l'infinitif ?

– **Après une préposition :** *Il se dépêche pour arriver à temps.*
Après un verbe conjugué : *Il sentait venir l'orage.*

▶ Observons ces phrases :

▪ *J'écoutais chanter les oiseaux.*
VERBE CONJUGUÉ — INFINITIF

▶ Nous constatons qu'après un verbe conjugué on utilise **l'infinitif**. Après l'auxiliaire *avoir* ou *être*, on utilise le **participe passé**.

G. Quel rôle le verbe joue-t-il dans la phrase ?

– Le verbe est le **noyau de la phrase verbale** ; c'est à lui que sont reliés les autres mots ou groupes de mots.

Observons soigneusement la façon dont la phrase suivante est représentée :

- *Les marchandes* apportent *des légumes* *au marché* *dans des paniers*.
  (*Les marchandes* : SUJET ; *des légumes* : COD ; *au marché* : CC ; *dans des paniers* : CC)

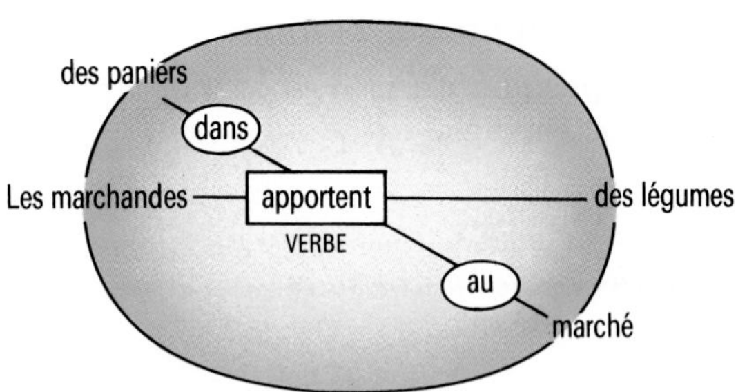

Nous constatons que dans le schéma ci-dessus, **le verbe est au centre du cercle**. C'est à lui que sont rattachés les autres mots ou groupes de mots. Le verbe assure la cohésion de la phrase comme un anneau rassemble toutes les clés d'une maison.

H. Qu'est-ce qu'un verbe transitif et un verbe intransitif ?

– On peut classer les verbes en deux catégories :

1. Ceux qui **refusent tout complément d'objet direct :** on les appelle verbes **intransitifs :** *défiler, vivre, mourir, partir...*

2. Ceux qui **acceptent un complément d'objet direct :** on les appelle verbes **transitifs :** *manger, écouter, rencontrer, battre, regarder...*

Observons ces deux phrases :

- *Il mange lentement ses haricots.*
  VERBE (mange) — COD (ses haricots)

- *Il mange lentement.*
  VERBE (mange)

Nous constatons que le verbe *manger* est construit dans la première phrase avec un COD alors que dans la deuxième phrase il n'y a pas de COD ; *manger* est un verbe **transitif** qui **accepte** un COD mais ne l'exige pas obligatoirement.

Observons cette phrase :

- *Pierre rencontre un ami.*
  VERBE (rencontre) — COD (un ami)

Nous constatons que dans cette phrase le verbe *rencontrer* se construit obligatoirement avec un COD ; *rencontrer* est un verbe **transitif** qui **exige** un COD.

RETENONS

1 Un verbe indique **ce que fait** quelqu'un ou **ce qu'il est** :

- *Le petit chien pleure.*
  VERBE D'ACTION (pleure)

- *Le petit chien semble malheureux.*
  VERBE D'ÉTAT (semble)

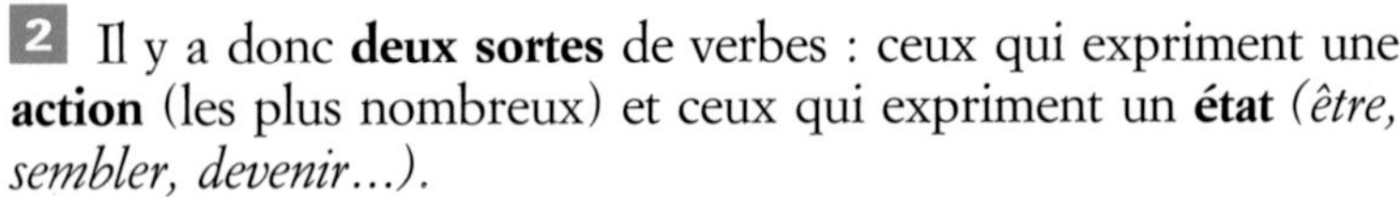

2 Il y a donc **deux sortes** de verbes : ceux qui expriment une **action** (les plus nombreux) et ceux qui expriment un **état** *(être, sembler, devenir...).*

3 La **forme** du verbe **change** en fonction de la **personne** de son sujet.

- *Je pleure, nous pleurons, tu pleures.*
  1RE PERS. SING. — 1RE PERS. PLUR. — 2E PERS. SING.

4 La **forme** du verbe **change** selon que l'on veut indiquer qu'un événement se déroule **dans le passé, le présent** ou **le futur**.

- *Le petit chien pleurait.* ◂ IMPARFAIT.
- *Le petit chien pleurera.* ◂ FUTUR.

5 La partie du verbe qui change avec la personne ou le temps s'appelle la **terminaison** du verbe. La partie du verbe qui ne change pas s'appelle le **radical**. La **conjugaison** d'un verbe est constituée de l'ensemble des terminaisons qu'il peut recevoir.

6 Le verbe est le **noyau de la phrase** : c'est à lui que sont reliés les différents groupes de la phrase.

- *Pierre* (SUJET) *a offert* (VERBE) *un collier* (COD) *à sa fille* (COI) *pour sa fête.* (C.C. DE TEMPS)

7 On distingue deux catégories de verbes : les verbes qui acceptent un COD (les verbes **transitifs**) et ceux qui n'en admettent pas (les verbes **intransitifs**).

SAVEZ-VOUS CE QU'EST L'ADJECTIF QUALIFICATIF

COMPÉTENCES

● Je reconnais l'adjectif qualificatif ● Je sais l'accorder.

Comme son nom l'indique, **l'adjectif qualificatif** sert à préciser une qualité ou un défaut qui caractérise un être animé ou un objet inanimé :
beau, laid, méchant, blanc, noir...
Il faut bien distinguer les adjectifs qualificatifs d'autres mots qu'on appelle aussi adjectifs : les adjectifs **possessifs**, les adjectifs **démonstratifs**...
(Voir Déterminants, p. 63.)

A. À quoi servent les adjectifs qualificatifs ?

– Les adjectifs qualificatifs permettent de **décrire** un être humain, un animal ou un objet en précisant une ou plusieurs de ses caractéristiques. Ils **qualifient** donc un **nom** et permettent de préciser son sens.

► Observons les trois dessins suivants :

Nous constatons que ces trois dessins représentent un même animal désigné par le nom commun : *chat.*
– Le premier dessin représente *un chat noir*
– Le deuxième *un chat gris*
– Le troisième *un chat jaune*
Les mots que nous utilisons pour décrire à chaque fois la couleur du chat sont des **adjectifs qualificatifs.**

Observons attentivement ces deux textes : dans le premier, aucun adjectif qualificatif n'est utilisé ; dans le second, les adjectifs qualificatifs sont soulignés.

1 . *L'eau miroitait au soleil. Ses reflets éblouissaient les yeux de Marc qui parvenait difficilement à regarder au loin. La main en visière, il cherchait pourtant à apercevoir au large une voile, le bateau de son père. Après un temps, il lui sembla reconnaître la couleur de la voile. C'était lui ! Enfin ! Toute son anxiété se dissipa soudain et fit place à une allégresse. Il courut sur la digue en agitant les bras :*
« Papa ! Papa ! » criait-il.

2 . *L'eau miroitait au soleil étincelant. Ses reflets bleutés éblouissaient les yeux inquiets de Marc qui parvenait difficilement à regarder au loin. La main gauche en visière, il cherchait pourtant à apercevoir au large une petite voile, le bateau de son père. Après un temps interminable, il lui sembla reconnaître la couleur orangée de la voile maîtresse. C'était lui ! Enfin ! Toute son anxiété accumulée se dissipa soudain et fit place à une immense allégresse. Il courut sur la digue étroite en agitant les bras.*
« Papa ! Papa ! » criait-il.

Nous constatons que les adjectifs qualificatifs utilisés dans le texte 2 permettent de préciser certains détails. Le soleil est *étincelant*, la voile *est orangée*. Le lecteur peut **se représenter avec plus de précision** la scène qui est décrite.

B. Dans une phrase, l'adjectif qualificatif appartient-il au groupe nominal (GN) ou au groupe verbal (GV) ?

– Lorsque l'adjectif qualificatif se rapporte **directement** à un nom, il fait partie du **groupe nominal** dont le nom constitue le noyau.

- *J'ai acheté* [*une* *voiture* (NOM NOYAU) *neuve* (ADJ. QUAL. ÉPITHÈTE).] GN

L'adjectif *neuve* est **épithète** du nom *voiture*.

– Lorsque l'adjectif qualificatif est relié au sujet de la phrase par les **verbes d'état** *(être, sembler, avoir l'air...)*, il fait partie du **groupe verbal**.

- *Ma voiture* (SUJET) [*est* (VERBE D'ÉTAT) *neuve* (ADJ. QUAL. ATTRIBUT).] GV

L'adjectif *neuve* est **attribut** du sujet *voiture*.

▶ Observons dans le texte suivant les adjectifs qualificatifs : certains font partie du groupe nominal (GN), d'autres des groupes verbaux (GV).

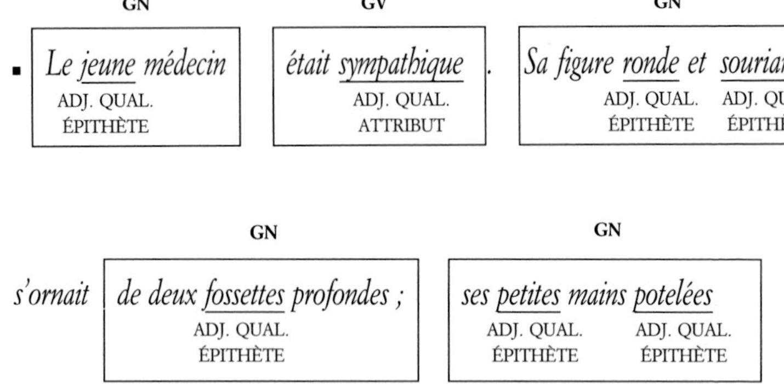

s'agitaient lorsqu'il parlait.

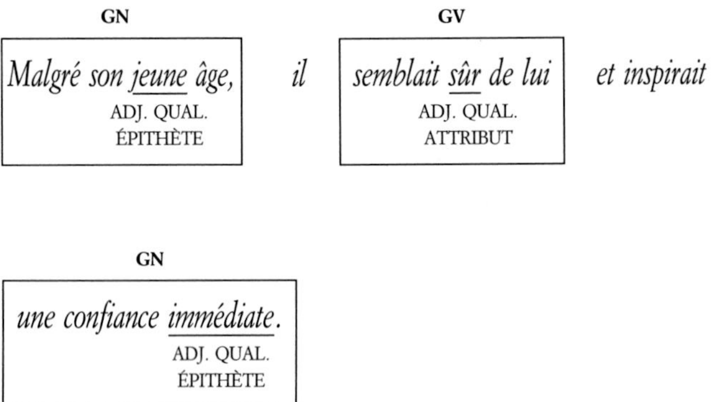

Nous constatons que les différents adjectifs qualificatifs soulignés font partie :
– soit **du GN** lorsqu'ils sont **épithètes** ;
– soit **du GV** lorsqu'ils sont **attributs**.

C. Qu'est-ce qu'un adjectif qualificatif mis en apposition ?

On dit qu'un adjectif qualificatif est mis en apposition lorsqu'il est **séparé du nom** qu'il qualifie par une ou deux virgules.

Observons ces phrases :

- *Déçu, l'homme prit son chapeau et partit.*
- *L'homme, déçu, prit son chapeau et partit.*
- *L'homme prit son chapeau et partit, déçu.*

Nous constatons que l'adjectif *déçu*, bien que séparé du nom *homme* par une virgule, qualifie *homme*, quelle que soit sa place dans la phrase.

D. Quelle est la place de l'adjectif qualificatif dans le groupe nominal ?

Généralement, la plupart des adjectifs qualificatifs en fonction d'épithète se placent **après le nom** qu'ils déterminent. Quelques adjectifs courts et fréquemment utilisés se placent normalement **avant le nom** :

- *une petite maison*
- *une haute montagne*

Observons ces phrases.

1 ▪ *Je vis arriver* [GN : *un garçon* (NOM) *petit* (ADJ. QUAL.) *et* (CONJ. DE COORDINATION) *gros* (ADJ. QUAL.).]

2 ▪ *J'ai acheté* [GN : *une belle* (ADJ.) *chemise* (NOM) *jaune* (ADJ.).]

Nous constatons que dans un même GN deux adjectifs peuvent déterminer le même nom. Dans la phrase **1**, ils sont placés après le nom *garçon* et sont reliés par la conjonction de coordination *et*. Dans la phrase **2**, ils sont placés l'un devant, l'autre derrière le nom *chemise* et ne sont pas coordonnés.

Observons la place des adjectifs dans ces phrases :

▪ *De Gaulle fut considéré comme un grand* (CÉLÈBRE) *homme mais il était aussi un homme grand* (DE HAUTE TAILLE).

▪ *Le rock est une sacrée* (FORMIDABLE) *musique mais ce n'est pas une musique sacrée* (RELIGIEUSE).

▪ *C'est une brave* (GENTILLE) *femme mais aussi une femme brave* (COURAGEUSE).

Nous constatons que dans ces trois phrases, un même adjectif **change de sens** lorsqu'on le change de **place**.

E. Qu'est-ce que le comparatif ?

Nous avons vu qu'un adjectif exprime qu'un être animé, ou un objet, possède une caractéristique, une qualité ou un défaut. On peut vouloir établir des comparaisons entre **deux êtres animés ou deux objets** possédant **la même caractéristique** en indiquant :
– que l'un la possède **plus** que l'autre : **comparatif de supériorité**
– ou **moins** que l'autre : **comparatif d'infériorité**
– ou **autant** que l'autre : **comparatif d'égalité**.

Observons le cas suivant :

- *Jean et Pierre sont deux élèves qui courent vite, mais Jean est très rapide sur 100 m tandis que Pierre est très rapide sur 1 500 m. Tous les deux sont à égalité sur 400 m.*

Nous dirons que :

- *Jean est plus rapide que Pierre sur 100 m.*
  COMPARATIF DE SUPÉRIORITÉ
- *Jean est moins rapide que Pierre sur 1 500 m.*
  COMPARATIF D'INFÉRIORITÉ
- *Jean est aussi rapide que Pierre sur 400 m.*
  COMPARATIF D'ÉGALITÉ

F. Qu'est-ce que le superlatif ?

Le superlatif permet de choisir, parmi un ensemble d'êtres animés ou d'objets, celui ou ceux qui possèdent une qualité ou un défaut **le plus** ou **le moins que tous les autres**.
– Le plus que tous les autres : **superlatif de supériorité.**
– Le moins que tous les autres : **superlatif d'infériorité**.

Observons le cas suivant :

- *Pierre a cueilli des roses ; certaines commencent à être fanées, d'autres sont magnifiques. Pierre va offrir les unes et jeter les autres ; il dira :*

- *Je vais offrir les plus belles.*
SUPERLATIF DE SUPÉRIORITÉ

- *Je vais jeter les moins belles.*
SUPERLATIF D'INFÉRIORITÉ

! Deux adjectifs très courants ont un comparatif et un superlatif irréguliers :
– **bon** a pour comparatif : **meilleur que**
pour superlatif : **le meilleur**
– **mauvais** a pour comparatif : **pire que**
pour superlatif : **le pire**.

Observons ce tableau :

ADJECTIFS QUALIFICATIFS	COMPARATIF	SUPERLATIF
beau bon mauvais	**plus** beau que meilleur que pire que	**le plus** beau le meilleur le pire

Parmi ces trois adjectifs, *bon* et *mauvais* ne comportent pas le mot **plus** ni au comparatif ni au superlatif.

G. Comment l'adjectif qualificatif s'accorde-t-il ?

– L'adjectif qualificatif s'accorde en **genre** (masculin ou féminin) et en **nombre** (singulier ou pluriel) avec le nom qu'il qualifie.

Observons ces phrases :

- *Il ramasse des branches sèches.*
  NOM NOYAU FÉM. PLUR. (branches) — ADJ. QUAL. FÉM. PLUR. (sèches)

- *Les branches sont sèches.*
  NOM SUJET FÉM. PLUR. (branches) — ADJ. QUAL. FÉM. PLUR. (sèches)

Nous constatons que l'adjectif qualificatif *sèches* occupe dans la première phrase la fonction d'épithète, dans la seconde la fonction d'attribut. Dans les deux cas, **il s'accorde en genre et en nombre** avec le nom *branches* qu'il qualifie.

! Lorsqu'un adjectif qualifie plusieurs noms singuliers, il se met au pluriel.

- *Un homme et un enfant beaux comme des dieux.*
  SING. (homme) — SING. (enfant) — PLUR. (beaux)

! Lorsqu'un adjectif qualifie plusieurs noms, l'un masculin, l'autre féminin, il se met au masculin pluriel.

- *Une femme et un enfant beaux comme des dieux.*
  FÉM. SING. (femme) — MASC. SING. (enfant) — MASC. PLUR. (beaux)

! Les noms de fleurs ou de fruits employés comme adjectifs ne s'accordent ni en genre ni en nombre : sauf *rose* et *mauve* (voir p. 176).

- *Nous portons tous des chemises orange.*
  FÉM. PLUR. (chemises) — INVARIABLE (orange)

- *Nous portons tous des chemises roses.*
  FÉM. PLUR. (chemises) — PLUR. (roses)

1 C'est grâce aux **adjectifs qualificatifs** que l'on peut préciser les caractéristiques des objets, des animaux ou des personnes.

- *J'ai cueilli une jolie fleur blanche.*

2 L'adjectif qualificatif fait partie du **groupe nominal** lorsqu'il est en fonction d'**épithète**. Il s'accorde alors avec le nom noyau du GN.

- *Il aperçut au loin* [GN : *une* (DÉT.) *petite* (ADJ. QUAL.) *voile* (NOM NOYAU) *blanche* (ADJ. QUAL.)].

3 L'adjectif qualificatif fait partie du **groupe verbal** lorsqu'il occupe la fonction d'**attribut**. Il s'accorde alors avec le sujet du verbe d'état.

- *Au loin, les voiles* (SUJET) [*semblaient minuscules* (ADJ.)].

4 L'adjectif qualificatif peut également être détaché du nom qu'il complète par une virgule : on dit qu'il occupe la fonction d'**apposition**.

- *Les voiles, étincelantes, tachaient de blanc, de jaune et de rouge le bleu de la mer.*

8

SAVEZ-VOUS CE QUE SONT LES DÉTERMINANTS

COMPÉTENCES

- Je reconnais les différents déterminants (articles et adjectifs)

On appelle **déterminants** les mots comme *le, un, mon, ce* ... qui se placent le plus souvent devant le nom dans le groupe nominal. Ces mots permettent de présenter un personnage, un animal ou un objet d'une façon particulière :

- J'ai vu un chien.
  - ON NE SAIT RIEN DE LUI.
- Le chien du voisin m'a mordu.
  - ON LE CONNAÎT BIEN.
- Ce chien est dangereux.
  - IL EST DEVANT NOUS.
- Notre chien est superbe.
  - IL NOUS APPARTIENT.

A. Quelle est la place du déterminant dans le GN ?

— Le nom commun est presque toujours **précédé** d'un déterminant. C'est donc le déterminant qui permet de savoir où commence le GN.

► Observons cette phrase :

GN1				GN2			
Mon	*meilleur*	*ami*	*m'a offert*	*un*	*superbe*	*train*	*électrique.*
DÉT.	ADJ. QUAL.	NOM		DÉT.	ADJ. QUAL.	NOM	ADJ. QUAL.

Nous constatons que chacun des deux groupes nominaux commence par un déterminant : *mon* marque le début du GN1, *un* le début du GN2.

B. Un nom est-il toujours précédé d'un déterminant ?

Non ! Il arrive parfois que le nom ne soit pas précédé d'un déterminant.

– Avant certains noms propres comme : *Pierre, Paris...*

! Les Alpes, la Seine.

– Après certaines prépositions comme : *avec, en, par...*

- *Je suis arrivé en avion.* (en : PRÉP. ; avion : NOM)

– Après le verbe *être* dans la fonction attribut :

- *Pierre est cuisinier.*

Observons ces deux phrases :

- *Il m'a reçu avec gentillesse.* (avec : PRÉP. ; gentillesse : NOM)
- *Il m'a reçu avec une grande gentillesse.* (avec : PRÉP. ; une : DÉT. ; grande : ADJ. QUAL. ; gentillesse : NOM)

Nous constatons que dans la phrase **1** le nom *gentillesse* n'est pas précédé d'un déterminant. Dans la phrase **2**, le nom *gentillesse* est qualifié par l'adjectif *grande* ; il est accompagné du déterminant *une*.

C. Quels sont les différents types de déterminants ?

Les déterminants se divisent en deux grandes catégories.

ARTICLES	ADJECTIFS
définis *(le, la, ...)* indéfinis *(un, des, ...)* partitifs *(de la, du, ...)*	possessifs *(mon, ton, ...)* démonstratifs *(ce, cette, ...)* numéraux *(un, deux, ...)* indéfinis *(aucun, tout, ...)*

Le tableau suivant présente les déterminants :

	DÉTERMINANTS						
	ARTICLES			ADJECTIFS			
	Définis	**Indéfinis**	**Partitifs**	**Possessifs**	**Démonstratifs**	**Numéraux**	**Indéfinis**
SINGULIER	le la l'	un une	du de la	mon, ton, son ma, ta, sa notre, votre, leur	ce, cet, cette	un	peu de, aucun, chaque, nul, tant, tout...
PLURIEL	les	des	des	mes, tes, ses, nos, vos, leurs	ces	deux, trois, quatre...	plusieurs, quelques...

! Il faut faire attention à ne pas confondre les adjectifs **qualificatifs** *(beau, grand, ...)* et les adjectifs **possessifs** et **démonstratifs** qui sont des **déterminants**.

D. Quel rôle jouent les articles définis et indéfinis ?

Lorsqu'on utilise l'article indéfini **un, une, des** devant un nom, on indique à celui à qui l'on parle qu'**il n'a pas à se demander** qui est le personnage, l'animal ou l'objet dont il est question.

- *J'ai rencontré* ***un*** *jeune garçon.* ◄ PEU IMPORTE DE QUI IL S'AGIT.

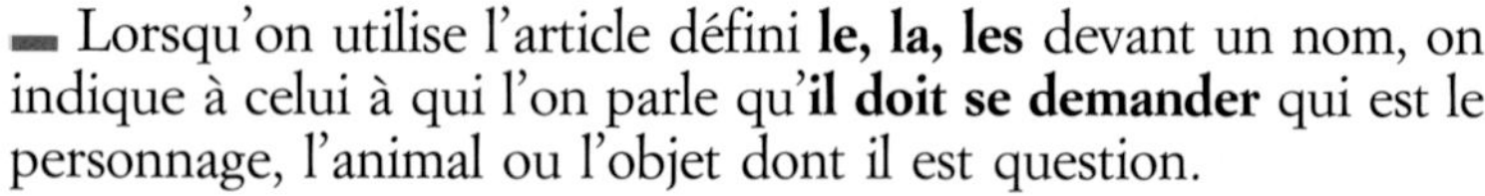

Lorsqu'on utilise l'article défini **le, la, les** devant un nom, on indique à celui à qui l'on parle qu'**il doit se demander** qui est le personnage, l'animal ou l'objet dont il est question.

- *J'ai rencontré le jeune garçon qui est venu hier.*
  - le jeune garçon : QUI EST-CE ?
  - qui est venu hier : MOYEN DE DÉCOUVRIR L'IDENTITÉ

Observons ces dialogues :

1 – *J'ai réservé une chambre.*
– *Quelle chambre désirez-vous ?*
– *La chambre n° 6.*

2 – *Je me suis arrêté dans un café.*
– *Lequel ?*
– *Le café de la poste.*

Nous constatons que les deux dialogues correspondent au schéma suivant :

- *Une* (ARTICLE INDÉFINI) ▸ *chambre* (IDENTITÉ INCONNUE) — QUELLE CHAMBRE ? — *La* (ARTICLE DÉFINI) *chambre* ◂ *n° 6* (DÉCOUVERTE DE L'IDENTITÉ)

- *Un* (ARTICLE INDÉFINI) ▸ *café* (IDENTITÉ INCONNUE) — QUEL CAFÉ ? — *Le* (ARTICLE DÉFINI) *café* ◂ *de la poste* (DÉCOUVERTE DE L'IDENTITÉ)

E. Qu'est-ce que l'article partitif ?

Du, de la, de l' sont des **articles partitifs**. On les trouve **devant des noms non dénombrables**, c'est-à-dire qu'on ne peut pas compter :

- *Je veux du riz.*
  - du : ART. PARTITIF
  - riz : NOM NON DÉNOMBRABLE

À la forme négative, on emploie **de** à la place de **du, de la** et **de l'** :

- *Je ne veux pas de riz.*

Observons le début de cette recette de cuisine :

- *Ingrédients : pour réaliser cette recette, il vous faut 4 artichauts, de la viande hachée (250 g), du jambon maigre haché (100 g), 1 œuf entier, 1 gousse d'ail et du persil.*

Nous constatons que les articles partitifs encadrés précèdent les noms : *viande, jambon, persil*, qu'on ne peut pas compter, alors que l'on indique le nombre d'artichauts (4), d'œufs (1) et de gousses d'ail (1).

F. À quoi servent les adjectifs possessifs ?

L'adjectif possessif indique que la personne, l'animal ou l'objet dont il est question **appartient à quelqu'un**. Il marque donc une relation de **possession**.

- *J'ai emprunté son vélo* ◂ CELUI DE PIERRE.

Observons ces phrases :

1 ▪ *Quand Jacques a été fatigué, j'ai pris sa place.*

2 ▪ *J'ai mal à la tête.*

Nous constatons que dans la phrase **1** l'adjectif possessif *sa* permet d'indiquer que la place que j'ai prise est celle de Jacques. Dans la phrase **2**, il est évident que *la* tête dont je parle ne peut être que la mienne. C'est pourquoi on n'utilise pas l'adjectif possessif *ma* mais l'article défini *la*.

G. À quoi servent les adjectifs démonstratifs ?

– Les adjectifs démonstratifs comme *ce, cette, ces* servent à **désigner**, à **montrer** un personnage, un animal ou un objet.

- *Regarde ce chien là-bas.*

– Ils servent aussi à **attirer l'attention** sur quelqu'un ou quelque chose dont on a parlé.

- *Tu sais bien..., ce type qui est venu hier.*

► Observons ces phrases :

- *Cet homme-là ne m'inspire pas confiance.*
- *Ils ne l'ont pas vue ces jours-ci.*
- *Cette année-là, il ne vint pas au village.*

► Nous constatons qu'il existe des **formes composées de l'adjectif démonstratif :** en ajoutant **ci** ou **là**, on peut souligner la proximité (ci) ou l'éloignement (là) de ce dont on parle.

! Attention au trait d'union dans les formes composées de l'adjectif démonstratif :

- *cet homme-là, ces jours-ci, cette année-là.*

H. Comment utiliser les adjectifs numéraux ?

– Les adjectifs numéraux *un, deux, trois...* servent à indiquer le **nombre** de personnes ou d'objets dont il est question. On les écrit en chiffres, mais parfois on doit les écrire en lettres (pour faire un chèque, par exemple).

- *50* ► *cinquante* - *2000* ► *deux mille*

Les adjectifs numéraux sont invariables, sauf **vingt** et **cent**.

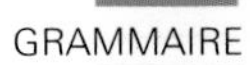

Observons les nombres suivants :

- *deux cents chasseurs*
- *cinq cent sept chasseurs*
- *quatre-vingts chasseurs*
- *quatre-vingt-un chasseurs*

Nous constatons que dans *deux cents*, *cent* prend un **s** : il en est ainsi chaque fois que *cent* est multiplié par un nombre et qu'il n'est suivi d'aucun autre nombre. Dans *cinq cent sept*, en revanche, *cent* ne prend pas d'**s** car il est suivi d'un autre chiffre.

Observons les nombres suivants :

- *deux mille*
- *dix mille*

Nous constatons que *mille* est toujours **invariable**.

! Les nombres inférieurs à *cent* s'écrivent avec un trait d'union :

- *quatre-vingt-dix-neuf*
- *deux cent trente-cinq*

RETENONS

1 Le plus souvent, les noms sont précédés d'un **déterminant**.

ARTICLES	
définis :	*Je bois la tisane de ma grand-mère.*
indéfinis :	*Je bois une tisane tous les soirs.*
partitifs :	*Je bois de la tisane.*

ADJECTIFS	EXEMPLES
possessifs :	*Ma voiture.*
démonstratifs :	*Cette voiture.*
numéraux :	*Deux voitures.*
indéfinis :	*Quelques voitures.*

2 Il faut faire très attention à ne pas confondre les **déterminants** avec les **pronoms personnels** et avec les **prépositions**.

– Les **déterminants précèdent** le plus souvent le nom qu'ils déterminent. Ils en sont parfois séparés par un adjectif **épithète**.

- *Les* (DÉT) *animaux* (NOM) ▸ *les* (DÉT.) *féroces* (ADJ. QUAL.) *animaux* (NOM)

– Les **pronoms personnels** remplacent un nom et se trouvent devant le verbe.

- *La* (DÉT.) *viande,* (NOM) *il* *la* (PRON. PERS. COD) *mange* (VERBE) *crue.*

– Les **prépositions** servent à relier un nom à un autre nom, ou au verbe de la phrase.

- *Ali se souvient de* (PRÉPOSITION) *son village.*

! Ne confondez pas *de* **préposition** et *de* **article partitif** :

- *Ali ne mange pas de* (ARTICLE PARTITIF) *viande de* (PRÉPOSITION) *porc.*

9

SAVEZ-VOUS CE QUE SONT LES PRONOMS

COMPÉTENCES

- Je sais remplacer un nom par un pronom.

Les pronoms servent à **remplacer un nom** ou **un groupe nominal** soit parce qu'il a déjà été utilisé, soit parce qu'on est sûr que celui à qui l'on s'adresse sait de qui ou de quoi l'on parle.

On distingue plusieurs catégories de pronoms :

– **Les pronoms personnels :**
je, tu, nous, le, lui...
– **Les pronoms réfléchis :**
se, me, te...
– **Les pronoms démonstratifs :**
ce, ceci, cela...
– **Les pronoms possessifs :**
le mien, la sienne...
– **Les pronoms relatifs :**
qui, que, quoi, dont, où...

A. Comment bien utiliser les pronoms ?

– Lorsqu'on utilise un pronom, on doit être certain que celui à qui l'on s'adresse peut sans difficulté **savoir quelle personne, quel animal ou quel objet ce pronom représente**.

Observons attentivement ce texte :

- *Un jeune chevalier cherchait aventure, quand il arriva à proximité d'un château. Le roi lui demanda de venir à son secours : la fille de celui-ci avait été enlevée par un dragon qui refusait de la rendre. Il était résolu à la donner en mariage au chevalier qui saurait la lui ramener saine et sauve. D'autres aventuriers avaient déjà tenté de la délivrer. Certains étaient revenus bredouilles ; d'autres avaient disparu à tout jamais.*

Observons ce tableau :

PERSONNAGES	PRONOMS/REPRÉSENTANTS
Un jeune chevalier	il, lui, qui
Le roi	celui-ci, il, lui
La fille (du roi)	la, la, la
Un dragon	qui
D'autres aventuriers	certains, d'autres

Nous constatons dans ce tableau que chaque pronom souligné correspond à un personnage **dont on a déjà parlé**.

B. À quoi servent les pronoms personnels ?

– Grâce aux pronoms personnels, celui qui parle peut **désigner** une personne **sans l'appeler par son nom**.

Observons :

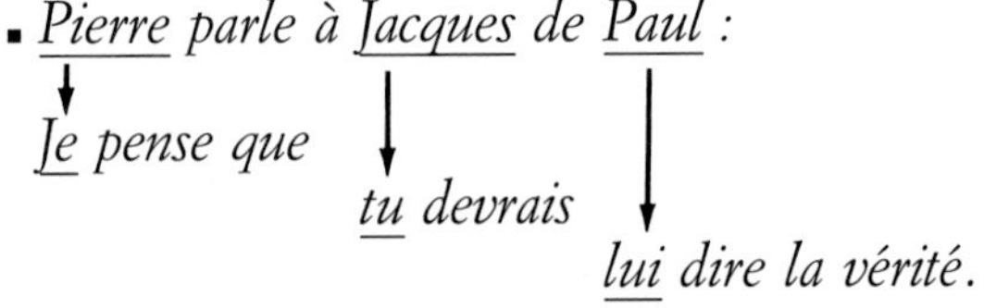

Pierre parle à Jacques de Paul :
Je pense que
tu devrais
lui dire la vérité.

- *Jacques et Paul parlent à Pierre et Jules :*
Vous devriez nous dire la vérité.

▶ Nous constatons que les pronoms personnels **varient selon la personne** qu'ils évoquent.

C. Quels sont les différents pronoms personnels ?

– Les **pronoms personnels** changent selon la **personne** qu'ils désignent mais aussi selon la **fonction** qu'ils occupent.

		SUJET	COD	COI	CC DE LIEU
SINGULIER	1re pers.	je	me	me	
	2e pers.	tu	te	te	
	3e pers.	il, elle, on	le, la, en	lui, en, y	en, y
PLURIEL	1re pers.	nous	nous	nous	
	2e pers.	vous	vous	vous	
	3e pers.	ils, elles	les	leur, en, y	en, y

- *Je* (SUJET) *vois arriver l'avion* (COD). ▶ *Je le* (COD) *vois arriver.*
- *L'avion* (SUJET) *arrive.* ▶ *Il* (SUJET) *arrive.*
- *L'avion fait peur à Jacques* (COI). ▶ *L'avion lui* (COI) *fait peur.*

D. Qu'est-ce que la forme renforcée des pronoms personnels ?

– Lorsque l'on veut insister sur la personne dont on parle, on utilisera la **forme renforcée** des **pronoms personnels** : *moi, toi, lui/elle, nous, vous, eux/elles : à moi, pour toi...*

Observons ce texte :

- *« J'ai une idée, dit Paul, nous allons leur faire peur : toi, tu te cacheras dans les fourrés près de la route et tu feras le signal convenu quand ils arriveront. Eux, ils ne se douteront de rien et rentreront comme d'habitude. C'est alors que moi, j'interviendrai, je fermerai la porte derrière eux, sans me faire voir et Quentin, lui, se mettra à pousser ses fameux cris terrifiants dans le couloir. »*

Nous constatons que, chaque fois que l'on veut insister sur la personne qui fait une action, on utilise la **forme renforcée** du pronom personnel.

E. Comment utiliser les pronoms personnels compléments à la 3e personne ?

– Les pronoms **le, la** et **les** s'emploient en fonction de **COD**.

- *Il les mange.*
  les : COD

– Les pronoms **lui** et **leur** s'emploient en fonction de **COI**.

- *Elle leur donne des bonbons.*
  leur : COI

Observons la phrase suivante :

- *Elle avait promis des timbres à ses amis ; il les leur a donnés.*
  des timbres : COD — à ses amis : COI
  les : COD — leur : COI

▶ Nous constatons que dans cette phrase, le COD **les** se place avant le COI **leur**. Il en est ainsi toutes les fois que les pronoms personnels COD et COI sont utilisés ensemble : *le - leur ; le - lui ; la - leur ; la - lui ; les - lui.*

F. Comment reconnaître le pronom personnel *en* lorsqu'il est complément d'objet direct ?

– Le pronom personnel **en** permet de remplacer un nom occupant la fonction de COD lorsque celui-ci est précédé d'un **article partitif** *du, de la, des*. (Voir COD, p. 116.)

- *Vous prenez du sucre ; moi je n'en prends pas.* (du : ART. PARTITIF ; en : COD)

▶ Observons la phrase suivante :

- *Il faut acheter du sel, il n'y en a plus.* (du sel : COD ; en : COD)

▶ Nous constatons que :
– Le mot *sel* est complément d'objet direct du verbe *acheter*.
– *Du* est un article partitif = *de le.*
– *En* est un pronom personnel, complément d'objet direct du verbe *avoir* ; il remplace *du sel*.

G. Comment utiliser les pronoms personnels *en* et *y* ?

– Le pronom personnel **en** permet de remplacer un **groupe nominal** introduit par la préposition **de** (COI ou complément de lieu). Le pronom personnel **y** permet de remplacer un groupe nominal introduit par la préposition **à** (COI ou complément de lieu).

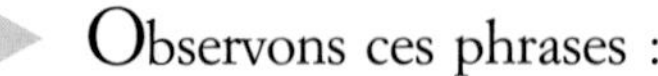

Observons ces phrases :

- *Je vais* [*à la fête*]. ▸ *J'* [*y*] *vais aussi.*
  PRÉP. GN CC DE LIEU — PRON. CC DE LIEU

- *Je viens* [*de la fête*]. ▸ *J'* [*en*] *reviens aussi.*
  PRÉP. GN CC DE LIEU — PRON. CC DE LIEU

- *Je pense* [*à mon voyage*]. ▸ *J'* [*y*] *pense.*
  PRÉP. GN COI — PRON. COI

- *Je prends soin* [*de mes affaires*]. ▸ *J'* [*en*] *prends soin.*
  PRÉP. GN COI — PRON. COI

- *Je pense* [*à mon frère*]. ▸ *Je pense* [*à lui*].
  PRÉP. ANIMÉ — PRÉP. PRON. PERS.

- *Je prends soin* [*de mon frère*]. ▸ *Je prends soin* [*de lui*].
  PRÉP. ANIMÉ — PRÉP. PRON. PERS.

Nous constatons que lorsque le complément d'objet indirect représente un être animé, on n'utilise pas les pronoms personnels **y** et **en** mais **à lui** et **de lui**.

H. À quoi servent les pronoms possessifs ?

– Les **pronoms possessifs** permettent de remplacer un nom en indiquant la **personne qui possède** cet objet ou cet être animé.

- *Ce n'est pas le livre de Jacques, c'est le mien.* { C'EST UN LIVRE / C'EST À MOI
  (le mien : PRONOM POSSESSIF)

	UN SEUL OBJET EST POSSÉDÉ		PLUSIEURS OBJETS SONT POSSÉDÉS	
	masculin	**féminin**	**masculin**	**féminin**
c'est à moi	le mien	la mienne	les miens	les miennes
c'est à toi	le tien	la tienne	les tiens	les tiennes
c'est à lui **c'est à elle**	le sien	la sienne	les siens	les siennes
c'est à nous	le nôtre	la nôtre	les nôtres	les nôtres
c'est à vous	le vôtre	la vôtre	les vôtres	les vôtres
c'est à eux **c'est à elles**	le leur	la leur	les leurs	les leurs

► Nous constatons que les **pronoms possessifs** changent de forme selon **la personne** qui possède l'objet et selon **le genre** et **le nombre** de l'objet représenté.

! – Ne pas oublier l'accent circonflexe sur *nôtre et vôtre*.
– **Leur** ne change pas de forme au féminin : *le leur/la leur*.

I. À quoi servent les pronoms démonstratifs ?

– Les **pronoms démonstratifs** permettent de **désigner sans les nommer** un objet, une personne ou un événement en les distinguant **comme si on les montrait** du doigt.

- *Parmi tous les films, c'est celui que je préfère.*
  PRON. DÉM.

- *Il a de la fièvre, cela m'inquiète.*
  PRON. DÉM.

Observons ce tableau :

	SINGULIER		PLURIEL		INVARIABLE
	masculin	**féminin**	**masculin**	**féminin**	
formes simples	celui	celle	ceux	celles	ce/c'
formes composées	celui-ci celui-là	celle-ci celle-là	ceux-ci ceux-là	celles-ci celles-là	ceci cela, ça

Nous constatons que :

– Certains pronoms démonstratifs changent de forme selon le genre et le nombre du nom qu'ils remplacent : **celui, ceux, celle, celles**.

– **Ce, ceci, cela** ne changent pas de forme : ils ne remplacent pas un nom ; ils représentent un événement, une opinion...

- *Il m'a menti, ça je ne l'admets pas.*

– Les formes composées comme *celui-ci, celui-là* permettent de distinguer deux objets selon qu'ils sont proches ou éloignés.

- *Voulez-vous celui-ci ? (ce livre que je vous tends)*
  Non, passez-moi plutôt celui-là. (qui est sur l'étagère)

J. Qu'appelle-t-on pronoms indéfinis ?

Les pronoms tels que *chacun, tous, certains, les uns, les autres, quelques-uns, personne, rien...* s'appellent des **pronoms indéfinis**.

Observons ces phrases :

- *Les enfants s'amusent :*

→ *chacun a un cerceau ;*
→ *les uns courent, les autres sont assis ;*
→ *certains portent un chapeau ;*
→ *quelques-uns ont aussi un ballon ;*
→ *tous ont l'air heureux mais personne ne crie.*

Nous constatons que les pronoms indéfinis permettent :
– de diviser le groupe d'enfants en **sous-groupes** : *certains, les uns, les autres...* ;
– de considérer **tous** les enfants du groupe : *tous* ;
– de ne considérer **aucun** des enfants du groupe : *personne*.

K. À quoi servent les pronoms relatifs ?

Les pronoms relatifs servent à introduire une **proposition relative**.

Observons les phrases suivantes :

1 ▪ *Joëlle a cueilli la pomme*. **2** ▪ *La pomme était mûre*.
3 ▪ *Joëlle a cueilli la pomme qui était mûre*.

Nous constatons que dans la phrase **3** pour ne pas répéter le mot *pomme*, on a employé le pronom relatif *qui*. Le mot *pomme* est placé avant le pronom relatif : on dit qu'il est l'**antécédent** de *qui*.

FORMES SIMPLES	FORMES COMPOSÉES (ARTICLE + *QUEL*)
qui que, qu' quoi dont où	lequel, laquelle, lesquels, lesquelles duquel, de laquelle, desquels, desquelles auquel, à laquelle, auxquels, auxquelles

RETENONS

1 **Les pronoms** permettent d'indiquer **de qui** ou **de quoi** on parle sans utiliser le nom de cette personne ou de cette chose.

▪ *Pierre vient de casser un vase devant les yeux de Jacques ; il dit : « Il m'a échappé. »* ◂ JACQUES COMPREND IMMÉDIATEMENT QUE PIERRE PARLE DU *VASE*.

▪ *La mère de Pierre rentre. Pierre lui dit : « Je l'ai cassé. »* ◂ LA MÈRE NE COMPREND PAS DE QUOI IL S'AGIT.

Quel que soit le pronom utilisé, on doit être sûr que celui à qui l'on s'adresse pourra savoir **de qui** ou **de quoi** l'on parle.

2 **Les pronoms personnels** représentent les personnes qui parlent *(je/nous)*, à qui on parle *(tu/vous)* ou dont on parle *(il, elle/ils, elles)*.

3 **Les pronoms possessifs** permettent de désigner un objet en indiquant en même temps à qui il appartient : *le mien, le sien...*

4 **Les pronoms démonstratifs** permettent de montrer une personne ou un objet sans utiliser son nom : *celui-ci, celle-ci.*

5 **Les pronoms indéfinis** (*chacun, tous, aucun, certains, les uns, les autres)* permettent de désigner certains des éléments, tous les éléments ou aucun des éléments d'un groupe.

6 **Les pronoms relatifs** permettent de ne pas répéter le nom de l'antécédent qu'ils remplacent : ▪ *La fleur que tu m'as jetée.*

SAVEZ-VOUS

DISTINGUER LES PRÉPOSITIONS DES CONJONCTIONS DE COORDINATION

COMPÉTENCES

- Je ne confonds pas les prépositions et les conjonctions de coordination.

Les **conjonctions de coordination** *(mais, ou, et, donc, or, ni, car)* et les **prépositions** *(à, avec, de, pour, dans...)* ont dans la phrase des **rôles très différents.**

A. À quoi servent les prépositions dans une phrase ?

– Les prépositions **avec, pour, à, de...** servent à **relier** un nom ou un groupe nominal au reste de la phrase et à **indiquer la fonction** que ce nom ou ce groupe occupe dans la phrase.

- *Elle joue à la marelle.* (à : PRÉP. ; la marelle : NOM)

▶ Observons ces phrases :

- *Le plombier est venu sans ses outils.* (est venu : VERBE ; sans : PRÉP. ; ses outils : GN)
- *Le plombier est venu avec ses outils.* (est venu : VERBE ; avec : PRÉP. ; ses outils : GN)

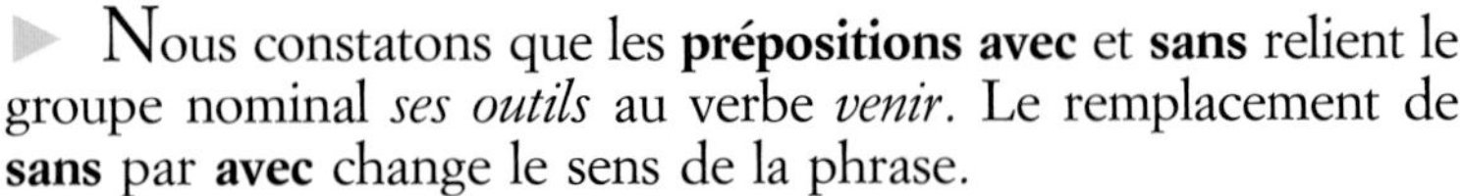

Nous constatons que les **prépositions avec** et **sans** relient le groupe nominal *ses outils* au verbe *venir*. Le remplacement de **sans** par **avec** change le sens de la phrase.

- *Il est parti vers 9 h.*
  VERBE (est parti) – PRÉP. (vers) – GN (9 h)
  CC DE TEMPS

- *Il est parti dès 9 h.*
  VERBE (est parti) – PRÉP. (dès) – GN (9 h)
  CC DE TEMPS

- *Il est parti à 9 h.*
  VERBE (est parti) – PRÉP. (à) – GN (9 h)
  CC DE TEMPS

Nous constatons que les **prépositions vers, dès** et **à** relient le groupe nominal *9 h* au verbe *partir*. Chacune d'elles donne à la phrase un sens particulier.

B. Les prépositions relient-elles toujours un nom ou un GN au verbe de la phrase ?

— Une préposition peut relier un GN au **verbe** de la phrase.

- *Il revient de Londres.*
  VERBE (revient) – PRÉP. (de) – NOM (Londres)

— Elle peut aussi relier un GN à un **autre nom** ou à un **adjectif**.

- *J'ai pris la voiture de ma femme.*
  NOM (voiture) – PRÉP. (de) – GN (ma femme)

- *Il est vert de rage.*
  ADJ. (vert) – PRÉP. (de) – NOM (rage)

Observons les représentations des phrases suivantes :

1 ▪ *Le plombier est venu chez mon voisin sans ses outils.*

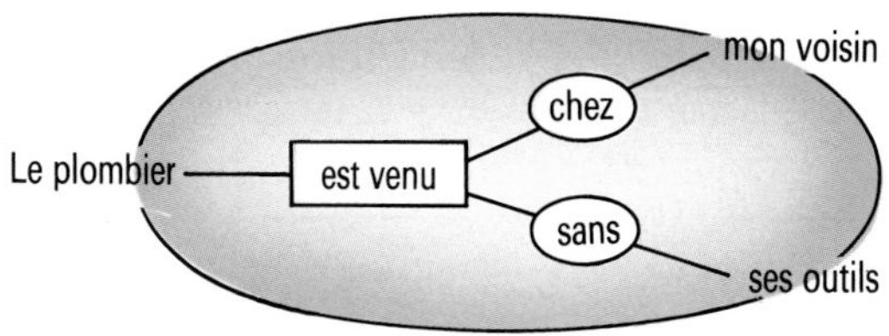

2 ▪ *Il a pris la voiture de ma femme.*

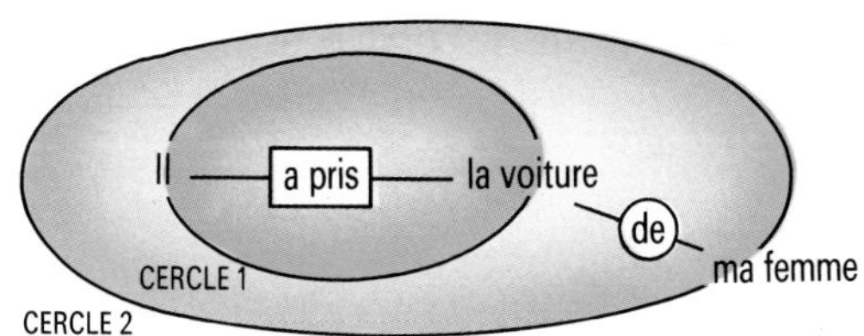

Nous constatons que : dans la phrase **1**, les prépositions **chez** et **sans** relient les GN *mon voisin* et *ses outils* directement au verbe *venir*. Ces 2 GN sont situés sur le premier cercle.
Dans la phrase **2**, la préposition **de** relie le GN *ma femme* au nom *voiture*. Le GN *ma femme* est situé sur le second cercle.

C. À quoi servent les conjonctions de coordination ?

– Les conjonctions de coordination **et, ou, ni, mais, or, donc, car**, servent à **relier** entre eux :

– des **mots** qui ont **même nature grammaticale** (noms, verbes...) et qui occupent **la même fonction** (sujet, COD...)

– des **propositions** de même nature et de même fonction.

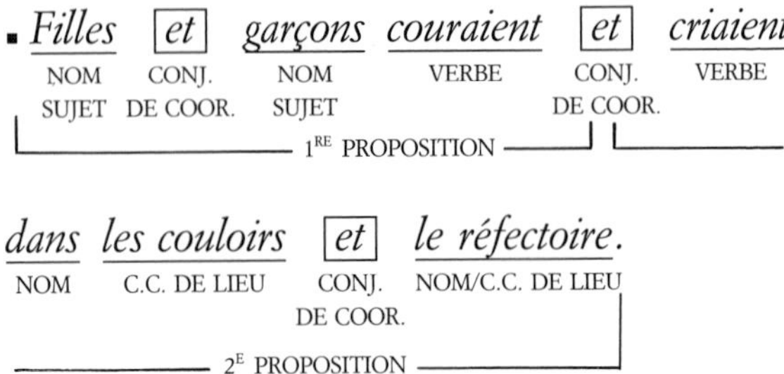

Observons ces phrases :

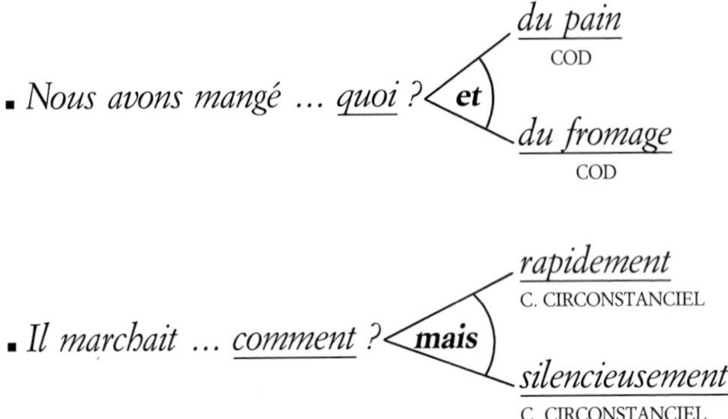

Nous constatons que lorsqu'on veut donner plusieurs réponses à une même question, on utilise une **conjonction de coordination** : elle permet donc **d'utiliser plusieurs mots ou groupes de mots dans la même fonction**.

D. Comment distinguer les prépositions et les conjonctions de coordination ?

– Les **prépositions** relient deux mots qui ont des **fonctions différentes**. Les **conjonctions de coordination** relient deux mots qui ont la **même fonction**.

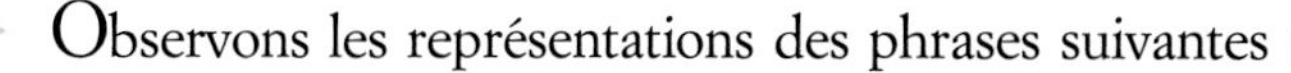

Observons les représentations des phrases suivantes :

1 ▪ *Pierre a acheté un pinceau et une échelle.*
(un pinceau : NOM/COD ; une échelle : NOM/COD)

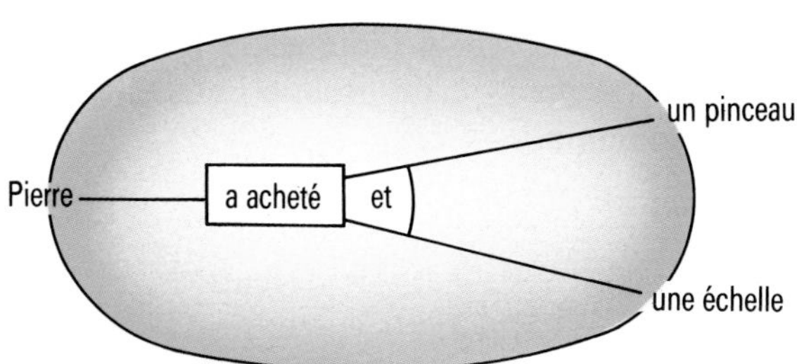

2 ▪ *On a volé l'échelle de Pierre.*
(l'échelle : COD ; Pierre : COMP. DE NOM)

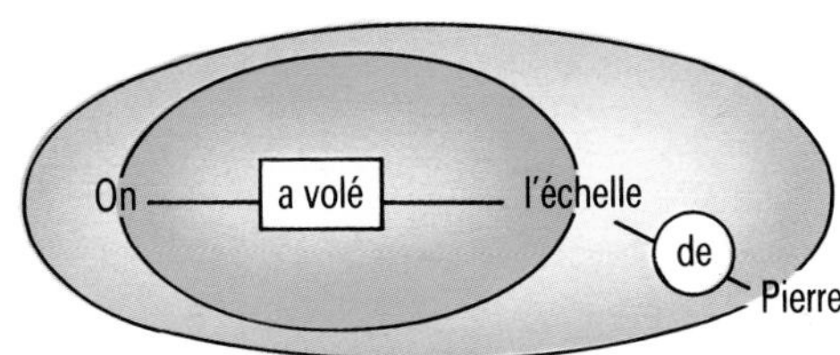

Nous constatons que
– Dans la phrase **1**, la conjonction de coordination *et* relie les deux mots *un pinceau, une échelle* qui se trouvent sur le même cercle : ils occupent la même fonction et sont directement reliés au verbe.
– Dans la phrase **2**, la préposition *de* relie *échelle* et *Pierre* qui se situent sur deux cercles différents : en effet, ces mots n'occupent pas la même fonction.

1 Les **prépositions** servent à indiquer la fonction qu'occupe dans une phrase un nom ou un groupe nominal : ce sont des **indicateurs de fonction**.

▪ *Il courait avec légèreté.*
PRÉP. NOM
CC DE MANIÈRE

• Les **prépositions** peuvent **relier un nom** ou GN **au verbe**.

▪ *Il se plaint de la sécheresse.*
VERBE PRÉP. GN
COI

• Les prépositions peuvent aussi **relier deux noms entre eux** ou **un adjectif à un nom**.

▪ *Il se plaint de la sécheresse de la terre.*
VERBE PRÉP. NOM PRÉP. NOM
GN C. DE NOM

▪ *Cette corbeille est pleine de fleurs.*
ADJ. NOM

2 Les **conjonctions de coordination** peuvent **relier plusieurs mots dans la même fonction**.

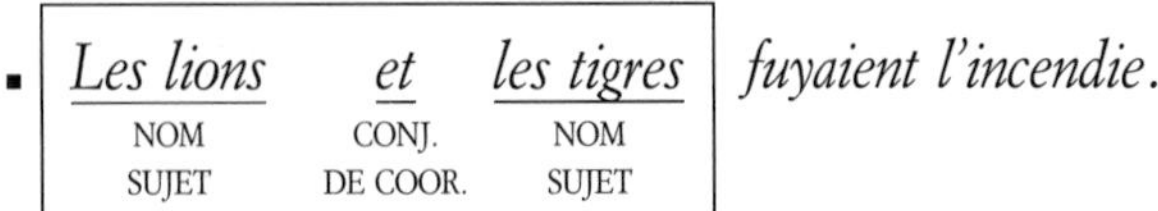
▪ *Les lions* (NOM SUJET) *et* (CONJ. DE COOR.) *les tigres* (NOM SUJET) *fuyaient l'incendie.*

GN SUJET

SAVEZ-VOUS CE QU'EST UN ADVERBE

COMPÉTENCES

- Je sais identifier les adverbes.

Les adverbes sont des **mots invariables** qui permettent de préciser **dans quelles circonstances** se déroule une action.
Hier, demain, doucement, rapidement, ici, là.

A. À quoi servent les adverbes dans une phrase ?

— Les adverbes précisent les **circonstances** de lieu, de temps ou de manière dans lesquelles se déroule l'**action** présentée par le **verbe** :

- *Demain, je travaillerai sérieusement là-bas.*
  - Demain : ADVERBE DE TEMPS
  - sérieusement : ADVERBE DE MANIÈRE
  - là-bas : ADVERBE DE LIEU

— Les adverbes indiquent le **degré** d'une **qualité** ou d'un **défaut**.

- *Oui, il est très sérieux ; toi, tu es assez paresseux.*
  - Oui : ADVERBE D'AFFIRMATION
  - très : ADVERBE EXPRIMANT LE DEGRÉ
  - sérieux : ADJ.
  - assez : ADVERBE
  - paresseux : ADJ.
- *Il parle très sérieusement.*
  - très : ADVERBE
  - sérieusement : ADVERBE

— Les adverbes donnent des informations sur **ce que pense celui qui parle** :

- *Malheureusement, je n'ai pas pu venir.*
  ADVERBE EXPRIMANT LE REGRET — LOCUTION ADVERBIALE DE NÉGATION

B. Qu'est-ce qu'un adverbe de lieu ?

— Les adverbes comme : *ici, là, là-bas, ailleurs, loin, dessus, dessous, devant, derrière*... permettent de préciser l'**endroit** où se déroule une action. Ils sont directement reliés au verbe.

► Observons la représentation de la phrase suivante :

- *Il restait là dans son fauteuil.*
  ADVERBE

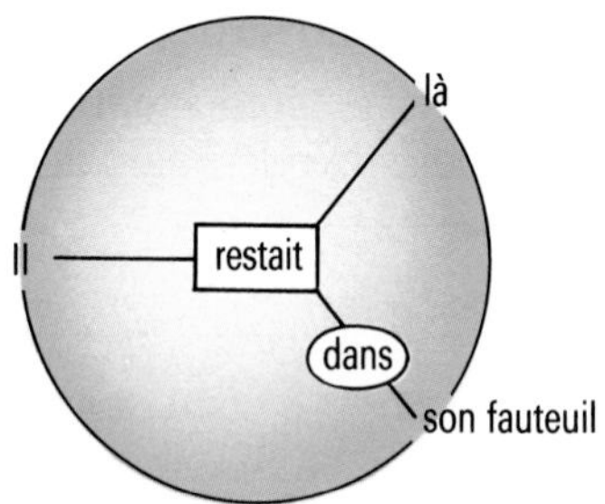

► Nous constatons que le GN *fauteuil* occupe la fonction complément circonstanciel de lieu. Il est relié au verbe *rester* par la préposition *dans*.
L'adverbe *là* occupe **également la fonction complément circonstanciel de lieu** ; il n'est pas relié au verbe par une préposition.

C. Qu'est-ce qu'un adverbe de temps ?

– Les adverbes comme : *hier, demain, longtemps, la veille, le lendemain...* permettent d'informer celui à qui l'on parle sur la **période** où se déroule, s'est déroulée, se déroulera une action.

SITUANT L'ACTION DANS LE PASSÉ	SITUANT L'ACTION DANS L'AVENIR
hier/avant-hier la veille récemment dernièrement autrefois jadis jusqu'ici auparavant	demain/après-demain le lendemain sous peu prochainement bientôt dorénavant désormais
INDIQUANT UNE ACTION COURTE ET BRUTALE	**INDIQUANT UNE ACTION QUI DURE OU SE RÉPÈTE**
soudain tout à coup brusquement subitement aussitôt tout de suite	longtemps d'habitude habituellement régulièrement progressivement par moments

D. Qu'est-ce qu'un adverbe de manière ?

– Les adverbes de manière comme : *doucement, gentiment, rapidement, courageusement...* indiquent **de quelle manière** se déroule une action.

- *Il a magnifiquement joué.*
  (magnifiquement : ADVERBE DE MANIÈRE)

Observons ces trois phrases :

1 ▪ *Pierre m'a poussé.*

2 ▪ *Pierre m'a poussé légèrement.*

3 ▪ *Pierre m'a poussé brutalement.*

Nous constatons que la phrase **1** informe qu'un personnage *(Pierre)* a exercé une action *(pousser)* sur un autre personnage *(moi)*. Mais elle ne dit rien sur la façon dont cette action s'est déroulée. Dans les phrases **2** et **3**, les adverbes *légèrement* et *brutalement* nous permettent de voir que la même action *(pousser)* s'est déroulée de deux façons différentes.

E. Comment se forment les adverbes en *-ment* ?

– La plupart des adverbes terminés par **-ment** se forment en ajoutant **-ment** au **féminin de l'adjectif**.

▪ *courageuse* ▸ *courageusement* ▪ *claire* ▸ *clairement*

! ▪ *jolie* ▸ *joliment* ▪ *vraie* ▸ *vraiment*

Observons les relations entre les adjectifs et les adverbes suivants :

▪ *impatient* ▸ *impatiemment* ▪ *brillant* ▸ *brillamment*

▪ *prudent* ▸ *prudemment* ▪ *savant* ▸ *savamment*

Nous constatons que :
– les adjectifs terminés par **-ent** *(prudent)* forment leurs adverbes en **-emment** *(prudemment)* ;
– les adjectifs terminés par **-ant** *(constant)* forment leurs adverbes en **-amment** *(constamment)*.

! ▪ *lent* ▸ *lentement*

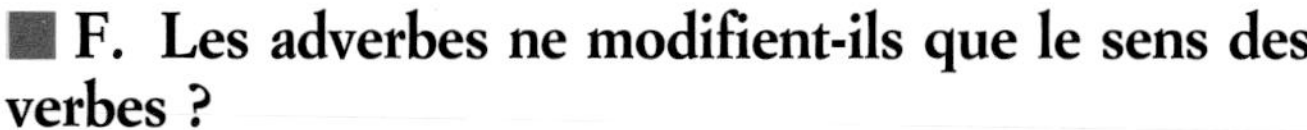

F. Les adverbes ne modifient-ils que le sens des verbes ?

– Non ! Certains adverbes peuvent modifier le sens d'un *adjectif qualificatif* ou d'un *autre adverbe*. Ils permettent alors de **juger de l'importance plus ou moins grande** d'une qualité, d'un défaut...

- *Il est intelligent.*
- *Il est très intelligent.* (très : ADV. ; intelligent : ADJ.)
- *Il est assez intelligent.* (assez : ADV. ; intelligent : ADJ.)
- *Il est peu intelligent.* (peu : ADV. ; intelligent : ADJ.)
- *Il est trop intelligent.* (trop : ADV. ; intelligent : ADJ.)

► Observons ces trois phrases :

1 ▪ *Il parle faiblement.* ◄ D'UNE VOIX FAIBLE.
(parle : VERBE ; faiblement : ADVERBE)

2 ▪ *Il m'a semblé faiblement surpris.* ◄ PEU SURPRIS.
(faiblement : ADVERBE ; surpris : ADJECTIF)

3 ▪ *Il parle très faiblement.* ◄ D'UNE VOIX TRÈS FAIBLE.
(très : ADV. ; faiblement : ADVERBE)

► Nous constatons que :

– dans la phrase **1**, l'adverbe *faiblement* modifie le sens du verbe *parler* ;
– dans la phrase **2**, *faiblement* modifie le sens de l'adjectif *surpris* ;
– dans la phrase **3**, *faiblement*, qui modifie le sens du verbe *parler*, est lui-même modifié par l'adverbe *très*.

G. Comment utiliser l'adverbe *tout* ?

Les adverbes sont des mots invariables. Seul l'adverbe **tout** a une forme qui varie :

– Quand **tout** modifie un adjectif commençant par une **voyelle**, **tout** est **invariable**.

- *La chèvre était tout apeurée.* (tout : ADV. ; apeurée : ADJ. FÉM./SING. VOYELLE) ◄ TOUT (= TOUT À FAIT, COMPLÈTEMENT)

– Lorsque l'adverbe **tout** modifie le sens d'un adjectif qualificatif **féminin singulier** ou **pluriel** commençant par une **consonne**, il s'écrit *toute* ou *toutes*.

- *Au début, elle était toute timide.* (toute : ADV. ; timide : ADJ. FÉM./SING. CONSONNE)

- *Au début, elles étaient toutes timides.* (toutes : ADV. ; timides : ADJ. FÉM./PLUR. CONSONNE)

► *Toutes* peut signifier soit :

- *Toutes sans exception étaient timides.*
- *Elles étaient véritablement intimidées.*

RETENONS

1 Les **adverbes** sont des **mots invariables** qui servent à **modifier le sens** :

– D'un **verbe** (ils occupent la fonction de complément circonstanciel) :

- *Il me répondit violemment.*

– D'un **adjectif** :

- *Vous avez une bien jolie robe.*

– D'un autre **adverbe** :

- *Vous avez agi très imprudemment.*

2 Les adverbes se présentent sous des formes différentes :

– des mots invariables : *ici, hier...* ;
– des groupes de mots ou locutions adverbiales : *tout à coup, au fur et à mesure, jusque-là, ne ... pas* ;
– des mots terminés par *-ment : lente**ment**.*

3 Les adverbes terminés par **-ment** se construisent à partir de l'adjectif au féminin :

- *douce* ▸ *douce***ment**
- *vive* ▸ *vive***ment**

12

SAVEZ-VOUS
QUELLES SONT LES DEUX PARTIES DE LA PHRASE

COMPÉTENCES

● Dans une phrase je sais identifier le groupe nominal sujet et le groupe verbal.

Dans la conversation, nous composons des phrases pour **parler de quelqu'un ou de quelque chose** et **pour dire quelque chose** à propos de cette personne, de cette chose.

A. Qu'est-ce qu'une phrase complète ?

– C'est une phrase qui répond aux deux questions suivantes :

– **De qui** ou **de quoi parle-t-on ?** – **Qu'est-ce qu'on en dit ?**

▪ *Le bateau de Jacques* *a trois mètres de long.*

DE QUOI PARLE-T-ON — QU'EST-CE QU'ON EN DIT

PHRASE

▶ Observons ces phrases :

DE QUI OU DE QUOI PARLE-T-ON ?	QU'EST-CE QU'ON EN DIT ?
▪ *Mon petit frère*	*est rentré au* C.P.
▪ *Les feuilles des arbres*	*tombent en automne.*
▪ *La robe de mariée*	*était brodée de perles.*

Nous constatons que ces trois phrases complètes comportent chacune deux parties : la première nous dit **de quel personnage** ou **de quel objet** on parle ; la seconde permet d'indiquer **ce que fait** ou **ce qu'est** ce personnage ou cet objet.

B. Dans quelle partie de la phrase se trouve le verbe ?

Dans une phrase, **le verbe** se trouve donc dans la partie de la phrase qui répond à la question : **qu'est-ce qu'on en dit** ?

- *Le voilier* *voguait sur les vagues.*
  VERBE
  DE QUOI PARLE-T-ON ? ► QU'EST-CE QU'ON EN DIT ?

Observons ces phrases :

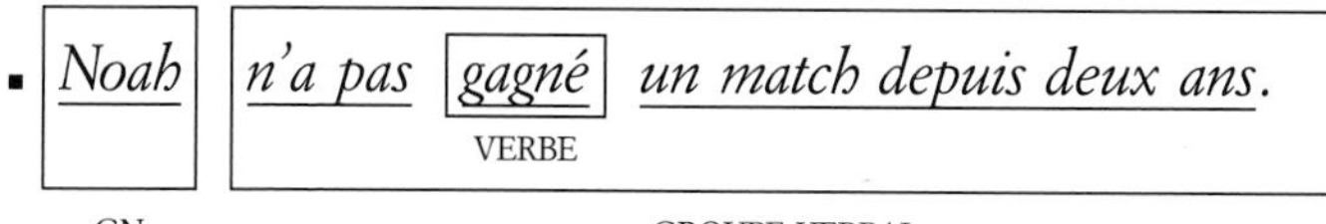

DE QUI PARLE-T-ON ? ► **QU'EST-CE QU'ON DIT** DE LUI ?

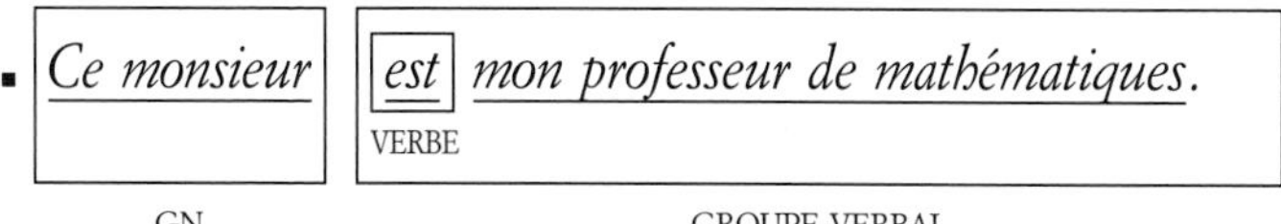

DE QUI PARLE-T-ON ? ► **QU'EST-CE QU'ON DIT** DE LUI ?

Nous constatons que dans ces deux phrases ce sont les groupes qui contiennent **le verbe (groupe verbal)** qui permettent de **dire quelque chose à propos de** Noah ou du monsieur en question.

C. Une phrase contient-elle toujours un verbe ?

– La plupart des phrases comportent un verbe exprimant une action ou un état. Certaines phrases peuvent être complètes **sans comporter de verbe** :

- *Une publicité : Banano, un vrai régal.* (Banano : DE QUOI PARLE-T-ON ? — un vrai régal : QU'EN DIT-ON ?)
- *Un titre de journal : Marseille, le désastre.* (Marseille : DE QUOI PARLE-T-ON ? — le désastre : QU'EN DIT-ON ?)
- *Une phrase exclamative : super ce film !* (super : QU'EN DIT-ON ? — ce film : DE QUOI PARLE-T-ON ?)

Observons ces phrases :

DE QUOI PARLE-T-ON ?	QU'EN DIT-ON ?
Baignade	*interdite.*
La 205	*voiture de l'année.*
Tremblement de terre au Mexique :	*2 000 sinistrés.*

QU'EN DIT-ON ?	DE QUOI ?
Curieux	*ce vin !*
Très réussi	*votre gâteau !*
Intéressante	*cette remarque !*

Nous constatons que **toutes ces phrases sont complètes mais n'utilisent pas de verbe**.

– Les quatre premières suivent l'ordre habituel : on indique d'abord de qui ou de quoi on parle, puis on en dit quelque chose.

– Les trois dernières, exclamatives, suivent l'ordre inverse.

RETENONS

1 **Pour qu'une phrase ait un sens**, il faut :
– que l'on indique **de qui** ou **de quoi** l'on parle ;
– que l'on **dise quelque chose** à propos de ce personnage, de cet objet. Par exemple, dans la phrase : *Les enfants paresseux furent punis*, on parle des *enfants paresseux* et, à leur propos, on dit qu'ils *furent punis*.

2 Une phrase se compose le plus souvent de deux groupes :
– l'un contient le noyau verbal, il est appelé **groupe verbal : GV** ;
– l'autre ne contient pas de noyau verbal, il est appelé **groupe nominal sujet : GNS.**

- *Les enfants paresseux* (GNS) *furent punis* (GV).

3 Le **noyau** du groupe nominal est un **nom** ; le **noyau** du groupe verbal est un **verbe**. Ainsi :

- *Le petit chat blanc* (NOM-NOYAU – **GNS**) *lapait son lait sous la table* (VERBE-NOYAU – **GV**).

4 Une phrase **peut être complète sans** comporter de **verbe** :

- *Racorama* (DE QUOI PARLE-T-ON ?) *le journal des stars* (QU'EN DIT-ON ?).
- *Laurent Fignon,* (DE QUI PARLE-T-ON ?) *la grande déception* (QUE DIT-ON DE LUI ?).
- *Magnifique,* (QU'EN DIT-ON ?) *ce dessin !* (DE QUOI PARLE-T-ON ?)

13

SAVEZ-VOUS
CE QU'EST UN GROUPE FONCTIONNEL

COMPÉTENCES

- Je sais identifier les groupes fonctionnels d'une phrase.

Une phrase est constituée de **groupes nominaux** qui se rattachent chacun au **noyau verbal**.
Chacun de ces groupes occupe une fonction particulière. On les appelle des **groupes fonctionnels**.
Ces groupes fonctionnels sont constitués d'un **nom noyau** auquel se rattachent des mots ou groupes de mots de natures différentes.

A. À quoi servent les groupes fonctionnels ?

– Un groupe fonctionnel est un groupe nominal qui occupe une fonction particulière par rapport au verbe de la phrase (sujet, COD, complément circonstanciel). Chaque groupe fonctionnel **répond à une question précise**. Ainsi :

	NOYAU VERBAL	
Le petit chien du voisin	*a mordu*	*le gardien de l'immeuble.*
GN QUI RÉPOND A LA QUESTION : **QUI A FAIT** L'ACTION DE MORDRE ?		GN QUI RÉPOND A LA QUESTION : **QUI A SUBI** L'ACTION DE MORDRE ?

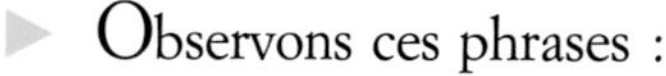

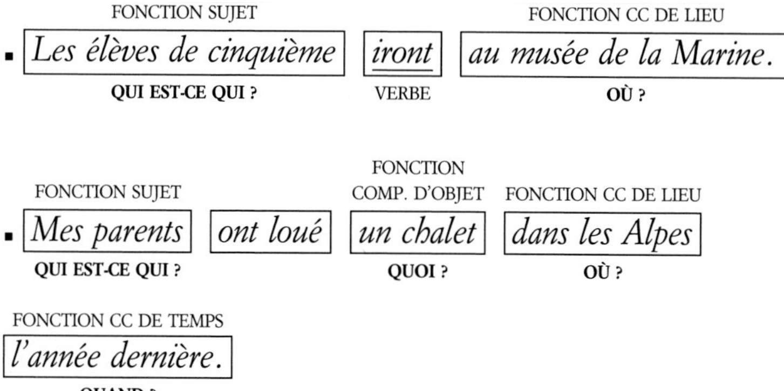

Nous constatons que dans chacune des deux phrases nous trouvons un verbe noyau. À ce verbe noyau se rattachent des groupes fonctionnels occupant chacun une fonction particulière et permettant de répondre chacun à une question précise.

B. Comment est indiquée la fonction des groupes fonctionnels dans la phrase ?

La fonction des groupes fonctionnels est indiquée de deux manières différentes.

– Par la **position** qu'ils occupent **par rapport au verbe noyau** :

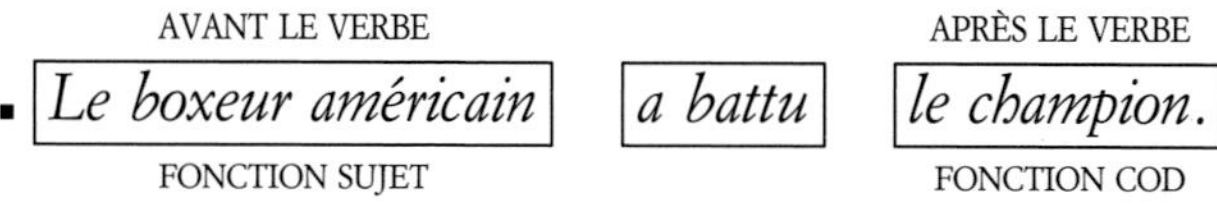

– En étant reliés au verbe noyau par une **préposition** :

- *J'ai parlé* | *à* | *un acteur* | *sur* | *le plateau de cinéma.*

  PRÉPOSITION (à) — PRÉPOSITION (sur)

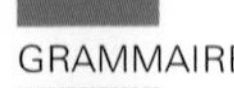

Observons la représentation de cette phrase :

- *Mon père a rencontré le directeur de l'école à cinq heures sur la place du marché.*

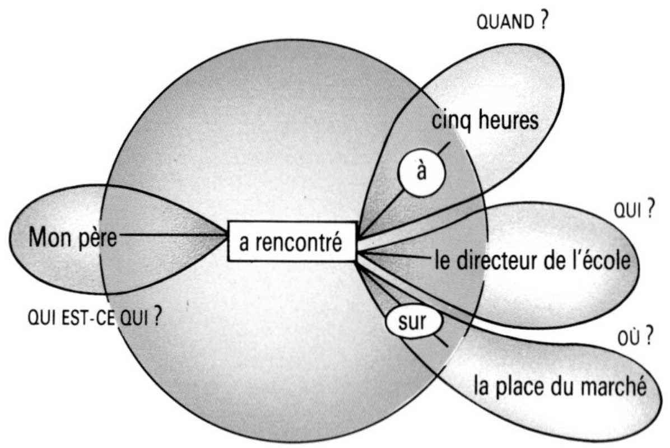

Nous constatons que :
Les groupes fonctionnels sujet et objet ne sont pas reliés au verbe par une préposition : **leur place** (avant ou après le verbe) marque **leur fonction**.
Les groupes fonctionnels CC de lieu et CC de temps sont chacun rattachés au verbe par une **préposition** :
– *à* pour le groupe fonctionnel CC de temps ;
– *sur* pour le groupe fonctionnel CC de lieu.

C. Comment est constitué le groupe fonctionnel ?

Le groupe fonctionnel est un **groupe nominal**. Il s'organise donc autour d'un **nom noyau**. À ce nom noyau se rattachent des déterminants *(articles, adjectifs possessifs...)*, des adjectifs qualificatifs, d'autres noms ou une proposition relative.

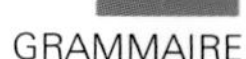

Observons cette phrase :

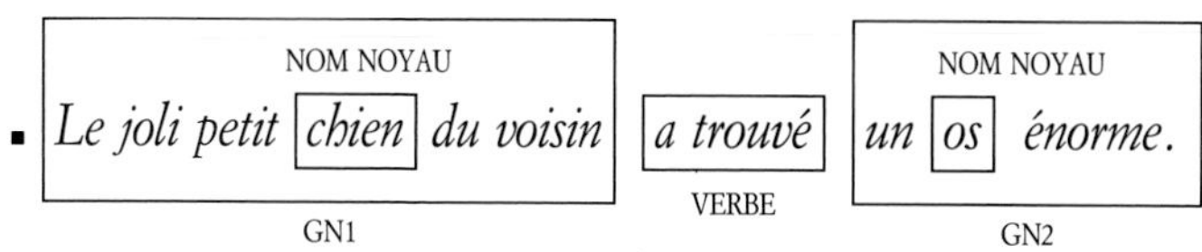

Nous constatons que les deux groupes nominaux GN1 et GN2 s'analysent de la façon suivante :

GN1 : ce groupe nominal occupe la fonction de sujet du verbe *trouver* ; le GN1 s'organise autour du nom *chien* qui en est le **noyau**.

Au nom noyau se rattachent :
le déterminant *le*, article défini ; les adjectifs qualificatifs *joli* et *petit* ; le nom *voisin* qui est relié au nom noyau par la préposition *du*.

GN2 : ce groupe nominal occupe la fonction de complément d'objet direct du verbe *trouver* ; le GN2 s'organise autour du nom noyau *os*.

À ce nom noyau se rattachent : le déterminant *un*, article indéfini ; l'adjectif qualificatif *énorme*.

D. Comment analyser une phrase en groupes fonctionnels ?

– Pour analyser une phrase, on commence par **déterminer les différents groupes fonctionnels** en **identifiant la fonction** que chacun d'eux occupe par rapport au verbe de la phrase.
Ensuite, on examine la **composition** de chacun des groupes fonctionnels. On identifie le **nom noyau** du groupe et les éléments qui s'y rattachent.

Observons l'analyse de la phrase suivante :

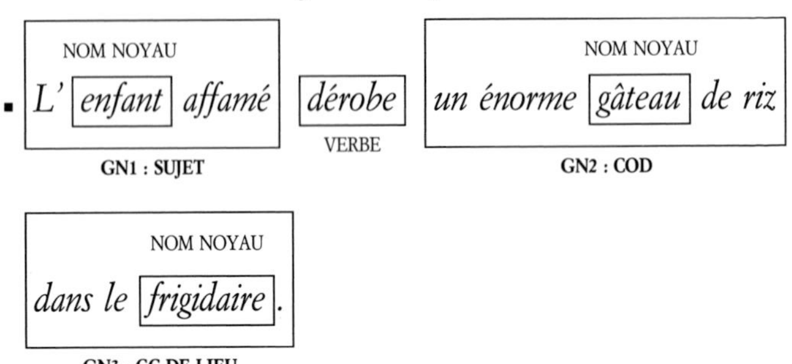

Autour du verbe *dérober*, la phrase s'organise en **3 groupes nominaux** qui occupent chacun une fonction particulière.

– **GN1 :** occupe la **fonction sujet** ; c'est sa place **avant le verbe** qui indique sa fonction.
– **GN2 :** occupe la **fonction COD** ; c'est sa place **après le verbe** qui marque sa fonction.
– **GN3 :** occupe la **fonction de complément circonstanciel de lieu** ; c'est la **préposition** *dans* qui marque la fonction de GN3.

Chaque groupe fonctionnel s'analyse ainsi :

GN1 : au **nom noyau** *enfant* se rattachent :
– l'article défini *l'*,
– l'adjectif qualificatif *affamé*.

GN2 : au **nom noyau** *gâteau* se rattachent :
– l'article indéfini *un*,
– l'adjectif qualificatif *énorme*,
– le nom *riz* qui se trouve rattaché au nom noyau par la préposition *de*.

GN3 : au **nom noyau** *frigidaire* est relié l'article défini *le*.

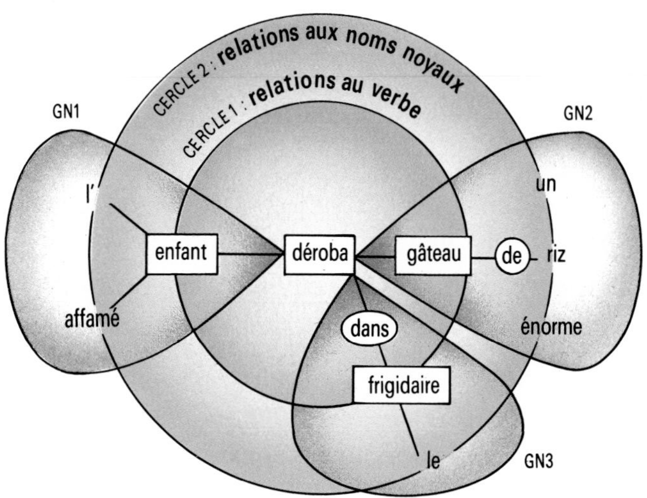

1 Une phrase se construit autour d'un **verbe** qui en constitue le **noyau**. À ce verbe noyau sont rattachés des **groupes nominaux** qui occupent **différentes fonctions**.

Ainsi, à partir du verbe *chanter* :
– en lui rattachant un groupe nominal occupant la fonction de **sujet**, on obtient :

- *L'enfant* (SUJET) *a chanté.*

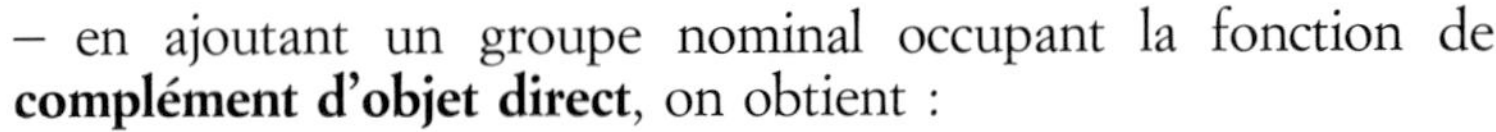

– en ajoutant un groupe nominal occupant la fonction de **complément d'objet direct**, on obtient :

- *L'enfant a chanté une berceuse.*
  SUJET (L'enfant) — COD (une berceuse)

– en ajoutant un groupe nominal occupant la fonction de **complément d'objet indirect**, on obtient :

- *L'enfant a chanté une berceuse à son petit frère.*
  SUJET (L'enfant) — COD (une berceuse) — COI (à son petit frère)

2 Ces trois groupes nominaux **sont en relation avec le verbe** de la phrase.

A l'intérieur de chacun des groupes nominaux, un **nom** constitue le noyau du **groupe nominal**. C'est à ce nom noyau que sont rattachés les autres éléments du groupe nominal : adjectif, nom complément du nom, proposition relative.

Ainsi, à partir de *L'enfant a chanté* :

– en complétant le nom noyau par des **adjectifs épithètes**, on obtient :

- *Le petit enfant noir a chanté.*
  ADJ. (petit) — ADJ. (noir)

– en complétant le nom noyau par un **autre nom**, on obtient :

- *Le petit enfant noir du village a chanté.*
  ADJ. (petit) — ADJ. (noir) — NOM (village)

– en complétant le nom noyau par une **proposition subordonnée relative**, on obtient :

- *Le petit enfant noir du village qui a une voix superbe a chanté.*
  PROP. RELATIVE (qui a une voix superbe)

SAVEZ-VOUS

RECONNAÎTRE LA FONCTION SUJET

COMPÉTENCES

- Je sais identifier le sujet de la phrase.

La fonction sujet permet d'indiquer **quelle est la personne, quel est l'animal ou quel est l'objet dont on va dire** quelque chose. Sans ce groupe, la phrase ne serait pas complète.

A. À quoi sert la fonction sujet ?

La fonction sujet indique dans une phrase :

– Quel est le personnage, l'animal ou l'objet **qui accomplit une action**.

- *Le pilote* (SUJET) *conduisait* (VERBE D'ACTION) *à toute allure.*

– Quel est le personnage, l'animal ou l'objet **qui possède une qualité** particulière.

- *La voiture* (SUJET) *était* (VERBE D'ÉTAT) *rapide.*

La fonction sujet répond donc aux questions : **qui est-ce qui fait... ?** ou **qu'est-ce qui est... ?**

Observons ces couples de phrases :

- *Le cheval d'Éric a gagné la course.*
  C'est le cheval d'Éric qui a gagné la course.

- *Le grand voilier blanc a viré en tête.*
  C'est le grand voilier blanc qui a viré en tête.

Nous constatons que dans chaque couple de phrases, le groupe qui occupe la **fonction sujet** est celui qui peut être mis en évidence en l'encadrant par *c'est ... qui.* On peut donc identifier le groupe occupant la fonction sujet en le plaçant entre *c'est* et *qui.*

B. Comment est indiquée la fonction sujet ?

– On indique qu'un mot ou un groupe de mots occupe la fonction sujet en le plaçant **avant le verbe** de la phrase. C'est de cette façon que l'on distingue le sujet du complément d'objet direct, qui lui, est placé **après le verbe**.

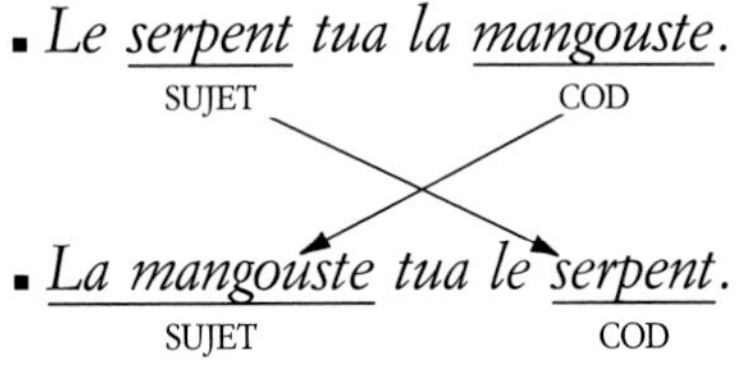

Le serpent tua la mangouste.
SUJET
COD
La mangouste tua le serpent.
SUJET
COD

Observons ce texte :

- *Dans ce pays, les choux à la crème dévoraient les petits enfants, les lapins tuaient les chasseurs.*

Nous constatons que le groupe *les choux à la crème*, parce qu'il est placé **avant** le verbe *dévorer*, occupe la **fonction sujet** : c'est lui qui fait l'action de dévorer *les petits enfants*. De même, le groupe *les lapins* est présenté comme le sujet, parce qu'il est placé **avant** le verbe *tuer*.
En général, ce sont plutôt les enfants qui dévorent les choux à la crème et les chasseurs qui tuent les lapins. Mais, en donnant aux mots des fonctions particulières (sujet ou COD), on peut raconter des histoires extraordinaires !

C. Le sujet se place-t-il toujours avant le verbe ?

Non ! Le sujet sera placé **après** le verbe.

– Dans une phrase **interrogative** :

- *Viendrez-vous dîner ce soir ?*
  VERBE SUJET

– Dans un **dialogue** pour indiquer qui parle :

- *Je viendrai dîner, dit Pierre.*
  VERBE SUJET

– Lorsque des **adverbes** comme *ainsi, peut-être, sans doute* sont placés en **tête de la phrase** et que le sujet est un pronom personnel :

- *Peut-être viendra-t-il dîner ce soir.*
  VERBE SUJET

Observons la place du sujet dans ces phrases :

- *Sous le pont Mirabeau, coule la Seine.*
  CC DE LIEU VERBE SUJET

- *Et sous son masque noir luisaient deux perles d'or.*
  CC DE LIEU — VERBE — SUJET

- *Juste à ce moment-là, arriva le courrier du roi.*
  CC DE TEMPS — VERBE — SUJET

Nous constatons que dans toutes ces phrases le sujet se trouve placé **après le verbe**. Le verbe de ces phrases n'a pas de complément d'objet direct ; ainsi le sujet peut prendre la place habituelle du COD et être mis en valeur. Nous remarquons aussi que ces phrases commencent toutes par un complément circonstanciel.

D. Le sujet est-il indispensable à la construction de la phrase ?

Oui ! **Sauf dans les phrases impératives**, le verbe d'une phrase est toujours précédé d'un mot ou groupe de mots qui occupe la fonction sujet. **Si l'on supprimait le groupe sujet, la construction de la phrase serait détruite**.

- *Pierre mange des cacahuètes à tous les repas.*
  SUJET — VERBE — COD — CC DE TEMPS

- *Pierre mange.*
  SUJET — VERBE

Observons les phrases suivantes :

- *Il pleut.* (Il : SUJET)
- *Il gèle.* (Il : SUJET)
- *Il fait froid.* (Il : SUJET)

Nous constatons que le pronom personnel *il* occupe la fonction de sujet dans ces trois phrases.
Le pronom *il* ne représente aucun personnage, animal ou chose : on ne sait pas qui *pleut*, qui *gèle*... **La fonction sujet est donc toujours occupée même si l'on ne sait pas par qui**.

E. Quels sont les mots ou groupes de mots qui peuvent occuper la fonction sujet ?

– Des mots de **différentes natures** peuvent occuper la fonction sujet. C'est souvent un **nom** ou un **groupe nominal** :

- *Pierre est un voleur.*
  NOM
- *Le fils de la voisine est un voleur.*
  GN

– Un **pronom** :

- *Certains pleuraient, d'autres riaient.*

– Parfois un **infinitif** :

- *Travailler fatigue les paresseux.*

– Parfois une **proposition** :

- *Qu'ils aient été renvoyés ne m'étonne pas.*

F. Le sujet commande-t-il l'accord du verbe ?

– Oui ! Il faut penser en particulier à écrire **s** à la fin du verbe si le sujet est à la **2e personne du singulier** et **nt** si le sujet est à la **3e personne du pluriel**.

- *Tu met**s** ton manteau.*
- *Les enfants mettaie**nt** leurs manteaux.*

► Observons quelques cas où l'accord du verbe est difficile.

– Le **sujet** peut être **éloigné** du verbe :

- *Les amis, dont j'ai parlé à mon père, habitent Paris.*
  SUJET — PROPOSITION RELATIVE — VERBE

– Le **sujet** est placé **après** le verbe :

▪ *Je voudrais savoir quand passent les coureurs.* (passent : VERBE ; les coureurs : SUJET)

– Un **pronom personnel COD** est placé **avant** le verbe :

▪ *Ils achètent la voiture et la revendent.* (Ils : SUJET ; la : PRON. PERS. COD ; revendent : VERBE)

– Le **sujet** est un **pronom relatif** : le verbe s'accorde avec l'antécédent.

▪ *C'est moi qui ai retrouvé la bague.* (moi : SUJET ; ai retrouvé : VERBE)

– Le sujet est un groupe nominal comportant **un nom complément du nom noyau** : le verbe s'accorde avec le noyau du GN.

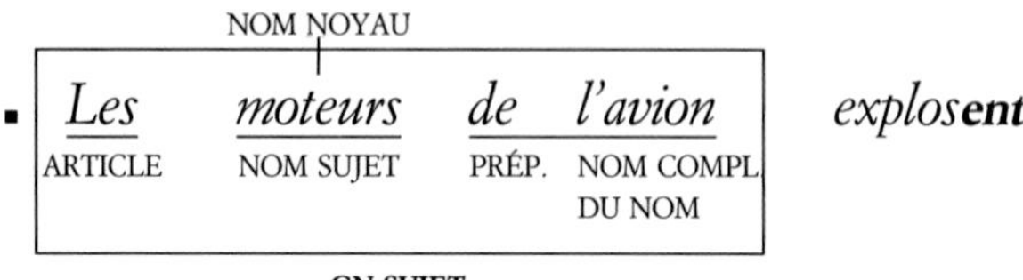

RETENONS

1 Lorsque l'on construit une phrase, on commence le plus souvent par indiquer **de qui** ou **de quoi l'on parle** *(Pierre, un oiseau, une mangue)*. Ensuite, on dit quelque chose à propos de cette personne, de cet animal ou de cette chose :

▪ *Joseph est en retard.* ▪ *Un oiseau s'est envolé.*

2 Le groupe qui exprime de qui ou de quoi l'on parle occupe la fonction de sujet. Ce groupe répond à la question **qui est-ce qui ?** ou **qu'est-ce qui ?** Il peut être encadré par **c'est ... qui**.

- *C'est Joseph qui est en retard.*

3 La **fonction sujet** est la seule que l'on trouve **obligatoirement** dans une phrase. Si on la supprime, la phrase n'existe plus.

4 La fonction sujet peut être occupée par des mots ou groupes de mots de nature différente.

– Un **nom** ou un **groupe nominal** : *Le frère de Pierre est arrivé.*

– Un **infinitif** : *Dormir est reposant.*

– Un **pronom** : *Je joue au football.*

– Une **proposition subordonnée** : *Qui trop embrasse mal étreint.*

5 Dans une phrase comportant un complément d'objet direct (COD), le mot ou le groupe de mots occupant la fonction de **COD** se place **après le verbe**, alors que le mot ou groupe de mots occupant la **fonction sujet** se place **avant le verbe**.

On sait qu'un mot ou un groupe de mots est sujet ou COD d'après la position qu'il occupe par rapport au verbe.

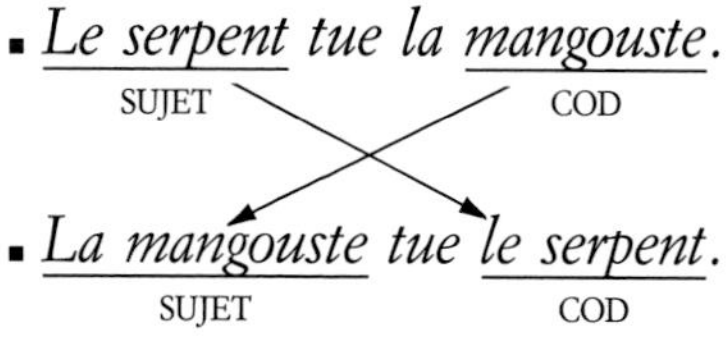
Le serpent tue la mangouste.
SUJET
COD
La mangouste tue le serpent.
SUJET
COD

15

SAVEZ-VOUS

RECONNAÎTRE LA FONCTION ATTRIBUT DU SUJET

COMPÉTENCES

- Je reconnais l'attribut du sujet.

Quand on parle d'**attribut du sujet**, on veut dire qu'**une qualité est attribuée au sujet de la phrase**.

- *Cet enfant est intelligent.*

A. À quoi sert l'attribut du sujet ?

– L'attribut du sujet permet d'**indiquer** dans une phrase **ce qu'est** un personnage, un animal ou une chose ; ainsi, à propos du loup, nous pouvons vouloir dire :

Ce qu'il **fait** : *Le loup mange l'agneau.* ◂ COD

Ou ce qu'il **est** : *Le loup est féroce.* ◂ ATTRIBUT

▸ Observons ces deux phrases :

1. *Maman* (SUJET) *baigne* (VERBE) *le bébé* (COD).

2. *Maman* (SUJET) *est* (VERBE) *blonde* (ATTRIBUT).

Nous constatons que :

– La phrase **1** nous permet de savoir **ce que fait** le personnage *maman* : elle exerce une action *(baigner)* sur un autre personnage *(le bébé)*. Lorsqu'on regarde l'image qui correspond à cette phrase, on voit **deux personnages** : *la maman* qui est le sujet et *le bébé* qui est **l'objet direct**.

– La phrase **2** nous permet de savoir **ce qu'est** le personnage *maman* ; on lui attribue une qualité particulière : *maman* est *blonde*. Lorsqu'on regarde l'image qui correspond à la phrase **2**, on ne voit qu'**un seul personnage** : *la maman* dont les cheveux sont blonds.

B. Avec quels verbes trouve-t-on l'attribut du sujet ?

L'attribut du sujet se construit avec le verbe *être*, mais aussi avec des verbes comme *devenir, sembler, paraître, rester, demeurer, avoir l'air*. On appelle ces verbes des **verbes d'état** pour les distinguer des **verbes d'action** comme *courir* ou *manger*.

- *La mer est agitée.*
  est : VERBE D'ÉTAT ; *agitée* : ATTRIBUT

Observons ces phrases :

- *Les romans de Charles Dickens sont extraordinaires ;*
  Les romans : SUJET ; *sont* : VERBE D'ÉTAT ; *extraordinaires* : ATTRIBUT

  les personnages semblent réels ; page après page,
  les personnages : SUJET ; *semblent* : VERBE D'ÉTAT ; *réels* : ATTRIBUT

  leurs aventures deviennent de plus en plus passionnantes.
  leurs aventures : SUJET ; *deviennent* : VERBE D'ÉTAT ; *passionnantes* : ATTRIBUT

Nous constatons que les trois verbes d'état *(être, sembler* et *devenir)* introduisent trois adjectifs qualificatifs *(extraordinaires, réels* et *passionnantes)* qui occupent la fonction d'**attribut du sujet**. Ces attributs **s'accordent en genre** et **en nombre avec le sujet** du verbe d'état.

C. Quelle est la nature des mots qui peuvent être attributs du sujet ?

La fonction d'attribut du sujet peut être occupée par des mots de **nature différente**.

– Souvent l'attribut est un **adjectif qualificatif**.

- *Le corbeau était confus.* (confus : ADJ. QUAL.)

– Un **nom** ou un **groupe nominal** peut aussi être attribut du sujet.

- *« Le corbeau et le renard » est une fable de La Fontaine.* (une fable de La Fontaine : GN)

– Quelquefois l'attribut est un **infinitif**.

- *L'important est d'agir vite.* (d'agir : INFINITIF)

Observons la phrase suivante :

- *Il devint alors très méfiant, il l'est encore.* (méfiant : ADJ. QUAL. ATTRIBUT ; l' : PRON. PERS. ATTRIBUT)

Nous constatons que le pronom personnel *l'* remplace l'adjectif qualificatif *méfiant* ; ce pronom personnel occupe la fonction d'attribut du sujet *il* : il se place avant le verbe *être*.

1 Les mots ou groupes de mots occupant la fonction d'attribut du sujet apparaissent après le verbe *être* mais aussi après d'autres verbes comme *sembler, devenir, paraître, rester, avoir l'air...* appelés **verbes d'état**.

2 Après les verbes d'état, on ne peut pas avoir de complément d'objet direct. On a des attributs.

- *Ce monsieur est un professeur .*
  (est : VERBE D'ÉTAT ; un professeur : ATTRIBUT DU SUJET)

- *Ce monsieur enseigne les mathématiques.*
  (enseigne : VERBE D'ACTION ; les mathématiques : COD)

! Il faut faire très attention à ne pas confondre l'attribut qui apparaît après les verbes d'état et le complément d'objet direct qui apparaît après les verbes transitifs. Le mot ou groupe de mots qui occupe la fonction d'**attribut** permet de présenter le sujet en lui attribuant une qualité *(rouge, intelligent...)* ou en le définissant *(un médecin, un professeur, un rectangle...)*. Le mot ou groupe de mots qui occupe la fonction de **complément d'objet direct** permet d'indiquer sur quoi porte l'action effectuée par le sujet.

3 La fonction d'attribut du sujet est souvent occupée par un **adjectif qualificatif** ; elle peut être aussi remplie par :

– Un **nom** ou un GN : ▪ *Molière était un grand acteur.*
– Un **pronom :** ▪ *Je le suis tout autant.*
– Un **infinitif :** ▪ *Mon plaisir est de bien manger.*

SAVEZ-VOUS

RECONNAÎTRE LE COMPLÉMENT D'OBJET DIRECT (COD)

COMPÉTENCES

- Je sais identifier le complément d'objet direct.

Un certain nombre de verbes (voir p. 00) comme *rencontrer, manger* ou *donner* permettent de dire **qui** l'on rencontre, **ce que** l'on mange ou **ce que** l'on donne. Le mot ou groupe de mots qui permet d'indiquer sur quoi porte l'action effectuée par le sujet occupe **la fonction de complément d'objet direct : COD**.

A. À quoi sert la fonction de complément d'objet direct ?

– La fonction sujet permet, nous l'avons vu (p. 105), d'indiquer **qui accomplit** l'action du verbe. La fonction COD permet, elle, de désigner le personnage, l'animal ou la chose qui **subit l'action du verbe**.

- *Pierre* (SUJET ACCOMPLIT L'ACTION) *aime* *Paul.* (COD SUBIT L'ACTION)

▶ Observons ces phrases :

1 ▪ *J'ai découvert* [*le repaire des brigands.*] (COD)

C'est [*le repaire des brigands*] **que** *j'ai découvert.*

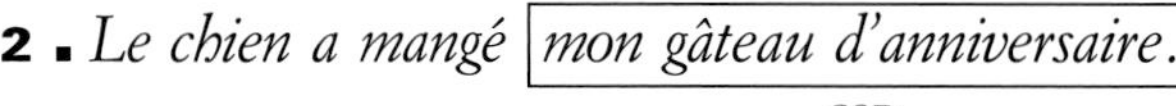

2 . Le chien a mangé mon gâteau d'anniversaire.
COD

C'est *mon gâteau d'anniversaire* **que** *le chien a mangé.*

Nous constatons que, dans chaque phrase, le groupe qui occupe **la fonction** COD est celui qui peut être encadré par **c'est ... que**

B. Comment est indiquée la fonction COD ?

– On indique qu'un mot ou groupe de mots occupe la fonction COD en le plaçant **après le verbe de la phrase**. C'est ainsi que l'on peut distinguer le COD du sujet qui, lui, est placé avant le verbe.

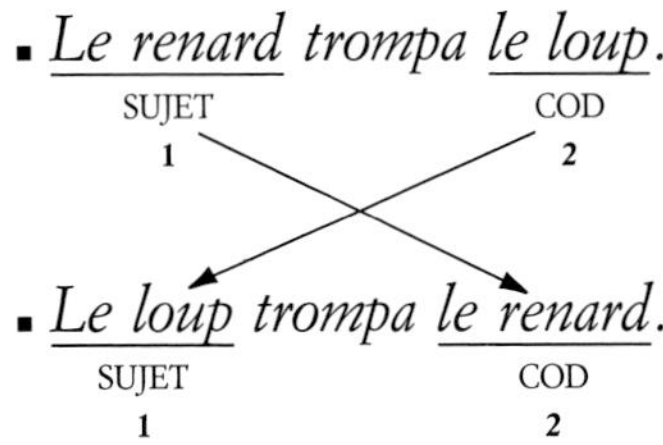

Le renard trompa le loup.

Le loup trompa le renard.

Observons ces phrases :

- *Les pommes, je les aime bien vertes.*
  PRONOM COD

- *L'argent, vous l'aurez la semaine prochaine.*
  PRONOM COD

Nous constatons que pour **mettre en valeur** le COD on peut le placer **en tête de la phrase** et le faire suivre d'une virgule ; on le **reprend par un pronom personnel** *(le, la, les, l')* placé avant le verbe.

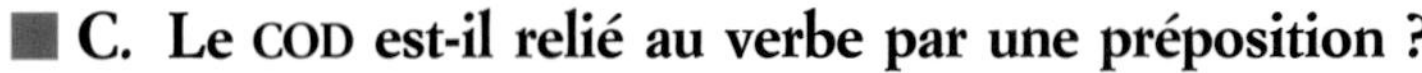

C. Le COD est-il relié au verbe par une préposition ?

– Non ! On l'appelle complément d'objet **direct** justement parce qu'il est relié **directement** au verbe. C'est sa place (**après** le verbe) qui indique sa fonction ; le COD n'a donc pas besoin d'être introduit par une préposition.

▶ Observons cette phrase :

- *Sous le balcon, Rodrigue donnait une sérénade à Chimène.*
  (Sous : PRÉPOSITION ; une sérénade : COD ; à : PRÉPOSITION)

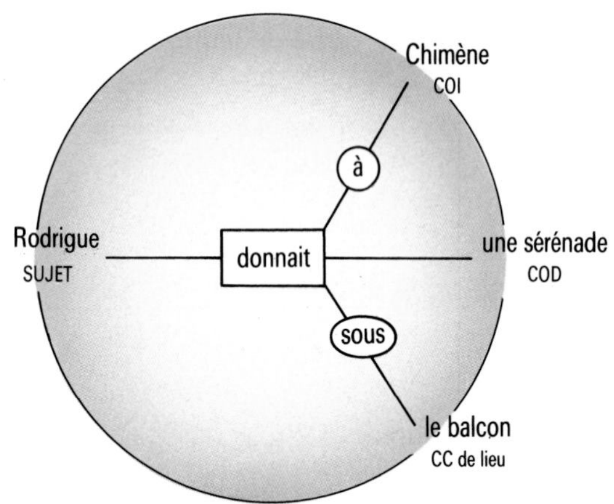

▶ Nous constatons que les fonctions sujet et COD sont reliées au verbe **directement** sans l'aide d'une préposition : le sujet est avant le verbe, le COD après.
Les fonctions complément d'objet indirect et complément circonstanciel de lieu sont **reliées** au verbe **par les prépositions** *à* et *sur*.

D. Qu'appelle-t-on article partitif ?

– Les articles partitifs *du* et *de la* se placent **devant** le nom COD pour indiquer qu'on ne considère qu'une certaine quantité, **une partie** de l'objet en question.

- *Je bois du lait.* (du : ART. PART.) QUOI ? ▶ COD
- *Je bois le lait.* (le : ART. DÉF.) QUOI ? ▶ COD

! Il ne faut pas confondre l'article partitif avec une **préposition**. **L'article partitif introduit un complément d'objet direct**.

▶ Observons cette phrase :

- *Je vais chercher la confiture.* (la : ART DÉFINI) QUOI ? ▶ COD

▶ Nous constatons que l'article défini *la* permet d'indiquer que l'on va chercher le pot entier de confiture pour le mettre sur la table.

▶ Observons cette phrase :

- *Je vais manger de la confiture.* (de la : ART. PART.) QUOI ? ▶ COD

▶ Nous constatons que l'article partitif *de la* permet d'indiquer que le sujet va manger **une partie de la confiture** que contient le pot. Le GN *de la confiture* est constitué du nom noyau *confiture* et du déterminant *de la*. Ce GN occupe la fonction de COD.

E. Peut-on avoir un COD après un verbe d'état ?

– Non ! Après des verbes comme *être, sembler, devenir* ..., c'est-à-dire des **verbes d'état**, on trouve la fonction attribut du sujet.
Le **complément d'objet direct apparaît** uniquement **après des verbes d'action** comme *manger, regarder*...

▶ Observons ces phrases :

- *Pierre* (SUJET) *est* (VERBE D'ÉTAT) *boulanger* (ATTRIBUT).
- *Pierre* (SUJET) *salue* (VERBE D'ACTION) *le boulanger* (COD).

▶ Nous constatons que :
– Dans la première phrase, le sujet *Pierre* a pour profession d'être boulanger : **l'attribut du sujet** indique **ce qu'est** le sujet.
– Dans la deuxième phrase, le sujet *Pierre* accomplit une action, celle de saluer. L'action est exercée sur l'objet direct *boulanger* : le **COD** indique **sur quoi** porte l'action exercée par le sujet.

F. Le COD est-il toujours indispensable à la construction de la phrase ?

– Non ! Cela **dépend du verbe** utilisé dans la phrase.

– Après des verbes comme *rencontrer, apercevoir, battre*... on doit obligatoirement utiliser un complément d'objet direct : on rencontre quelqu'un, on aperçoit quelque chose ou quelqu'un. Ce sont des verbes **transitifs qui exigent un COD**.

– Après des verbes comme *manger, lire, écouter, sonner*... on peut utiliser un COD, mais on peut aussi ne pas utiliser de COD : on peut préciser ce qu'on lit *(un poème, un roman...)* ou simplement indiquer qu'on lit. Ce sont des verbes **transitifs qui n'exigent pas obligatoirement un COD**.

– Enfin, des verbes comme *marcher, rire, partir, obéir*... ne permettent pas d'utiliser un COD. Ce sont des verbes **intransitifs**. On ne peut pas rire quelque chose ou quelqu'un.

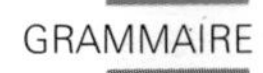

Observons ces phrases :

1 ▪ *Cet homme boit.* **2** ▪ *Cet homme boit son café.*
COD

Nous constatons que dans la première phrase le verbe *boire* n'a pas de COD. La phrase signifie que *cet homme* est un ivrogne. Dans la seconde, le COD permet de savoir que l'homme est en train de boire quelque chose.

G. Quels sont les mots qui peuvent occuper la fonction de COD ?

Des mots de **nature différente** peuvent occuper la fonction de COD.

– C'est souvent un **nom** ou un **groupe nominal**.

▪ *Tous les jours, Pierre consomme un litre de lait.*
GN COD

– Après des verbes comme *vouloir, penser, dire...* une *proposition subordonnée* occupe la fonction de COD.

▪ *Les clients veulent qu'on les serve vite.*
PROP. SUB.
COD

– Les **pronoms personnels** comme *le, la, les, l'* occupent la fonction de COD.

▪ *Cette voiture, je l'ai gagnée à la loterie.*
PRON. PERS.
COD

– Un **infinitif** peut occuper la fonction de COD.

▪ *Il adore dessiner.*
INFINITIF
COD

H. Dans quel cas le verbe s'accorde-t-il avec le COD ?

– Aux **temps simples** (présent, futur, imparfait...), le verbe ne s'accorde **jamais** avec le COD.

- *Pierre les mange.*
  SUJET COD VERBE

– Aux **temps composés** (passé composé, plus-que-parfait...), le participe passé **s'accorde** en genre et en nombre avec le COD si ce dernier est placé **avant** le verbe. C'est le seul cas où le participe passé employé avec l'auxiliaire *avoir* s'accorde.

- *Pierre les a mangés. (les gâteaux)*
  ACCORD

▶ Observons ces phrases :

1 ▪ *Ces mouettes, je les ai vues.*
FÉMININ PLURIEL — PRON. PERS. COD — ACCORD

2 ▪ *J'ai perdu la bague que tu m'as offerte.*
COD FÉM. SING. — PRON. RELAT. COD — ACCORD

▶ Nous constatons que :

– Dans la première phrase, le pronom personnel *les* est COD du verbe *voir* conjugué au passé composé ; il est placé avant ce verbe. Le pronom personnel *les* remplace le nom *mouettes* qui est du féminin pluriel : le participe passé *vues* s'accorde donc avec le COD *les* et se met au féminin pluriel.

– Dans la deuxième phrase, le pronom relatif *que* est COD du verbe *offrir* conjugué au passé composé. Ce pronom relatif est placé avant le verbe *offrir* ; il remplace le nom *bague* qui est du féminin singulier : le participe passé *offerte* se met donc au féminin singulier.

1 Après les **verbes d'état** comme *être, sembler, paraître*... on ne trouve jamais de groupes nominaux occupant la fonction de complément d'objet direct. Les verbes d'état ne peuvent introduire que des **attributs** du sujet.

2 Certains verbes comme *rencontrer, faire* **doivent obligatoirement** recevoir un COD. Certains verbes comme *manger, tuer*, **peuvent** être utilisés avec ou sans COD. Enfin, d'autres verbes comme *courir, parler* **ne peuvent pas** recevoir de COD. Les verbes qui exigent ou permettent l'utilisation d'un COD sont appelés **verbes transitifs** ; ceux qui ne permettent pas l'utilisation d'un COD sont appelés **verbes intransitifs**.

3 Le groupe nominal occupant la fonction de COD est lié **directement** au verbe sans que l'on utilise de préposition. Il est placé après le verbe, et c'est sa position qui permet de le distinguer du sujet.

- *Les chasseurs* (SUJET) *ont tué* (VERBE) *le lion* (COD).
- *Le lion* (SUJET) *a tué* (VERBE) *les chasseurs* (COD).

4 Lorsque le pronom occupant la fonction de COD est placé avant le verbe qu'il complète et que celui-ci est conjugué à une forme composée avec l'auxiliaire *avoir* (passé composé, plus-que-parfait...), le participe passé de ce verbe s'accorde en genre et en nombre avec le COD.

- *J'ai mangé ces poires.* (ces poires : COD FÉM. PLUR.)
- *Ces poires, je les ai mangées.* (les : PRONOM PLUR.)

17

SAVEZ-VOUS

RECONNAÎTRE LE COMPLÉMENT D'OBJET INDIRECT (COI)

COMPÉTENCES

- Je sais identifier le complément d'objet indirect.

Un certain nombre de verbes se construisent avec les prépositions **à** ou **de** : *parler à quelqu'un de quelque chose, renoncer à quelque chose, penser à quelqu'un, envoyer quelque chose à quelqu'un...* Le mot ou le groupe de mots **introduit par ces prépositions** *à* ou *de* occupe la fonction de **complément d'objet indirect : COI**.

A. À quoi sert la fonction de complément d'objet indirect ?

La fonction de complément d'objet indirect permet :

– de désigner une personne ou un animal **à qui** l'on pense, **de qui** on se souvient, **à qui** l'on parle, **de qui** l'on rêve, **à qui** l'on sourit, **de qui** on se moque... ;
– de désigner une chose **de quoi** l'on se plaint, **de quoi** l'on parle, **de quoi** on s'aperçoit, **de quoi** on rêve, **de quoi** on rit...

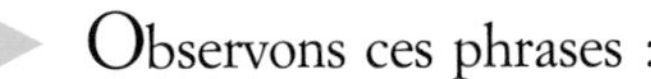

Observons ces phrases :

- *Il se moquait sans cesse de ses camarades.*
  de ses camarades : COI

- *Il se plaignait aux professeurs de son manque de persévérance.*
  aux professeurs : COI — de son manque de persévérance : COI

- *Aurélien croyait aux fantômes.*
  aux fantômes : COI

- *Chaque année, on offrait une dinde au gardien.*
  au gardien : COI

Nous constatons que les groupes nominaux soulignés sont introduits par les prépositions *à* et *de*. Ils occupent la fonction de COI.

B. Pourquoi appelle-t-on ce complément « indirect » ?

– Nous avons vu (p. 116) que le complément d'objet direct se rattache directement au verbe, sans préposition. Le complément d'objet indirect est **relié au verbe par l'intermédiaire d'une préposition** *à* ou *de* : c'est pour cela qu'on dit qu'il est **indirect**.

Observons cette phrase :

- *Les élèves ont envoyé une carte postale à la directrice.*
  Les élèves : SUJET — ont envoyé : VERBE — une carte postale : COD — à la directrice : COI

Nous constatons que le groupe nominal sujet et le groupe nominal COD sont reliés directement au verbe. Le groupe nominal COI est, lui, rattaché au verbe par la préposition **à**.

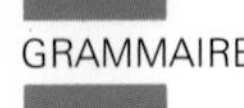

Les mots *au, aux, du* et *des* contiennent à la fois l'article défini et une préposition :

à + le → au :	*Je parle au professeur.* (au professeur : COI)
à + les → aux :	*Je parle aux professeurs.* (aux professeurs : COI)
de + le → du :	*Je parle du professeur.* (du professeur : COI)
de + les → des :	*Je parle des professeurs.* (des professeurs : COI)

C. Les prépositions *à* et *de* introduisent-elles toujours des compléments d'objet indirect ?

– Non ! Les prépositions *à* et *de* peuvent aussi introduire des **compléments circonstanciels de lieu et de temps**. Les compléments d'objet indirect répondent à la question *à qui ? de quoi ?* Les compléments circonstanciels répondent aux questions *où ?* et *quand ?*

Observons ces phrases :

- *Mes grands-parents arriveront à trois heures.* (QUAND ? — à trois heures : CC DE TEMPS)
- *Ce disque appartient à ma sœur.* (À QUI ? — à ma sœur : COI)

OÙ ?
On a vu ce film à l'école.
CC DE LIEU

DE QUOI ?
- *Le professeur a parlé de la conquête de l'espace.*
COI

D'OÙ ?
- *Le président revient de l'aéroport.*
CC DE LIEU

▶ Nous constatons que les GN soulignés sont introduits par les prépositions *à* et *de*. Ils peuvent être soit CC, soit COI.

D. Qu'appelle-t-on complément d'objet second : COS ?

– Le complément d'objet indirect s'appelle complément d'objet second lorsqu'il apparaît dans une phrase comportant déjà **un complément d'objet direct**.

- *Il donne un livre à Pierre.*
COD (un livre) — COI ▶ COS (à Pierre)

▶ Observons les phrases suivantes :

- *Il rend la monnaie aux clients.*
COD (la monnaie) — COS (aux clients)

- *Il parle aux clients.*
COI (aux clients)

▶ Nous constatons que chaque fois que le COI est accompagné d'un COD, on appelle le COI complément d'objet second. Le COS sera donc utilisé avec des verbes comme ***dire*** *quelque chose à quelqu'un*, **donner** *quelque chose à quelqu'un…*

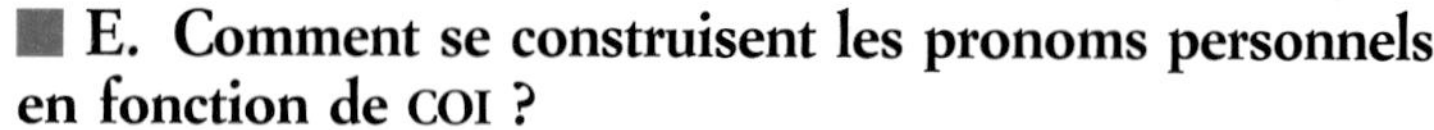

E. Comment se construisent les pronoms personnels en fonction de COI ?

– Lorsque le pronom personnel remplace un groupe nominal occupant la fonction de **complément d'objet second**, il se construit **sans préposition** et se place **avant** le verbe.

- *Il lui donne une pomme.*
  (*lui* : COS PRONOM ; *une pomme* : COD)

– Lorsque le pronom personnel remplace un groupe nominal occupant **la fonction de COI**, il se construit **avec la préposition** *à* ou **la préposition** *de* et se place **après le verbe**.

- *Je me souviens* ***de*** *lui.*
  (*de lui* : COI)
- *Je pense* ***à*** *lui.*
  (*à lui* : COI)

▶ Observons :

- *Il parle de son voyage* ◂ *il en parle.*
  (*de son voyage* : COI INANIMÉ ; *en* : COI)
- *Il pense à ses vacances* ◂ *il y pense.*
  (*à ses vacances* : COI INANIMÉ ; *y* : COI)

▶ Nous constatons que le pronom personnel *en* remplace un COI introduit par la préposition *de*. Le pronom personnel *y* remplace un COI introduit par la préposition *à*.

▶ Observons ces deux phrases :

- *Il parle de son fils* ◂ *il parle de lui.*
  (*de son fils* : COI ANIMÉ ; *de lui* : COI)
- *Il pense à sa mère* ◂ *il pense à elle.*
  (*à sa mère* : COI ANIMÉ ; *à elle* : COI)

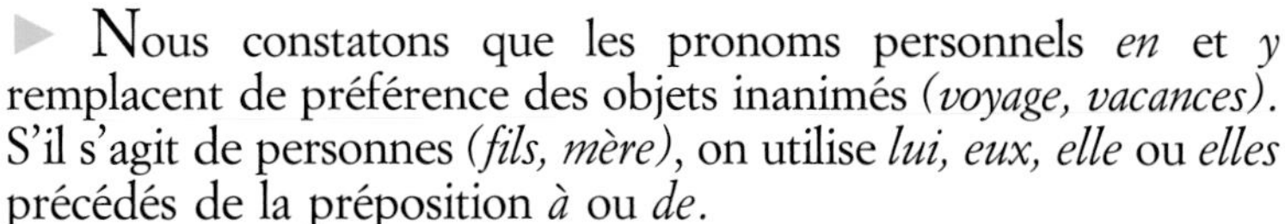

▶ Nous constatons que les pronoms personnels *en* et *y* remplacent de préférence des objets inanimés *(voyage, vacances)*. S'il s'agit de personnes *(fils, mère)*, on utilise *lui, eux, elle* ou *elles* précédés de la préposition *à* ou *de*.

F. Quel pronom relatif utilise-t-on en fonction de complément d'objet indirect ?

▬ Lorsque le pronom relatif occupe la fonction de complément d'objet indirect, on utilise :

– **dont** lorsque le verbe se construit avec la préposition **de** *(parler de, se souvenir de, se moquer de...)*.

- *Voici le livre dont je t'ai parlé.*
  (dont : COI)

– à **qui** lorsque le verbe se construit avec la préposition **à** *(parler à, donner à...)*.

- *Voici l'homme à qui j'ai parlé.*
  (à qui : COI)

▶ Observons :

- *L'élève dont nous nous moquions a réussi son examen.*
  (L'élève : PERSONNE ; dont : COI)

- *L'élève de qui nous nous moquions a réussi son examen.*
  (de qui : COI)

- *C'est la seule chose dont je me souvienne.*
  (la seule chose : OBJET ; dont : COI)

▶ Nous constatons que lorsque l'antécédent du pronom relatif COI est **une personne**, on peut utiliser soit **dont** soit **de qui**. Lorsque l'antécédent du pronom relatif COI est **un objet**, on ne peut utiliser que **dont**.

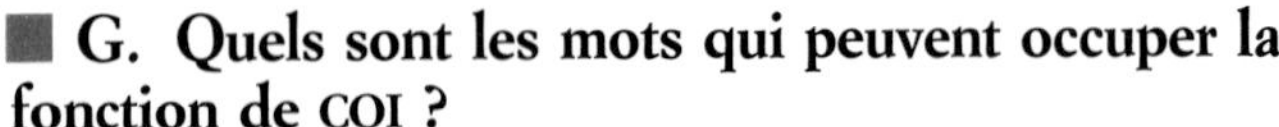

G. Quels sont les mots qui peuvent occuper la fonction de COI ?

– C'est souvent un **nom** ou un **groupe nominal** :

- *Il s'intéresse aux vers à soie.* (aux vers à soie : GN)
- *Il parle à Pierre.* (à Pierre : NOM)

– Avec des verbes comme *penser à, oublier de, se souvenir de, essayer de...*, on peut trouver en fonction de COI un **infinitif** :

- *Il faudrait penser à travailler sérieusement.* (à travailler : INFINITIF)

– Les **pronoms personnel**, **relatif**, **possessif**, **démonstratif** ou **indéfini** peuvent aussi occuper la fonction de COI :

- *On ne peut penser à tout.* (à tout : PRONOM INDÉFINI)
- *Il faut penser aux siens.* (aux siens : PRONOM POSSESSIF)
- *C'est la voiture dont je rêve.* (dont : PRONOM RELATIF)

RETENONS

1 Certains verbes se construisent avec la préposition **à** ou la préposition **de**. Ainsi : *parler (à* ou *de), s'apercevoir (de), penser (à* ou *de), s'intéresser (à), se moquer (de), se souvenir (de), succéder (à), s'occuper (de), envoyer (à), écrire (à), hériter (de), discuter (de), dépendre (de), avoir envie (de), sourire (à), obéir (à)...* Ces verbes sont suivis d'un complément d'objet indirect (COI).

2 Les groupes nominaux occupant la fonction de COI sont rattachés au verbe par la préposition *à* ou *de*. C'est parce qu'ils sont reliés au verbe par une **préposition** qu'on les appelle **compléments d'objet indirect**.

- *Joseph m'a parlé de ses frères.* (de ses frères : COI)
- *Joseph a parlé à ses frères.* (à ses frères : COI)

3 Au contraire, les groupes qui occupent la fonction de compléments d'objet direct sont liés directement au verbe sans qu'on utilise une préposition.

- *Joseph aime ses frères.* (ses frères : COD)

4 Les groupes en fonction de COI répondent aux questions :

À QUI ?	▪ *Il donne un coup à son ami.* (à son ami : COI)
À QUOI ?	▪ *Il pense à son examen.* (à son examen : COI)
DE QUI ?	▪ *Il se souvient de son grand-père.* (de son grand-père : COI)
DE QUOI ?	▪ *Il se moque de sa maladresse.* (de sa maladresse : COI)

5 Les groupes qui occupent la fonction de **COI** peuvent être remplacés par des pronoms personnels. Les pronoms *lui* et *leur* se placent **avant le verbe** : ▪ *Il lui parla. Il leur parla.* (lui : COI ; leur : COI)

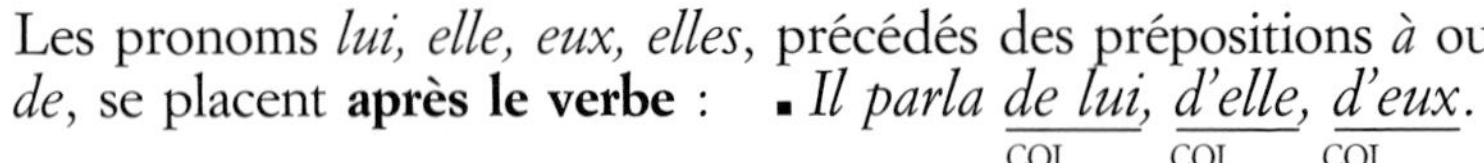

Les pronoms *lui, elle, eux, elles*, précédés des prépositions *à* ou *de*, se placent **après le verbe** : ▪ *Il parla de lui, d'elle, d'eux.* (de lui : COI ; d'elle : COI ; d'eux : COI)

6 Le COI prend le nom de COS quand il suit un COD :

▪ *Il a dit beaucoup de bien d'elle.* (beaucoup de bien : COD ; d'elle : COS)

7 Le pronom personnel COD précède le pronom personnel COS :

▪ *Il le lui a dit.* (le : COD ; lui : COS)

8 Le pronom *en* remplace un COI introduit par la préposition *de* :

▪ *Il parle de son travail. Il en parle.*

9 Le pronom *y* remplace un COI introduit par la préposition *à* :

▪ *Il pense à son travail. Il y pense.*

10 Le pronom relatif *dont* occupe la fonction de COI, alors que le pronom relatif *que* occupe la fonction de COD :

▪ *Voici l'homme dont je t'ai parlé.* (dont : COI)

▪ *Voici l'homme que tu as rencontré.* (que : COD)

18

SAVEZ-VOUS

RECONNAÎTRE LES COMPLÉMENTS CIRCONSTANCIELS (CC)

COMPÉTENCES

- Je sais identifier les compléments circonstanciels.

Lorsqu'on **raconte une histoire**, on décrit des actions *(courir, chanter, frapper)*, on dit quels sont les personnages qui réalisent ou subissent ces actions.

On peut aussi parler des **lieux** où se passent les événements, de **la période** où ils se déroulent et de **la manière** dont agissent les personnages. On utilise pour cela certains compléments qui informent sur **les circonstances** dans lesquelles se déroule un événement : ce sont les **compléments circonstanciels (CC)**.

A. À quoi servent les compléments circonstanciels ?

– Les compléments circonstanciels complètent le verbe de la phrase. Ils permettent de préciser **où** se passe l'action, **quand** ou **pendant combien de temps** elle dure et **comment** elle est effectuée.

Observons l'interview suivante :

– *Où avez-vous vu atterrir la soucoupe volante ?*
– *Elle s'est posée juste là, au milieu du champ.*
– *Quand cela s'est-il passé ?*
– *Hier, avant le coucher du soleil.*
– *Combien de temps est-elle restée ?*
– *Oh, à peu près une demi-heure.*
– *De quelle façon se déplaçait-elle ?*
– *Très vite, sans aucun bruit.*
– *D'où venait-elle ?*
– *De derrière cette colline, à l'est.*

Nous constatons que les mots ou groupes de mots soulignés permettent de **décrire les circonstances** d'un événement.

B. Quels sont les trois principaux CC ?

1. Les compléments circonstanciels **de lieu** qui répondent aux questions **où ?** et **d'où ?**

- *J'habite à Paris.* ◂ LIEU OÙ L'ON SE TROUVE.
- *Je vais à Paris.* ◂ LIEU OÙ L'ON VA.
- *Je reviens de l'école.* ◂ LIEU D'OÙ L'ON VIENT.

2. Les compléments circonstanciels **de temps** qui répondent aux questions **quand ?** et **pendant combien de temps ?**

- *Je suis arrivé dimanche.* ◂ DATE.
- *Je suis resté cinq minutes.* ◂ DURÉE.

3. Les compléments circonstanciels **de manière** qui répondent à la question **de quelle manière ?**

- *Le directeur lui a parlé avec sévérité.* ◂ MANIÈRE.

Observons ces phrases :

- *J'ai agi par vengeance.* ◂ INDIQUE LA CAUSE DE L'ACTION.
  CC DE CAUSE
- *Je me suis battu pour la victoire.* ◂ INDIQUE LE BUT DE L'ACTION.
  CC DE BUT
- *On ne prend pas les mouches avec du vinaigre.* ◂ INDIQUE LE MOYEN PERMETTANT DE RÉALISER L'ACTION.
  CC DE MOYEN

Nous constatons qu'il existe aussi d'autres compléments circonstanciels (**cause, but, moyen**).

C. Les compléments circonstanciels sont-ils déplaçables dans une phrase ?

– Oui, on peut déplacer un mot ou groupe de mots occupant la fonction de complément circonstanciel sans changer sa fonction. Lorsque l'on veut **mettre en valeur** un complément circonstanciel, on le **déplace en tête de la phrase** et on le fait suivre d'une **virgule** :

- *Pour l'anniversaire de la maîtresse, les enfants ont chanté joyeusement sous le préau.*
  TEMPS (Pour l'anniversaire de la maîtresse) – MANIÈRE (joyeusement) – LIEU (sous le préau)
- *Joyeusement, les enfants ont chanté sous le préau, pour l'anniversaire de la maîtresse.*
  MANIÈRE (Joyeusement) – LIEU (sous le préau) – TEMPS (pour l'anniversaire de la maîtresse)
- *Sous le préau, les enfants ont chanté, joyeusement, pour l'anniversaire de la maîtresse.*
  LIEU (Sous le préau) – MANIÈRE (joyeusement) – TEMPS (pour l'anniversaire de la maîtresse)

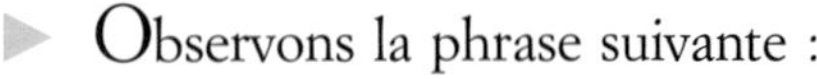

Observons la phrase suivante :

1 ▪ *J'admire les fleurs de la terrasse.*
GN COD

2 ▪ *J'admire les fleurs, de la terrasse.*
GN COD — CC LIEU

Nous constatons que ces deux phrases peuvent s'analyser de deux façons différentes : l'analyse de la phrase **1** donne à la phrase le sens suivant : Les fleurs que j'admire sont celles qui se trouvent sur la terrasse. L'analyse de la phrase **2** donne un sens tout à fait différent : Je suis sur la terrasse et, depuis ce lieu, j'admire des fleurs qui se trouvent ailleurs.

Observons à présent la phrase suivante :

▪ *De la terrasse, j'admire les fleurs.*
CC LIEU — COD

Nous constatons que cette phrase, dans laquelle le CC de lieu est placé en tête et suivi d'une virgule, ne peut avoir qu'un seul sens.

D. Les compléments circonstanciels sont-ils supprimables ?

– On peut généralement supprimer un complément circonstanciel. La phrase est toujours **correcte grammaticalement** mais on **perd une indication** sur le lieu, le temps ou la manière dont se déroule un événement. Il ne faut surtout pas croire que les compléments circonstanciels sont peu importants.

▪ *Le plombier est venu sans ses outils.*
CC

▪ *Le plombier est venu.*

▶ Observons ces phrases :

▪ *Il a mis sa voiture au garage.*
CC DE LIEU INDISPENSABLE

▪ *Il s'est conduit admirablement.*
CC DE MANIÈRE INDISPENSABLE

▪ *L'examen dure deux heures.*
CC DE TEMPS INDISPENSABLE

▶ Nous constatons qu'avec certains verbes, on est obligé d'utiliser un complément circonstanciel pour obtenir une phrase complète.

E. Quelle est la nature des mots pouvant occuper la fonction de complément circonstanciel ?

1. La fonction de **complément circonstanciel de lieu** peut être occupée par :

– Un **groupe nominal** introduit par une préposition :

▪ *Maître corbeau* **sur** *un arbre perché*
tenait **en** *son bec un fromage.*

– Un **adverbe** :

▪ *Je reste ici.*

– Les deux **pronoms** ***en*** et ***y*** :

▪ *J'y vais tout de suite.*

▪ *J'en viens à l'instant.*

– Une **proposition subordonnée relative** :

▪ *J'irai où vous voudrez.*

2. La fonction de **complément circonstanciel de temps** peut être occupée par :

– Un **groupe nominal** avec ou sans préposition :

- *En été, la rivière est à sec.*
  PRÉPOSITION
- *L'été, la rivière est à sec.*

– Un **adverbe** :

- *Hier, j'ai rencontré Mathieu.*

– Une **proposition subordonnée conjonctive** :

- *Je partirai dès que la pluie cessera.*

3. La fonction de **complément circonstanciel de manière** peut être occupée par :

– Un **groupe nominal** précédé d'une préposition :

- *Il lui parla avec douceur.*
  PRÉPOSITION

– Un **adverbe** :

- *Il lui parla gentiment.*

– Une **proposition subordonnée conjonctive** :

- *Nous ferons comme il vous plaira.*

! Il ne faut pas confondre les compléments circonstanciels construits sans préposition et les compléments d'objet direct.

QUAND ?
- *Pendant le Ramadan, les Musulmans jeûnent le jour*
  QUAND ? CC DE TEMPS
  et mangent la nuit.
  CC DE TEMPS

QUOI ?
- *Le vendredi, les Catholiques mangent du poisson.*
  COD

1 Dans une phrase, on appelle compléments circonstanciels les mots, groupes de mots ou propositions qui donnent des informations sur les **circonstances** dans lesquelles se déroule l'action : **lieu, moment, manière**. En général, il est possible de supprimer les compléments circonstanciels dans une phrase sans que l'on détruise sa construction grammaticale : la **scène** se déroule, seul le **décor** est supprimé.

2 Dans une phrase, les compléments circonstanciels peuvent être déplacés sans que leur fonction change.

3 On distingue différents compléments circonstanciels ; les trois principaux sont :

– Les **compléments circonstanciels de lieu** qui peuvent être :
des groupes nominaux : *il avance dans l'ombre*
des adverbes : *il vient ici*
des pronoms : *il y habite*
des propositions subordonnées relatives : *il dort où il peut*.

– Les **compléments circonstanciels de temps** qui peuvent être :
des groupes nominaux : *je l'ai eu pour Noël*
des adverbes : *il arrive demain*
des propositions subordonnées conjonctives : *je te préviendrai quand il sera là*.

– Les **compléments circonstanciels de manière** qui peuvent être :
des groupes nominaux : *il le regarda avec colère*
des adverbes : *il le regarda méchamment*
des propositions subordonnées conjonctives : *il le regardait comme s'il ne l'avait jamais vu*.

19

SAVEZ-VOUS

FAIRE L'ANALYSE GRAMMATICALE D'UNE PHRASE

COMPÉTENCES

- Je sais identifier et analyser les différents groupes d'une phrase.

Faire l'analyse grammaticale d'une phrase consiste à :
– **Identifier les groupes** de mots qui sont reliés au verbe pour en déterminer la **nature** et la **fonction**.
– **Analyser** ces groupes pour déterminer les mots qui les constituent.

A. Il faut tout d'abord repérer le verbe de la phrase

1. Où est **le verbe** ?
(est-ce que je peux donner son infinitif ?)

2. Est-ce un **verbe d'état** ?
(être, sembler, paraître, demeurer, rester, avoir l'air...).
Est-ce un **verbe d'action** ?
(manger, courir...).

3. A quel **temps** est-il conjugué ?
(présent, passé composé...).
A quelle **personne** est-il conjugué ?

► Observons ces exemples :

1 . *Mon petit frère* **a offert** *discrètement un joli bouquet de fleurs à sa maîtresse pour son anniversaire.*

1. Le verbe de la phrase est *a offert* (infinitif : ***offrir***) ; il en est le **noyau**.
2. Le verbe *offrir* est un **verbe d'action**.
3. Le verbe *offrir* est utilisé au **passé composé** et conjugué à la **3e personne du singulier**.

> **2** ▪ *Les spectateurs* **paraissaient** *fous de colère.*

1. Le verbe de la phrase est *paraissaient* (infinitif : *paraître*) ; il en est le **noyau**.
2. Le verbe *paraître* est un **verbe d'état**.
3. Le verbe *paraître* est utilisé à l'**imparfait** de l'indicatif et conjugué à la **3e personne du pluriel**.

B. Une fois le verbe trouvé, il faut identifier les groupes de mots qui lui sont rattachés : les groupes fonctionnels.

- **1.** Quelle **fonction** occupe chaque groupe ?
- **2.** Quelle est la **nature** de chaque groupe ?

Continuons l'analyse de nos deux exemples :

> **1** ▪ *Mon petit frère* | **a offert** | *très discrètement* | *un joli bouquet de fleurs* | *à sa maîtresse* | *pour son anniversaire.*

Cinq groupes sont rattachés au verbe d'action noyau : ***offrir***.

a) *Mon petit frère :*
Question **qui est-ce qui a offert ?**
Fonction : sujet (ce groupe est placé **avant** le verbe).
Nature : nominale (le noyau de ce groupe est le **nom** *frère*).

b) *très discrètement :*
Question : **comment ?**
Fonction : complément circonstanciel de manière.
Nature : adverbiale (le noyau de ce groupe est **l'adverbe** *discrètement*).

c) *un joli bouquet de fleurs :*
Question : **qu'est-ce que l'on a offert ?**
Fonction : complément d'objet direct (ce groupe est placé après le verbe).
Nature : nominale (le noyau de ce groupe est le **nom** *bouquet*).

d) *à sa maîtresse :*
Question : **à qui ?**
Fonction : complément d'objet indirect relié au verbe par la préposition **à**. Il est **complément d'objet second**.
Nature : nominale (le noyau de ce groupe est le **nom** *maîtresse*).

e) *pour son anniversaire :*
Question : **quand ?**
Fonction : complément circonstanciel de temps, relié au verbe par la préposition **pour**.
Nature : nominale (le noyau de ce groupe est le **nom** *anniversaire*).

2 ▪ *Les spectateurs* **paraissaient** *fous de colère.*

Deux groupes sont rattachés au verbe d'état **paraître**.

a) *Les spectateurs :*
Question : **qui est-ce qui** paraissaient fous de colère ?
Fonction : sujet.
Nature : nominale.

b) *fous de colère :*
Question : **Dans quel état semblaient les spectateurs ?**
Fonction : attribut du sujet.
Nature : adjectivale (le noyau de ce groupe est **l'adjectif qualificatif** *fous*).

C. Il faut alors analyser chacun des groupes

Pour chacun des groupes fonctionnels, on identifie les mots qui le constituent.

– On cherche d'abord le **mot noyau** et on en précise la **nature**.

– On indique ensuite la **nature** et la **fonction** des mots qui sont rattachés au noyau du groupe.

Analysons la constitution des groupes fonctionnels de nos deux exemples.

1 ▪ *Mon petit frère a offert très discrètement un joli bouquet de fleurs à sa maîtresse pour son anniversaire.*

a) *Mon petit frère : frère* est un **nom** masculin singulier ; c'est le **noyau** du groupe nominal.
Mon est un **déterminant adjectif possessif** qui détermine *frère.*
Petit est un **adjectif qualificatif**. Sa fonction est **épithète** du nom *frère.*
b) *très discrètement : discrètement* est un **adverbe**, noyau du groupe adverbial.
Très est aussi un **adverbe** qui modifie le sens de *discrètement.*
c) *un joli bouquet de fleurs : bouquet* est un **nom** masculin singulier ; c'est le **noyau** du groupe nominal.
Un est un **déterminant article indéfini** attaché à *bouquet.*
Joli est un **adjectif qualificatif**. Sa fonction est **épithète** du nom *bouquet.*
Fleurs est un **nom** féminin pluriel. Sa fonction est **complément du nom** *bouquet.* La **préposition** *de* le relie au nom noyau.
d) *à sa maîtresse : maîtresse* est un **nom** féminin singulier ; c'est le **noyau** du groupe nominal.
Sa est un **déterminant adjectif possessif** attaché à *maîtresse.*
e) *pour son anniversaire : anniversaire* est un **nom** ; c'est le **noyau** du groupe nominal.
Son est un **déterminant adjectif possessif** attaché à *anniversaire.*
Pour est une **préposition**. Elle relie le groupe nominal au verbe *a offert.*

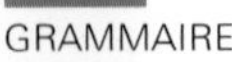

2 ▪ *Les spectateurs* **paraissaient** *fous de colère.*

a) *Les spectateurs : spectateurs* est un **nom** masculin pluriel.
Les est un **déterminant article défini** attaché à *spectateurs.*

b) *fous de colère : fous* est un **adjectif qualificatif** noyau du groupe adjectival.
Colère est un **nom** complément de l'adjectif qualificatif *fous*. La **préposition** *de* le relie à *fous.*

D. On peut maintenant représenter par un schéma l'analyse grammaticale de la phrase

▬ Pour représenter l'analyse grammaticale par un schéma, il faut auparavant :
– avoir **identifié les groupes** fonctionnels qui sont reliés au verbe de la phrase ;
– avoir, pour chaque groupe fonctionnel, **déterminé le noyau** et les mots qui lui sont rattachés : c'est ce que nous venons de faire.

a) On place le verbe dans un rectangle au centre du premier cercle :

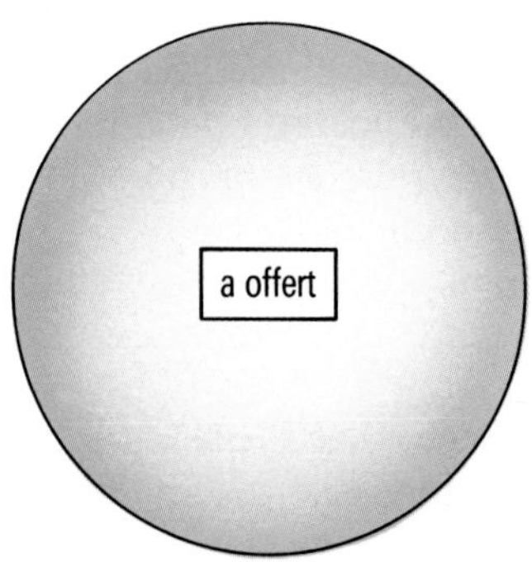

b) Sur ce premier cercle, on place les **différents noyaux** des groupes fonctionnels et on les relie au verbe directement ou indirectement s'il y a une préposition :

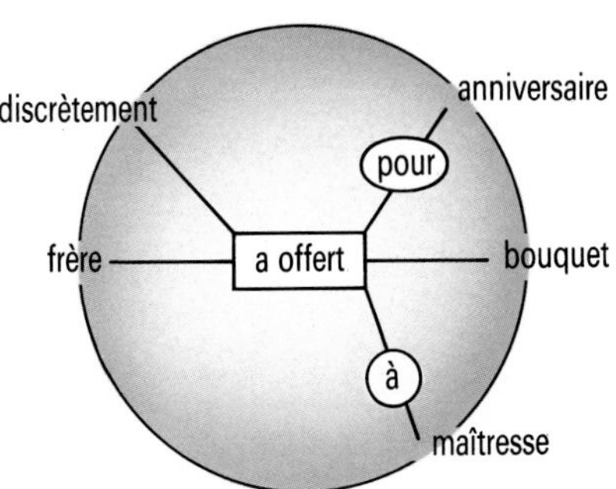

c) Sur un deuxième cercle, on place les mots qui sont reliés au noyau de chaque groupe :

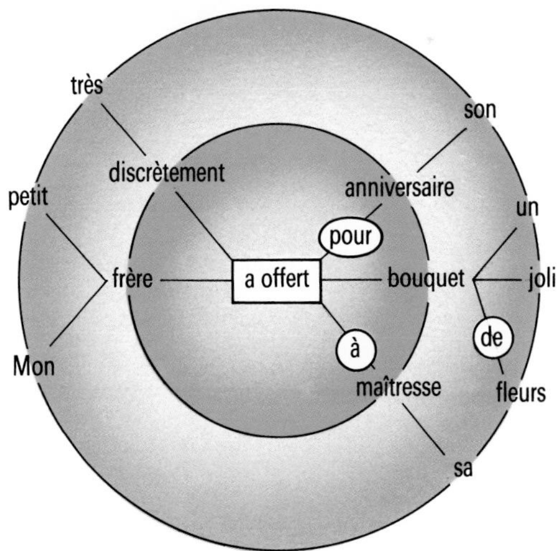

d) On entoure ensuite les groupes fonctionnels.

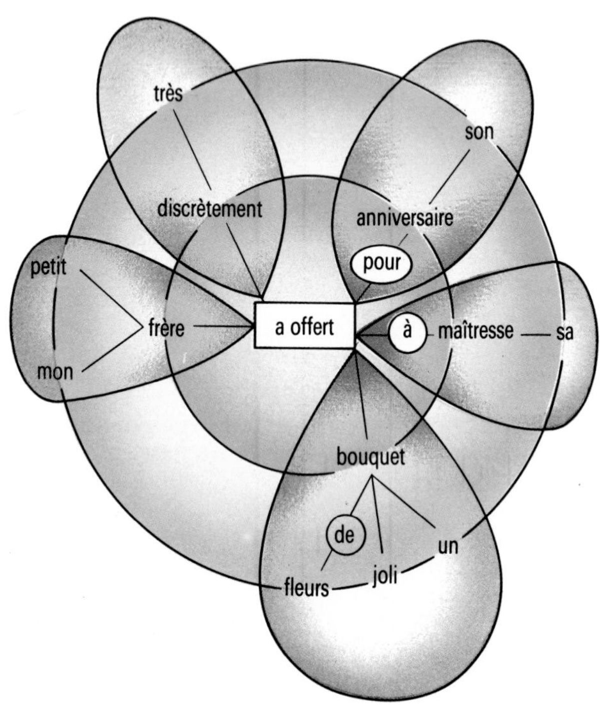

SAVEZ-VOUS

UTILISER LA VOIX ACTIVE ET LA VOIX PASSIVE

COMPÉTENCES

- Je peux rapporter un même événement soit à la voix active, soit à la voix passive.

La voix active et la voix passive constituent **deux façons de présenter un même événement** à la personne à qui l'on parle. Si l'on veut raconter la victoire de Noah sur Mac Enroe, on pourra dire :

- *Noah* ***a battu*** *Mac Enroe.* ▸ VOIX ACTIVE.
- *Mac Enroe* ***a été battu*** *par Noah.* ▸ VOIX PASSIVE.

A. Qu'est-ce qu'une phrase à la voix passive ?

On dit qu'une phrase est construite à la voix passive, si ces deux conditions sont remplies :

– le **sujet** de la phrase **subit l'action** au lieu de la faire :

- *La récolte est détruite par les sauterelles.*
  (La récolte : SUJET SUBIT L'ACTION)

– le **verbe** de la phrase est **conjugué** avec l'**auxiliaire être** :

- *La récolte est détruite par les sauterelles.*
  (est : AUXILIAIRE ÊTRE ; détruite : VERBE PARTICIPE PASSÉ)

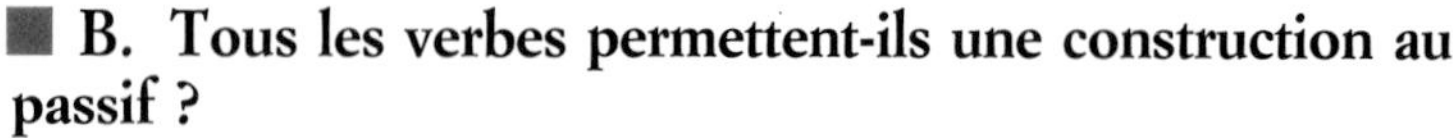

B. Tous les verbes permettent-ils une construction au passif ?

– Non ! Seuls les verbes qui ont un complément d'objet direct, c'est-à-dire les **verbes transitifs**, autorisent une construction passive.
Il est facile de comprendre pourquoi. Lorsqu'on passe **de l'actif au passif,** c'est **le complément d'objet direct** de la phrase active qui **devient le sujet** de la phrase passive : un verbe qui n'a pas de COD ne peut donc pas être utilisé à la voix passive.

- *Le loup* (SUJET) *mange* (VERBE) *l'agneau* (COD). ◂ VOIX ACTIVE.
- *L'agneau* (SUJET) *est mangé* (VERBE) *par le loup* (COMPLÉMENT D'AGENT). ◂ VOIX PASSIVE.

▶ Observons la scène suivante :

- **1. VOIX ACTIVE** : *Le maire* (SUJET) *félicite* *l'enfant* (COD).
- **2. VOIX PASSIVE** : *L'enfant* (SUJET) *est félicité par* *le maire* (COMPLÉMENT D'AGENT).

▶ Nous constatons que ces deux phrases correspondent à la même scène : *le maire* **fait l'action de féliciter** ; *l'enfant* est celui qui **reçoit les félicitations**. Dans la phrase **1**, à la voix active, *le maire* est le **sujet** du verbe *féliciter* et *l'enfant* est son **COD.** Dans la phrase **2**, à la voix passive, *l'enfant* occupe la fonction de **sujet** ; le verbe est accompagné de l'auxiliaire *être* ; *le maire* est précédé de la préposition *par* qui indique sa fonction de **complément d'agent** (celui qui fait l'action).

C. À quoi sert la voix passive ?

– La voix passive permet **de ne pas indiquer qui est responsable d'une action,** ce qui peut être utile soit parce qu'on ne veut pas dire qui a fait telle ou telle chose, soit parce qu'on ne le sait pas.

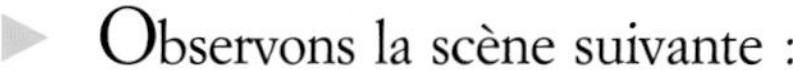

Observons la scène suivante :

▪ *La petite Tiphaine en jouant avec sa sœur a déchiré le rideau de satin. Sa mère rentre ; Tiphaine lui dit :*
– Maman, le rideau est déchiré.
– Qui l'a déchiré ?
– Je ne sais pas, sûrement le vent.

Nous constatons que Tiphaine, craignant de se faire gronder, utilise la voix passive : *le rideau est déchiré* parce qu'elle ne veut pas dire qui l'a déchiré.

Observons une deuxième scène :

▪ *Monsieur et madame Tarpion rentrent chez eux, le coffre est ouvert, les bijoux ont disparu.*
Monsieur Tarpion : Le coffre a été fracturé.
Madame Tarpion : On a volé les bijoux.

Nous constatons que monsieur et madame Tarpion, ne sachant pas **qui les a cambriolés**, utilisent soit :
– la voix passive : *Le coffre a été fracturé ;*
– la voix active avec le sujet *on* : *On a volé les bijoux.*

D. Comment utiliser le verbe à la voix passive ?

À la voix passive, c'est l'**auxiliaire être** qui indique à quel temps est le verbe :

	TEMPS DE L'AUXILIAIRE	**TEMPS DU VERBE**
▪ *Il est battu*	PRÉSENT	PRÉSENT
▪ *Il a été battu*	PASSÉ COMPOSÉ	PASSÉ COMPOSÉ
▪ *Il était battu*	IMPARFAIT	IMPARFAIT
▪ *Il sera battu*	FUTUR	FUTUR
▪ *Il avait été battu*	PLUS-QUE-PARFAIT	PLUS-QUE-PARFAIT

! Il ne faut surtout pas confondre :

– Le **passé composé** des verbes comme *tomber, venir, rentrer, monter*... qui se forme avec l'auxiliaire *être* :

- *Je viens.* ◂ **PRÉSENT** DU VERBE VENIR.
- *Je suis venu.* ◂ PASSÉ COMPOSÉ DU VERBE VENIR À LA VOIX **ACTIVE**.

– Le **présent** des verbes à la voix passive qui se construit aussi avec l'auxiliaire *être* :

- *Je suis brûlé.* ◂ **PRÉSENT** DU VERBE BRÛLER AU **PASSIF.**
- *J'ai été brûlé.* ◂ **PASSÉ COMPOSÉ DU PASSIF.**

RETENONS

1 On peut exprimer la même idée, raconter le même événement en utilisant soit la **voix active** soit la **voix passive**.

À la **voix active**, on commence par parler de celui qui fait l'action puis on dit ce qu'il fait :

- *Georges* (CELUI QUI AGIT) *tua le dragon.* (CE QU'IL FAIT)

À la **voix passive**, on commence par parler de ce qui ou de celui qui subit l'action ; ensuite, on dit quelle est cette action et éventuellement qui l'a faite.

- *Le dragon* (CELUI QUI SUBIT L'ACTION) *fut tué par Georges.* (CE QUI LUI EST FAIT)

2 Lorsqu'on transforme une phrase de la voix active à la voix passive, on observe plusieurs changements :

– Le mot ou groupe de mots qui occupe la fonction de **sujet** à la **voix active** occupe celle d'**agent** à la **voix passive** :

- *Georges* (SUJET) *tua* (VOIX ACTIVE) *le dragon.*
- *Le dragon fut tué* (VOIX PASSIVE) *par Georges* (COMPLÉMENT D'AGENT).

– Le mot ou groupe de mots qui occupe la fonction de **sujet** à la **voix active** occupe celle **d'agent** à la **voix passive** :

- *Georges* (SUJET) *tua* (VOIX ACTIVE) *le dragon.*
- *Le dragon fut tué* (VOIX PASSIVE) *par Georges* (COMPLÉMENT D'AGENT).

– Le verbe de la phrase à la voix passive est toujours construit avec l'auxiliaire **être** + le **participe passé** du verbe.

- *Le dragon fut* (AUXILIAIRE ÊTRE) *tué* (PARTICIPE PASSÉ) *par Georges.* ◂ VERBE À LA VOIX PASSIVE AU PASSÉ SIMPLE

3 Seuls les verbes **transitifs** (qui admettent un COD) permettent la construction passive.

4 Les phrases construites à la voix passive ne comportent pas obligatoirement de complément d'agent. On peut ne pas vouloir dire ou ne pas savoir qui est responsable de l'action.

- *Joseph a été appelé au téléphone.* ◂ JE NE SAIS PAR QUI, VOIX PASSIVE.

! Il ne faut pas confondre :

– l'adjectif attribut utilisé après le verbe d'état **être** :

- *Le vase <u>est</u> <u>beau</u>.*
  est : VERBE D'ÉTAT — beau : ADJECTIF ATTRIBUT

– le participe passé du verbe à la voix passive utilisé après l'auxiliaire **être** :

- *Le vase <u>est</u> <u>cassé</u>.*
  est : AUXILIAIRE ÊTRE — cassé : PARTICIPE PASSÉ VERBE CASSER

SAVEZ-VOUS ANALYSER LES PROPOSITIONS

COMPÉTENCES

- Je sais identifier les propositions indépendantes, principales et subordonnées.

Un texte est composé de **phrases** : chacune commence par une majuscule et se termine par un point.
À l'intérieur de chaque phrase, on peut avoir une ou plusieurs **propositions**.

A. Qu'est-ce qu'une proposition ?

– Une proposition est constituée d'un **verbe conjugué** auquel se rattache un ou des **groupes fonctionnels** : sujet, COD, COI, CC...
Il peut y avoir une ou plusieurs propositions dans une phrase.

Les enfants	*ont apporté*	*des cadeaux,*	**puis** *la fête*	*a commencé.*
SUJET	VERBE	COD	SUJET	VERBE
1RE PROPOSITION			2E PROPOSITION	

▶ Observons ce texte (les propositions sont entre crochets) :

▪ *[Les ténèbres étaient profondes.] [Je ne voyais rien devant moi, ni autour de moi,] et [toutes les branches des arbres entrechoquées emplissaient la nuit d'une rumeur incessante.] [Enfin, j'aperçus une lumière] et [bientôt mon compagnon heurtait une porte]. [Des cris aigus de femmes nous répondirent.] [Puis une voix d'homme étranglée demanda :] [« Qui va là ? »] [Mon guide se nomma.] [Nous entrâmes.] [Ce fut un inoubliable tableau.]*

Maupassant, *La Peur*.

Nous constatons que dans ce texte il y a : 9 **phrases**, 11 **propositions**, 11 verbes **conjugués**. Deux phrases comportent chacune deux propositions ; les sept autres n'en comportent qu'une chacune.
Chaque proposition contient un **verbe conjugué**.

B. Pourquoi utiliser plusieurs propositions dans une même phrase ?

– On utilise plusieurs propositions dans une même phrase pour **relier** entre eux **plusieurs événements**.

- *Les invités sont partis.* ◂ 1ER ÉVÉNEMENT
- *Jacques est arrivé.* ◂ 2E ÉVÉNEMENT
- *Les invités sont partis* (PROP. 1) *quand Jacques est arrivé* (PROP. 2). — PHRASE

Observons ces phrases :

1 ■ *Elle s'avance,* (1RE PROPOSITION) *on lui remet son prix* (2E PROPOSITION) *et elle éclate en sanglots* (3E PROPOSITION).

Chacune des trois propositions décrit une action. Ces trois actions se succèdent et permettent de raconter l'histoire d'une distribution des prix.

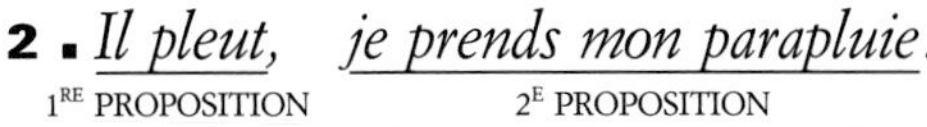

2 . Il pleut, je prends mon parapluie.
1RE PROPOSITION
2E PROPOSITION

La première proposition permet d'expliquer l'action de la 2e proposition : il pleut, **c'est pourquoi** je prends un parapluie.

3 ▪ *Quand la pluie a cessé, nous avons quitté notre abri.*
1RE PROPOSITION 2E PROPOSITION

Dans cette phrase, la première proposition permet d'indiquer **à quel moment a lieu** l'événement décrit par la deuxième.

C. Qu'est-ce qu'une proposition indépendante ?

On dit qu'une proposition est indépendante lorsqu'elle n'est pas rattachée à une autre proposition par une **conjonction de subordination** *(que, quand, parce que...)* ou par un **pronom relatif**. Une proposition indépendante peut donc constituer une phrase à elle toute seule.

▪ *Nous sommes allés hier au cinéma.*
PROPOSITION INDÉPENDANTE
se mit à crier.
PHRASE

Il peut y avoir plusieurs propositions indépendantes dans la même phrase. Dans ce cas, elles peuvent être :

– **Coordonnées :**

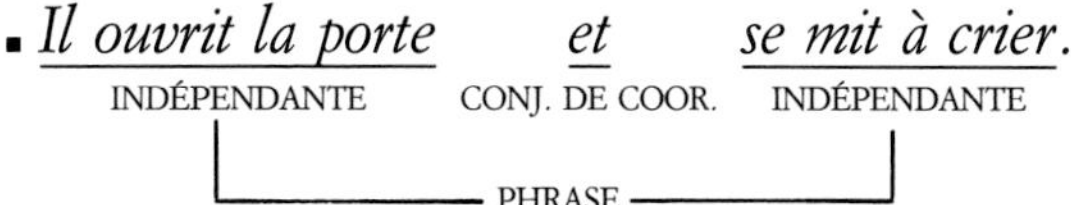

Il ouvrit la porte

– **Juxtaposées :** c'est-à-dire séparées par une virgule.

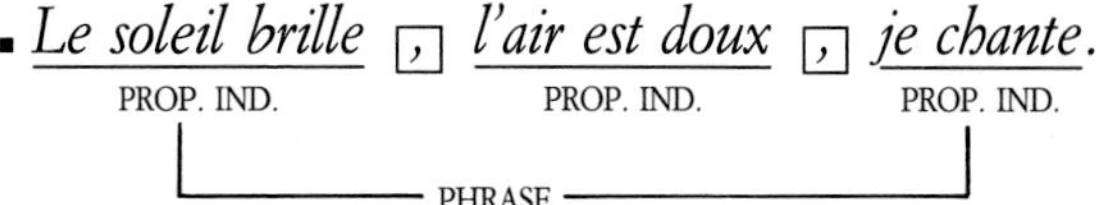

Le soleil brille

l'air est doux

Observons l'analyse de la phrase suivante :

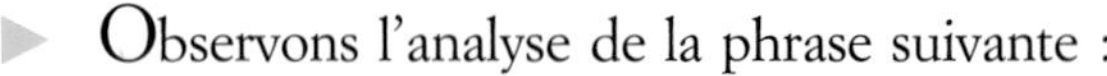

- *Le téléphone sonna, je décrochai, personne ne répondit.*
PROP. IND. PROP. IND. PROP. IND.

Nous constatons que cette phrase se compose de 3 propositions indépendantes **juxtaposées**, séparées entre elles par une virgule. On peut représenter cette analyse de la façon suivante :

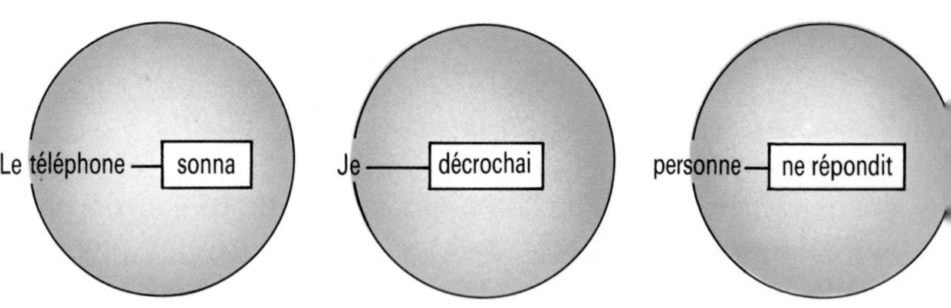

D. Qu'appelle-t-on principale et subordonnée ?

Lorsqu'une proposition est le **complément** d'une autre, on dira qu'elle est **subordonnée** à une proposition principale.

1. La subordonnée peut être **complément du verbe** de la principale.

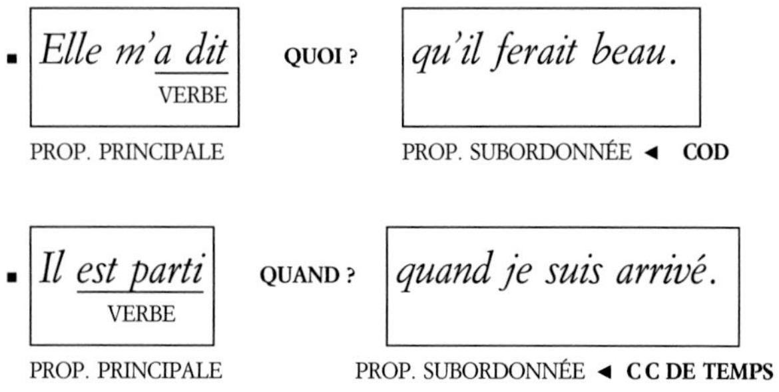

2. La subordonnée peut être **complément d'un nom** de la principale.

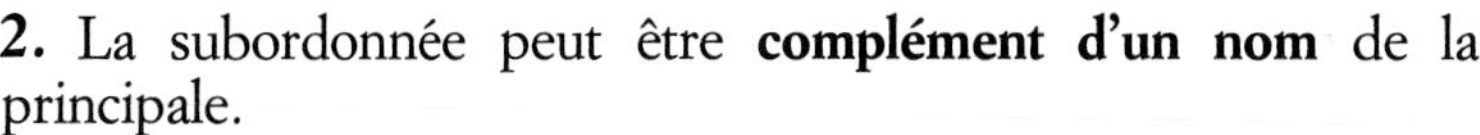

▪ *Elle a acheté la voiture* (NOM) — LAQUELLE ? — *que nous avons vue .*

PROP. PRINCIPALE — PROP. SUBORDONNÉE ▲ **COMP. DE NOM**

▶ Observons l'analyse de la phrase suivante :

▪ *Je vis* (PROP. PRINCIPALE) *que le soleil se couchait.* (PROP. SUBORDONNÉE)

▶ Nous constatons que dans cette phrase, il y a deux propositions : la première a pour verbe *voir* ; la seconde a pour verbe *se coucher*.
La seconde proposition constitue le **complément d'objet direct** du verbe *voir* : *je vis quoi ?* **que le soleil se couchait**.
La seconde proposition est donc **subordonnée** à la première et la **conjonction de subordination** *que* l'indique.

▶ Observons l'analyse de la phrase suivante :

▪ *Je partirai* (PROP. PRINCIPALE) *dès qu'il arrivera.* (PROP. SUBORDONNÉE)

▶ Nous constatons que dans cette phrase, il y a deux propositions : la première a pour verbe *partir* ; la seconde a pour verbe *arriver*.
La seconde proposition constitue le **complément circonstanciel de temps** du verbe *partir : je partirai quand ?* ▸ *dès qu'il arrivera*.
La seconde proposition est donc **subordonnée** à la première : la **locution conjonctive** *dès que* l'indique.

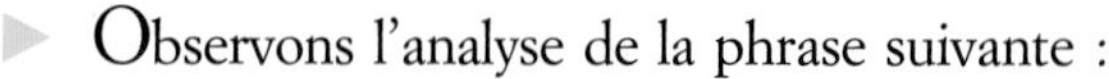

▶ Observons l'analyse de la phrase suivante :

- *J'ai mangé la banane* *que tu avais laissée*.
  PROP. PRINCIPALE — PROP. SUBORDONNÉE

▶ Nous constatons que cette phrase est constituée de deux propositions : la première a pour verbe *manger* ; la seconde a pour verbe *laisser*.
La seconde proposition est le complément du nom *banane* qui appartient à la première proposition : *j'ai mangé quoi ? une banane. Laquelle ? celle que tu avais laissée.*
La seconde proposition est donc **subordonnée** à la première par le **pronom relatif** *que*.

E. Quels sont les différents types de subordonnées ?

– Il y a **deux types** de propositions subordonnées.

1. Celles qui sont **compléments d'un nom** de la principale : ce sont les propositions subordonnées **relatives**.
2. Celles qui sont **compléments du verbe** de la principale : ce sont les propositions subordonnées **conjonctives**.

Parmi les **propositions subordonnées conjonctives**, on distingue :
1. Celles qui sont **compléments d'objet direct** du verbe de la principale : les propositions subordonnées conjonctives **complétives**.
2. Celles qui sont **compléments circonstanciels** du verbe de la principale : les propositions subordonnées **conjonctives circonstancielles** (ou circonstancielles).

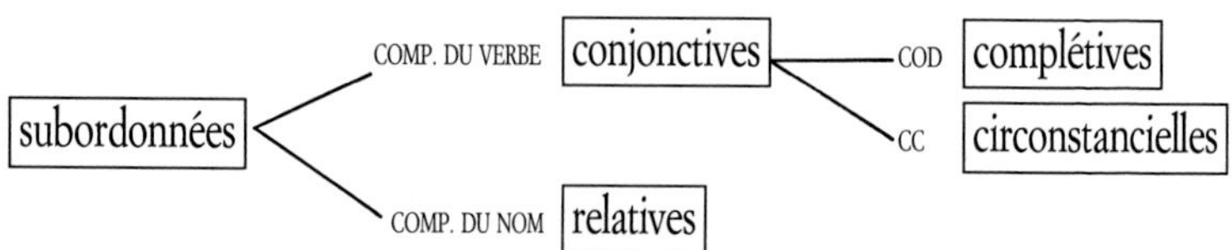

Lisons le texte suivant :

- *Quand l'océan s'apaisa un peu,* *j'examinai les dégâts.*
  PROP. SUB. CONJ. CIRC. DE TEMPS — PROP. PRINCIPALE

Le vent avait brisé le mât **qui** *tenait la grand-voile.*
PROPOSITION PRINCIPALE — PROP. SUB. RELATIVE

Les vagues avaient balayé les provisions **que**
PROP. PRINCIPALE

j'avais récupérées. *Les avaries étaient trop graves*
PROP. SUB. RELATIVE — PROP. PRINCIPALE

pour que *je les répare.*
PROP. SUB. DE BUT

Je me dis **qu'***il fallait abandonner le navire.*
PROP. PRINC. — PROP. SUB. CONJ. COMPLÉTIVE

R E T E N O N S

1 Chaque verbe conjugué constitue avec les groupes fonctionnels qui lui sont rattachés une **proposition**. Une proposition peut à elle seule constituer une phrase :

- *La lettre* *est arrivée* *hier.*
  GNS — VERBE CONJ. — GN CC

Il s'agit alors d'une **proposition indépendante**.

2 Dans une même phrase, il peut y avoir deux **propositions indépendantes**.

– Elles peuvent être **coordonnées** par une **conjonction de coordination :**

- *La lettre est arrivée hier* [*et*] *je n'étais pas là.*
  PROP. INDÉPENDANTE — CONJ. DE COORDINATION — PROP. INDÉPENDANTE

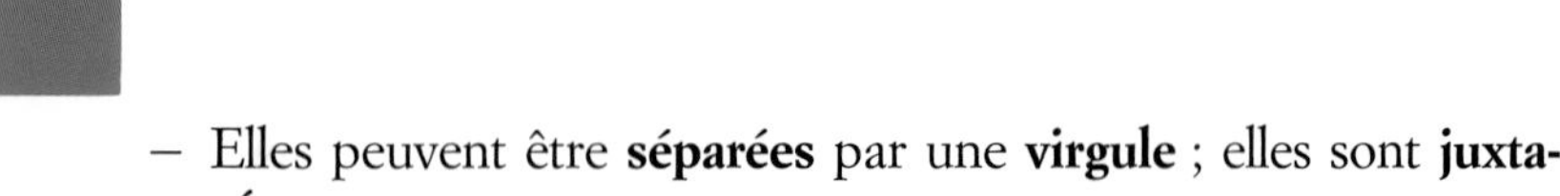

– Elles peuvent être **séparées** par une **virgule** ; elles sont **juxtaposées :**

- *La lettre est arrivée hier* [,] *je n'étais pas là.*
  PROP. INDÉPENDANTE — JUXTAPOSITION — PROP. INDÉPENDANTE

3 Une phrase peut aussi être composée d'une **proposition principale**, qui pourrait à elle seule constituer une phrase. A la proposition principale, se rattache parfois une **proposition subordonnée** qui ne peut pas exister seule.

- *La lettre est arrivée hier* [**lorsque**] *je n'étais pas là.*
  PROP. PRINCIPALE — CONJ. DE SUB. — PROP. SUBORDONNÉE

4 La proposition subordonnée peut :

1. Compléter le verbe de la principale.

– soit en remplissant la fonction de **complément d'objet direct** ; elle est alors appelée **proposition subordonnée conjonctive complétive** :

- *J'ai vu* [**que**] *la lettre est arrivée.*
  PROP. PRINC. — PROP. SUB. COMPLÉTIVE COD

– soit en remplissant la fonction de **complément circonstanciel** (temps, cause, but) ; elle est alors appelée **proposition subordonnée conjonctive circonstancielle :**

- *J'ai vu la lettre* [**dès qu**] *'elle est arrivée.*
  PROP. PRINC. — PROP. SUB. CIRC. DE TEMPS

2. Compléter un nom ou un groupe nominal de la principale ; il s'agit alors d'une **proposition subordonnée relative** :

- *J'ai vu la lettre* [**qui**] *est arrivée.*
  PROP. PRINC. — PROP. SUB. RELATIVE

L'ORTHOGRAPHE GRAMMATICALE

Qu'est-ce que l'orthographe grammaticale?

On appelle **orthographe grammaticale** l'ensemble des règles d'orthographe qui permettent de préciser **comment s'accordent** les mots dans la phrase: le verbe avec son sujet, les différents éléments du groupe nominal avec le nom noyau... (voir l'**orthographe d'usage,** p. 191).

LES MOTS CLÉS

ACCORD : le verbe s'accorde avec le groupe nominal sujet. À l'intérieur du groupe nominal, l'accord s'établit entre le nom, les déterminants et les adjectifs.

AUXILIAIRE : les verbes *être et avoir,* employés comme auxiliaires, jouent un rôle déterminant dans l'accord du participe passé.

GENRE : le masculin et le féminin sont les deux genres existant en français.

MARQUES DU PLURIEL : les noms et adjectifs prennent certaines marques au pluriel (s, x), les verbes d'autres.

MOTS COMPOSÉS : certains mots sont formés de plusieurs mots reliés par un trait d'union.

NOMBRE : on appelle nombre l'opposition entre le singulier et le pluriel.

SAVEZ-VOUS

RESPECTER LA CHAÎNE DES ACCORDS

1. Comment accorder le groupe nominal et le groupe verbal ?

Pour accorder convenablement le verbe avec son sujet, il faut d'abord se demander si le verbe est à un **temps simple** ou à un **temps composé**.

1. COMMENT ACCORDER LE VERBE AUX TEMPS SIMPLES ?

A. Comment reconnaître le sujet du verbe ?

▶ Observons les phrases suivantes :

1. *Ma sœur* *n'* *est* *pas timide.*

Ma sœur	*n'*	*est*	*pas timide.*
GN. SUJET 3ᴱ PERS. SING.		VERBE 3ᴱ PERS. SING.	

2. *Où cours – tu si vite ?*

Où	*cours*	–	*tu*	*si vite ?*
	VERBE 2ᴱ PERS. SING.		SUJET 2ᴱ PERS. SING.	

3 ▪ [*Les enfants*], *attirés par l'odeur, se* [*précipitent*] *dans la cuisine.*

GN SUJET 3E PERS. PLUR. — VERBE 3E PERS. PLUR.

4 ▪ [*Le* [*chef*] *des Indiens*] (**GN**), *en cette occasion,* [*organisa*] *une belle fête.*

NOM NOYAU DU GN 3E PERS. SING. — VERBE 3E PERS. SING.

5 ▪ [*Un animal*], [*qui semblait affamé*] (**GN. SUJET**), [*surgit*] *dans la ferme.*

NOM NOYAU 3E PERS. SING. — PROPOSITION RELATIVE — VERBE 3E PERS. SING.

▶ Nous constatons qu'aux **temps simples**, le verbe s'accorde toujours avec son sujet.
Le sujet peut être placé **avant** le verbe (ph. **1, 3, 4, 5**). C'est le cas le plus fréquent.
Le sujet peut être placé immédiatement **après** le verbe. On parle alors de **sujet inversé** (ph. **2**).
Certains éléments peuvent être **placés entre** le sujet et le verbe :
– un groupe complément : *attirés par l'odeur* (ph. **3**) ;
– d'autres éléments du groupe sujet : *Le chef des Indiens* : le verbe **s'accorde** alors **avec le nom noyau** (ph. **4**) ;
– une proposition relative : *qui semblait affamé* (ph. **5**).

! Plusieurs verbes peuvent avoir le même sujet.

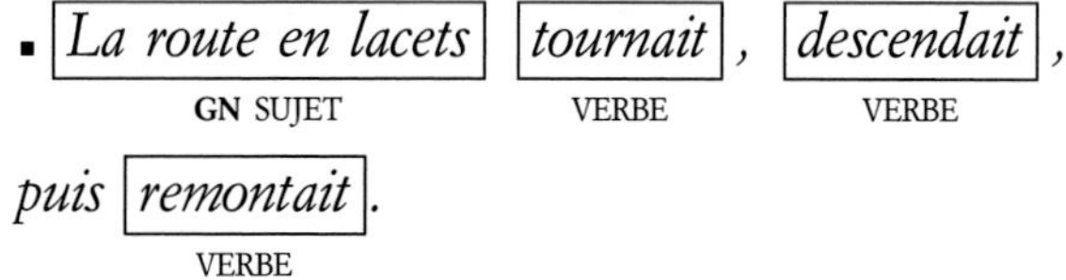

▪ [*La route en lacets*] [*tournait*], [*descendait*], *puis* [*remontait*].

GN SUJET — VERBE — VERBE — VERBE

B. Quelles sont les marques du pluriel pour le sujet et pour le verbe ?

Observons ces phrases :

- *Deux enfant***s** *jouaie***nt** *sans bruit.*
- *Trois chevau***x** *sortai***ent** *en tête du virage.*

Nous constatons que les **noms** sujets se terminent par **s** ou par **x** au pluriel. Lorsque le sujet est à la troisième personne du pluriel, le verbe se termine toujours par **nt**.

MARQUES DU PLURIEL	
Groupe sujet	Verbe
-s, -x	**-nt**

C. Comment accorder le verbe quand il a plusieurs sujets au singulier ?

Observons ces phrases :

- *Mon père* <u>*et*</u> *mon oncle* **ont** *la même voiture.*
- *Elle* <u>*et*</u> *lui* **sont** *mes amis.*

Nous constatons qu'un verbe peut avoir **plusieurs** sujets au singulier. On dit qu'ils sont coordonnés. Dans ce cas, **le verbe** se met au **pluriel**.

! Le groupe sujet peut être introduit par un adverbe de quantité.

- **Beaucoup** *d'amis viendr***ont** *ce soir.*
- **Peu** *de gens sav***ent** *l'âge de cet homme.*

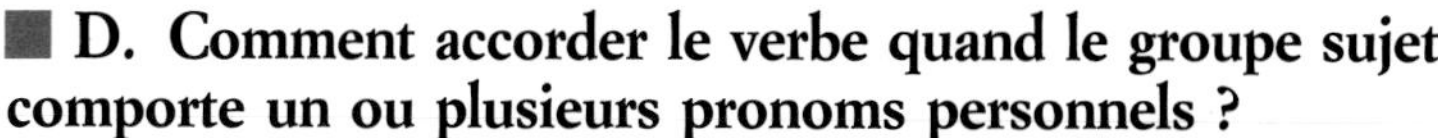

D. Comment accorder le verbe quand le groupe sujet comporte un ou plusieurs pronoms personnels ?

► Observons ces phrases :

- ***Toi et moi***, *(nous) nous connaissons depuis longtemps.*
- ***Lui et moi***, *(nous) allions à la même école maternelle.*
- ***Erwan et toi***, *(vous) êtes les plus courageux.*

► Nous constatons que :

SUJET	VERBE
$2^{e} + 1^{re}$ pers. du sing.	1re pers. du pluriel
$3^{e} + 1^{re}$ pers. du sing.	1re pers. du pluriel
$3^{e} + 2^{e}$ pers. du sing.	2re pers. du pluriel

E. Comment accorder un verbe quand le sujet est un pronom relatif ?

► Observons ces phrases :

- *Un* [*loup*], **qui** *n'av***ait** *que la peau et les os...*

ANTÉCÉDENT ◄ PR. RELATIF

qui a pour **antécédent** *loup* (masculin, singulier)
qui est le **sujet** du verbe de la relative.

- *Les* [*grenouilles*] **qui** *demand***ent** *un roi...*

ANTÉCÉDENT ◄ PR. RELATIF

qui a pour **antécédent** *grenouilles* (féminin, pluriel)
qui est le **sujet** du verbe de la relative.

► Nous constatons que pour accorder le verbe lorsque le sujet est un pronom relatif, il faut trouver l'**antécédent** de ce pronom relatif : c'est lui qui **détermine l'accord**.

2. COMMENT ACCORDER LE VERBE AUX TEMPS COMPOSÉS ?

A. Quel est l'auxiliaire utilisé : *être* ou *avoir* ?

Observons ce texte :

- *« Tous les copains se* [*sont*] *levé***s** *pour m'apporter les crayons. La maîtresse s'* [*est*] *mis***e** *à taper sur son bureau avec sa règle et elle nous* [*a*] *donn***é** *des punitions à tous. Quand la récré* [*a*] *sonn***é***, j'ai emmené ma boîte de crayons de couleurs avec moi. »*

Le petit Nicolas

Nous constatons qu'aux **temps composés**, les verbes sont formés d'un **auxiliaire :** *avoir* ou *être* et d'un **participe passé**.

B. Comment accorder le participe passé employé avec l'auxiliaire *être* ?

Observons ces phrases :

- *Les copains* (SUJET (MASCULIN PLURIEL)) *se* [*sont*] *levé***s** (PART. PASSÉ).

- *La maîtresse* (SUJET (FÉMININ SINGULIER)) *s'* [*est*] *mis***e** (PART. PASSÉ) *à taper sur le bureau.*

Nous constatons que le **participe passé** employé avec l'auxiliaire *être* s'accorde en **genre** et en **nombre** avec le **sujet** du verbe.

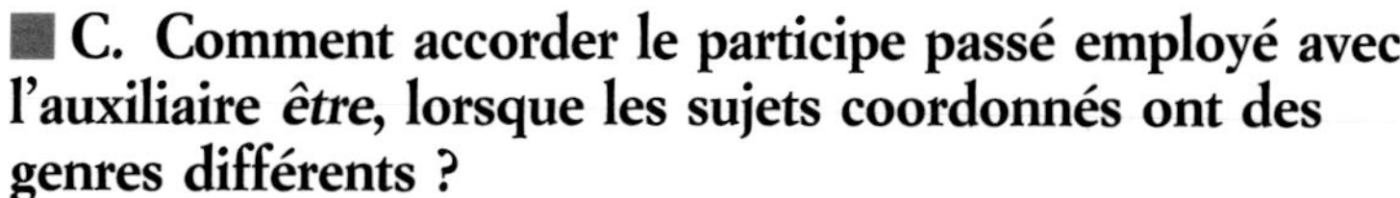

C. Comment accorder le participe passé employé avec l'auxiliaire *être*, lorsque les sujets coordonnés ont des genres différents ?

Observons ces phrases :

- *Le lièvre* (SUJET, MASCULIN SING.) *et la tortue* (SUJET, FÉMININ SING.) *ne sont pas part**is*** (PART. PASSÉ, MASCULIN PLURIEL) *ensemble.*

- *Les filles* (SUJET, FÉMININ PLURIEL) *et leur père* (SUJET, MASCULIN SING.) *sont arriv**és*** (PART. PASSÉ, MASCULIN PLURIEL) *ce matin.*

Nous constatons que lorsque deux ou plusieurs sujets coordonnés n'ont pas le même genre, le participe passé est toujours au **masculin pluriel**.

D. Comment accorder le participe passé employé avec l'auxiliaire *avoir* ?

Observons les phrases suivantes :

- *La maîtresse* (SUJET, FÉMININ SINGULIER) *a* *donn**é*** (PART. PASSÉ) *des punitions.*

- *Les enfants* (SUJET, MASCULIN PLURIEL) *ont* *rend**u*** (PART. PASSÉ) *les crayons de couleurs.*

Nous constatons que le **participe passé** employé avec l'auxiliaire *avoir* ne s'accorde **jamais** avec son sujet.

E. Le participe passé employé avec l'auxiliaire *avoir* est-il toujours invariable ?

Observons ces phrases :

- *Ils ont oublié* *leurs affaires* *dans le gymnase.*
  PART. PASSÉ — COD APRÈS LE VERBE

- *Ses lunettes, elle* *les* *a retrouvé**es** dans la cuisine.*
  COD AVANT LE VERBE (FÉMININ PLURIEL) ▸ PART. PASSÉ (FÉMININ PLURIEL)

Nous constatons que le participe passé employé avec l'auxiliaire *avoir* s'accorde en **genre** et en **nombre** avec le **COD** quand celui-ci est placé **avant le verbe**.

RETENONS

1 Aux temps simples le verbe s'accorde toujours avec son sujet.

Le sujet est le plus souvent placé **avant** le verbe.

- *Un rat sorti**t** de terre…*

Le sujet est parfois placé **après** le verbe.

- *Que faisi**ez-vous** ?…*

Le sujet est parfois **séparé** du verbe :

- *Le roi des animaux, en cette occasion, montr**a**…*

Le verbe peut avoir **plusieurs sujets** coordonnés :

- *Patience et longueur de temps fo**nt** plus que force ni que rage.*

2 1. Aux temps composés

Le participe passé employé avec l'auxiliaire *être* s'accorde en genre et en nombre avec le sujet.

- *Toutes mes feuilles sont tombé***es** *par terre.*

Quand le verbe a plusieurs sujets coordonnés, il prend les marques du pluriel. Il faut observer le **genre** de chacun des sujets.

TYPES DE GROUPE SUJET	ACCORD DU VERBE
masculin sing. + masculin sing. *Pierre et son frère*	masculin pluriel *sont ven***us**
féminin sing. + féminin sing. *Charlotte et sa maman*	féminin pluriel *sont ven***ues**
masculin sing. + féminin sing. *Romain et sa petite sœur*	masculin pluriel *sont ven***us**
féminin plur. + masculin sing. *Les filles et leur père*	masculin pluriel *sont ven***us**

2. Le participe passé employé avec l'auxiliaire *avoir* ne s'accorde jamais avec le sujet du verbe.

- *Mes crayons ont dispar***u.**

Si le verbe a un COD, il faut distinguer deux cas :

– Le COD est placé **après** le verbe, le participe passé **ne s'accorde pas**.

- *Des garçons ont caché mes crayons.*

– Le COD est placé **avant** le verbe, le participe passé s'accorde en **genre** et en **nombre** avec le COD.

- *J'ai retrouvé les livres que maman avait rang***és.**

	les livres	*que*		*rangés*
	ANTÉCÉDENT MASC. PLUR.	PRONOM RELATIF		PART. PASSÉ MASC. PLUR.

2. Comment faire l'accord dans le groupe nominal ?

1. Qu'est-ce qu'un GN ?

– Comme nous l'avons appris au chapitre *Le nom,* p. 39, le groupe nominal est défini par la **fonction** qu'il occupe dans la phrase *(sujet, COD, COI, COS, CC, attribut du sujet).*

- *Le père* (SUJET) *fit venir* *ses enfants.* (COD)

2. Quels mots peuvent constituer le GN ?

– Les noms

– Les déterminants :

articles	*(le, la, les, un, une, des)*
adjectifs possessifs	*(mon, ma, notre, votre, leur, leurs...)*
adjectifs démonstratifs	*(ce, cette, ces)*
adjectifs indéfinis	*(certains, quelques, tout, toute, tous)*
adjectifs numéraux	*(deux, vingt, cent, deuxième, centième)*
adjectifs exclamatifs	*(quel, quelle, quels, quelles !)*
adjectifs interrogatifs	*(quel, quelle, quels, quelles ?).*

– Les adjectifs qualificatifs

! Les adjectifs numéraux cardinaux *(deux, dix, vingt, cent...)* sont invariables à l'exception de *vingt* et *cent* qui peuvent dans certains cas prendre la marque du pluriel (voir p. 172).

3. Qui détermine l'accord dans le GN ?

Observons ces phrases :

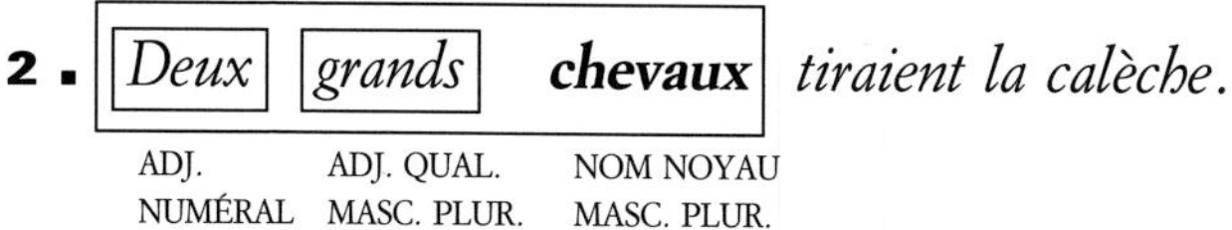

Nous constatons que le genre et le nombre du **nom noyau** s'appliquent au déterminant et aux adjectifs qualificatifs.

RETENONS

L'accord dans le GN est déterminé par son **noyau**.
Les autres éléments (déterminants ou adjectifs) s'accordent en **genre** et en **nombre** avec le **nom noyau**.

2

SAVEZ-VOUS

RESPECTER LES MARQUES DU PLURIEL

1. COMMENT FORMER LE PLURIEL DES NOMS ?

1. Règle générale

Observons ces mots :

- *le lièvre* ▸ *les lièvre***s**
- *un rat* ▸ *des rat***s**

Nous constatons qu'en règle générale, les noms forment leur pluriel en ajoutant un **s** à la forme du singulier.

2. Comment former le pluriel des noms terminés par : *-eu, -au, -eau* ?

Observons ces phrases :

- *Mon frère s'est fait couper les chev***eux***.*
- *Les drap***eaux** *flottaient au vent.*
- *Les tuy***aux** *de l'orgue sont très anciens.*

Nous constatons que la plupart des noms terminés au singulier par ***-eu, -au, -eau*** forment leur pluriel en ajoutant un **x**.

! **Exceptions :** Les mots *landau, sarrau, pneu* et *bleu* forment leur pluriel en prenant un **s**.

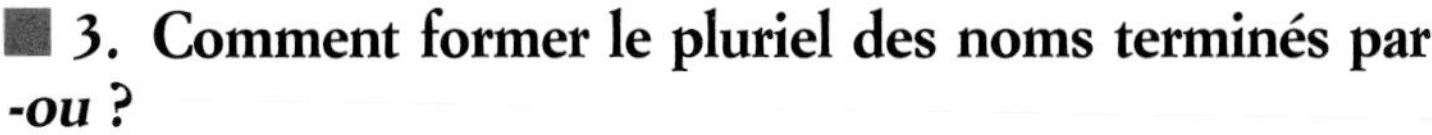

3. Comment former le pluriel des noms terminés par *-ou* ?

Observons ces phrases :

- *Mon petit frère a perdu ses sou**s** dans la rue.*
- *Il prépara une délicieuse soupe aux chou**x**.*

Nous constatons que la plupart des noms terminés par ***-ou*** au singulier forment leur pluriel en ajoutant un **s**.

! **Exceptions :** il faut savoir que *bijou, caillou, chou, genou, hibou, joujou, pou* prennent un **x** au pluriel.

4. Faut-il toujours ajouter un *-s* ou un *-x* pour former le pluriel des noms ?

Observons ces mots :

le pri**x** ▸ les pri**x** le boi**s** ▸ les boi**s** le ga**z** ▸ les ga**z**

Nous constatons que les noms déjà terminés au singulier par **s, x** ou **z ne changent pas** de forme au **pluriel**.

5. Comment former le pluriel de noms terminés par *-al* ?

Observons ces mots :

un animal ▸ des anim**aux** un cheval ▸ des chev**aux**

Nous constatons que la plupart des noms terminés par ***-al*** forment leur pluriel en ***-aux***.

! **Exceptions :** *un bal, un carnaval, un chacal, un festival* et *un régal* forment leur pluriel en ajoutant un **s**.

6. Comment former le pluriel des noms terminés par *-ail* ?

Observons ces phrases :

- *Nous admirions les port***ails** *de ces vieilles propriétés.*
- *Le guide commente les dét***ails** *de cette fresque.*
- *D'importants trav***aux** *ont été prévus pour restaurer les vitr***aux** *de la cathédrale.*

! *Attirail, chandail, détail, épouvantail, gouvernail* et *portail* forment leur pluriel en ajoutant un **s**.

corail, émail, travail et *vitrail* forment leur pluriel en **-aux**.

7. Attention à leur prononciation !

- *un bœuf* ▸ *des* **bœufs** [bø]
- *un œil* ▸ *des* **yeux** [zjø]

RETENONS

En général, la **marque du pluriel** dans **les noms** est **s**.
Les noms en **-eu, -au, -eau, -ou, -al** et **-ail** forment leur pluriel selon des règles spéciales qu'il faut connaître.

2. COMMENT FORMER LE PLURIEL DES ADJECTIFS ?

1. Règle générale

Observons ces phrases :

- *Les première**s** minutes du match sont très importante**s**.*
- *Ils quittèrent la salle, content**s** du spectacle.*

Nous constatons que la plupart des adjectifs forment leur pluriel en ajoutant un **s**.

! Les adjectifs terminés par **s** ou **x** au singulier ne changent pas de forme au masculin pluriel.

- *J'ai dégusté des gâteaux délicieu**x**.* ◂ *(un gâteau délicieu**x**)*
- *Il aime les gro**s** câlin**s**.* ◂ *(un gro**s** câlin)*

2. Comment former le pluriel des adjectifs en *-al* ?

Observons ces mots :

municipal ▸ municip**aux** vertical ▸ vertic**aux** naval ▸ nav**als**

Nous constatons que les adjectifs terminés par ***al*** forment généralement leur pluriel en ***-aux***.

! **Exceptions :** *banal, bancal, fatal, natal* et *naval* forment leur masculin pluriel en ajoutant un **s** à la forme du singulier.

3. Comment former le pluriel des adjectifs désignant des couleurs ?

Observons ces expressions :

- *Des murs* **blancs**
- *Des chapeaux* **marron**
- *Les vestes* **bleu marine**

Nous constatons les trois règles suivantes :

Règle 1 : Lorsque la couleur est désignée par un **seul adjectif** *(blancs)*, celui-ci s'accorde en **genre** et en **nombre** avec le nom qu'il qualifie.

Règle 2 : Lorsque cet adjectif désigne **un nom de fruit** *(marron)*, de **fleur** ou de **pierre précieuse**, celui-ci est **invariable**.

! des chemises **roses** des pulls **mauves**

Règle 3 : Lorsque la couleur est désignée par un adjectif **composé** *(bleu marine)*, celui-ci reste **invariable**.

4. Comment former le pluriel des adjectifs numéraux ?

Observons ces expressions :

- *les* **quatre** *points cardinaux*
- *les* **cinq** *sens*
- *les* **six** *faces d'un cube*
- *Blanche-Neige et les* **sept** *nains*
- *les* **huit** *cartes de la belote*
- *les* **neuf** *muses*
- *les* **onze** *joueurs de l'équipe*

- *les* **vingt** *chevaux au départ*
- *les* **quatre-vingts** *ans de grand-père*

- *les* **quarante** *voleurs*
- *les* **cinquante** *enfants*

- *les* **cent un** *Dalmatiens*
- *les* **six cents** *élèves du collège*

- *les contes des* **mille** *et* **une** *nuits*

▶ Nous constatons que les adjectifs **numéraux** sont **invariables**, à l'exception de ***vingt*** et ***cent*** qui peuvent prendre la marque du pluriel quand ils sont **multipliés** et qu'ils ne sont **pas suivis d'un autre nombre**.

- *six cent quatre-vingts ans*
- *quatre-vingt-quatre voitures*
- *six cents hommes, six cent trois visiteurs*

! On écrit **six cents** francs (6 × 100), mais on doit écrire : les **cent** francs que tu me dois... (= 1 × 100).

5. Comment accorder un adjectif qui se rapporte à plusieurs noms ?

▶ Observons ces phrases :

- *Nous voyons* *un joueur* (MASC. SING.) *et* *son entraîneur* (MASC. SING.) *content***s** (MASC. PLUR.) *de se retrouver.*

- *Cette poire* (FÉMININ SING.) *et* *cette banane* (FÉMININ SING.) *sont* *délicieus***es.** (FÉMININ PLURIEL)

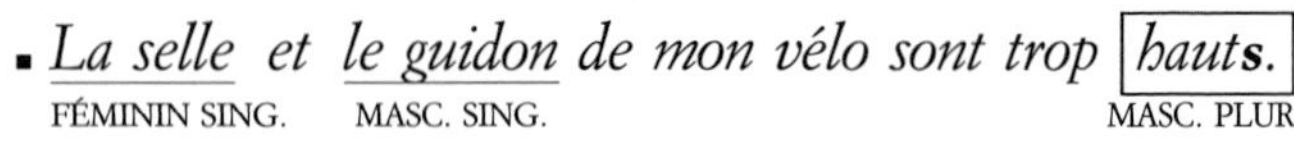

La selle et le guidon de mon vélo sont trop hauts.
FÉMININ SING.
MASC. SING.
MASC. PLUR.

Nous constatons que :

Règle 1 : Lorsque les **noms** sont **masculins,** l'adjectif prend la marque du **masculin pluriel.**

Règle 2 : Lorsque les **noms** sont **féminins**, l'adjectif prend la marque du **féminin pluriel**.

Règle 3 : Lorsque les **noms** ont des **genres différents**, l'adjectif prend toujours la marque du **masculin pluriel**.

Ces règles s'appliquent également aux **pronoms personnels** :

- *Elle et lui sont ravi***s** *de vivre ensemble.*

3. COMMENT FORMER LE PLURIEL DES NOMS COMPOSÉS ?

MOTS COMPOSÉS	FORMATION DU PLURIEL
nom + nom	▪ *Une serviette éponge* ▸ *des serviett***es**-*éponge***s**. Les **deux parties** du mot composé prennent la marque du **pluriel**.
adjectif + nom	▪ *Une longue-vue* ▸ *des longue***s**-*vue***s**. Les **deux parties** du mot composé prennent la marque du **pluriel**.
nom + préposition + nom	▪ *Un gardien de but* ▸ *des gardien***s** *de but.* Seul le **premier nom** prend la marque du **pluriel**.

MOTS COMPOSÉS	FORMATION DU PLURIEL
verbe + nom	▪ *Un tire-bouchon* ▸ *des tire-bouchon***s**. ▪ *Un lave-vaisselle* ▸ *des lave-vaissell***e**. ▪ *Un porte-avion***s** ▸ *des porte-avions*. Le **premier mot** (le verbe) reste **invariable**. Le **nom** peut prendre la marque du pluriel ou non, **selon le sens du mot composé**. ▪ *Des lave-vaissell***e** (NOM SINGULIER) *servent à « laver* **la** *vaisselle ».* ▪ *Un porte-avion***s** (NOM PLURIEL) *sert à « transporter* **des** *avions ».*
adverbe + nom	▪ *Un haut-parleur* ▸ *des haut-parleur***s**. ▪ *Une avant-garde* ▸ *des avant-garde***s**. L'**adverbe** est **invariable**. Seul le **nom** prend la marque du pluriel.

RETENONS

ÉLÉMENTS POUVANT PRENDRE LA MARQUE DU PLURIEL	ÉLÉMENTS INVARIABLES
– noms – adjectifs	– verbes – prépositions – adverbes

3

SAVEZ-VOUS

DISTINGUER LES HOMOPHONES GRAMMATICAUX

Qu'est-ce que des homophones ?
On appelle homophones des mots qui se prononcent de façon identique mais ne s'écrivent pas de la même façon. Quand ces mots n'appartiennent pas à la même catégorie grammaticale, on les appelle des **homophones « grammaticaux »**.

- *le lait* ◂ NOM
- *laid* ◂ ADJECTIF
- *bien qu'il l'ait* ◂ PRONOM PERSONNEL + AVOIR

1. COMMENT DISTINGUER À ET A ?

▶ Observons ces phrases :

- *Il* **a** *mangé mais il* **a** *encore faim.*
- *Il demande un gâteau* **à** *son frère.*

Mettons-les à l'imparfait :

- *Il* **avait** *mangé mais il* **avait** *encore faim.*
- *Il demandait un gâteau* **à** *son frère.*

▶ Nous constatons que seul *a* sans accent a changé.
C'est le **verbe** *avoir* à la troisième personne du singulier du présent de l'indicatif. On peut le remplacer par *avait*.
La **préposition** *à* avec un accent grave reste **invariable**.

Observons ces phrases :

- *Il lui reste un exercice* **à faire**.
- *J'écris* **à Pierre à la** *campagne.*
- *Nous sommes prêts* **à lui** *pardonner.*

Nous constatons que devant un **infinitif**, un **nom propre**, un **déterminant**, un **pronom personnel**, on écrit toujours **à**.

2. COMMENT DISTINGUER ET *ET* EST ?

Observons cette phrase :

- *Elle* **est** *venue avec deux amies : Julie* **et** *Vanessa.*

Mettons-la à l'imparfait :

- *Elle* **était** *venue avec deux amies : Julie* **et** *Vanessa.*

Nous constatons que seul *est* a changé à l'imparfait. C'est le présent de l'indicatif du verbe *être* à la troisième personne du singulier *(elle est, on est)*.
En revanche, *et* reste **invariable**. C'est une **conjonction de coordination**.

3. COMMENT DISTINGUER SON *ET* SONT ?

Observons ces phrases :

- *Julie ne retrouve plus* **son** *stylo ni* **son** *livre.*
- *« Ils* **sont** *dans ton bureau », lui dit sa maman.*

Mettons-les à l'imparfait :

- *Julie ne retrouvait plus* **son** *stylo ni* **son** *livre.*
- *« Ils* **étaient** *dans ton bureau », lui dit sa maman.*

▸ Nous constatons que *sont* a changé. C'est le verbe *être* à la troisième personne du pluriel du présent de l'indicatif.
On écrit *étaient* à l'imparfait.

Son est l'adjectif possessif à la troisième personne du masculin singulier. ▸ ***Mon*** *livre,* ***ton*** *livre,* ***son*** *livre.*

4. *COMMENT DISTINGUER* ON *ET* ONT ?

▸ Observons ces phrases :

- ***On*** *aperçoit des animaux qui* **ont** *de drôles de têtes.*
- *Les enfants* **ont** *préparé un gâteau délicieux.*

Mettons-les à l'imparfait :

- ***On*** *apercevait des animaux qui* **avaient** *de drôles de têtes.*
- *Les enfants* **avaient** *préparé un gâteau délicieux.*

▸ Nous constatons que seul *ont* a changé à l'imparfait. C'est le verbe *avoir* à la troisième personne du pluriel du présent de l'indicatif. On peut le remplacer par *avaient*.
On est un **pronom personnel**. Un verbe ayant pour sujet *on* est toujours à la troisième personne du **singulier**.

5. *COMMENT DISTINGUER* CE *ET* SE ?

▸ Observons ces phrases :

1 ▪ **Ce** *paysage est magnifique !*

2 ▪ *Les touristes* **se** *dirigent vers le sommet.*

3 ▪ **Ce** *n'est pas de ta faute.*

► Nous constatons que dans la première phrase, *ce* détermine le **nom** *paysage*. C'est un **adjectif démonstratif**. Devant un nom féminin, *ce* devient *cette*.

- **Ce** *paysage* / **cette** *montagne*.

Dans la deuxième phrase, *se* est placé devant un **verbe**. C'est un **pronom personnel réfléchi** à la troisième personne.

- *Ils* **se** *dirigent vers le sommet*.
- *Je* **me** *dirige…* ▪ *Tu* **te** *diriges…*

Dans la troisième phrase, *ce* est placé devant le verbe *être*. C'est un **pronom démonstratif**.

- *Si* **ce** *n'est toi, c'est donc ton frère*.

6. *COMMENT DISTINGUER* OU *ET* OÙ ?

► Observons ces phrases :

1 ▪ *Préfères-tu une pomme* **ou** *une orange ?*

2 ▪ **Où** *vont tous ces gens ?*

3 ▪ *Indique-moi l'endroit* **où** *tu as mal*.

► Nous constatons que dans la première phrase on peut remplacer *ou* par *ou bien*. *ou* permet de relier deux **mots**, deux **groupes de mots** ou deux **propositions**. C'est une **conjonction de coordination**.

Dans les deux autres phrases, *où* indique un **lieu**.
Il peut servir à poser une **question**. C'est un **adverbe interrogatif**.

- **Où** *vont… ?*

Il permet également de ne pas répéter le même mot dans deux propositions. C'est un **pronom relatif**.

- *Tu as mal à un endroit.*
- *Indique-moi cet endroit.*
- *Indique-moi l'endroit* **où** *tu as mal.*

7. *COMMENT DISTINGUER* C'EST *ET* S'EST ?

Observons ces phrases :

1 . *Il* **s'est** *levé de bonne heure ce matin.*
2 . **C'est** *mon anniversaire, aujourd'hui.*

Mettons-les à la première personne du singulier :

1 . ***Je me suis*** *levé de bonne heure ce matin.*
2 . **C'est** *mon anniversaire, aujourd'hui.*

On doit écrire *s'est* quand on peut le remplacer par *(je) me suis*. Il est placé devant un participe passé. Vous reconnaissez la **forme pronominale** du verbe au passé composé.

Nous constatons que l'on écrira *c'est* dans tous les autres cas.

! A la forme négative :

– **S'est** devient : **ne** **s'est** **pas** : *Il* **ne** *s'est* **pas** lavé.

– **C'est** devient : **ce** **n'** **est** **pas** : *Ce* **n'***est* **pas** *vrai.*

8. *COMMENT DISTINGUER* C'ÉTAIT *ET* S'ÉTAIT ?

Observons ces phrases :

1 . **C'était** *un matin de janvier.*
2 . *L'enfant* **s'était** *endormi sans bruit.*

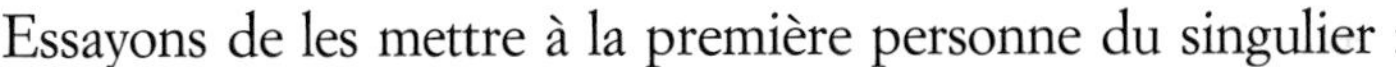

Essayons de les mettre à la première personne du singulier :

1 ▪ ***C'était*** *un matin de janvier.*

2 ▪ ***Je m'étais*** *endormi sans bruit.*

► Nous constatons que seule la phrase **2** a changé. On doit écrire *s'était* quand on peut le remplacer par *(je) m'étais*, à la première personne du singulier. C'est la forme pronominale d'un verbe au **plus-que-parfait de l'indicatif.** Dans tous les autres cas, on écrit *c'était.*

- ***C'était*** *l'été.* ◄ DEVANT ARTICLE
- ***C'était*** *lui ou moi.* ◄ DEVANT PRONOM
- ***C'était*** *hier.* ◄ DEVANT ADVERBE
- ***C'était*** délicieux. ◄ DEVANT ADJECTIF

9. *COMMENT DISTINGUER* LEUR *ET* LEURS ?

► Observons ces phrases :

1 ▪ *Mes chats ont faim, je* **leur** *donne à manger.*

2 ▪ *Des artistes ont exposé* **leurs** *toiles dans cette galerie.*

Essayons de mettre ces phrases au singulier :

- *Mon chat a faim, je* **lui** *donne à manger.*
- *Une artiste a exposé* **sa** *toile dans cette galerie.*

– Dans la phrase **1**, *leur* devient *lui* : il s'agit d'un **pronom personnel**. Il est toujours placé devant le verbe ; il est invariable.
– Dans la phrase **2**, *leur* devient *sa*. C'est un **adjectif possessif**. Au pluriel, il s'accorderait avec le nom qu'il détermine : *leur toile, leur***s** *toiles.*

10. COMMENT DISTINGUER LA, L'A ET LÀ ?

Observons ces phrases :

1 ▪ ***La*** *raison du plus fort est toujours* ***la*** *meilleure.*

2 ▪ *Il cueille une pomme et* ***la*** *mange.*

3 ▪ *Ce livre, mon frère* ***l'a*** *trouvé dans une petite librairie.*

4 ▪ *C'est* ***là*** *qu'il a bâti sa maison.*

Nous constatons que :

– Dans la phrase **1**, *la* (**la** *raison*) est placé devant un **nom**. C'est un **déterminant**. C'est le féminin de *le*.

▪ ***La*** *raison /* ***le*** *courage.*

– Dans la phrase **2**, *la* remplace le nom *pomme* devant un **verbe**. C'est un **pronom personnel**.

▪ *La pomme, il* ***la*** *mange.*

▪ *Ce gâteau, il* ***le*** *savoure.*

– Dans la phrase **3**, on doit écrire *l'a*, car il s'agit d'un pronom personnel suivi du verbe *avoir* à la 3e personne du singulier du présent de l'indicatif. À l'imparfait, il devient (il) *l'avait*. Il permet de former le passé composé.

▪ *Il* ***l'a trouvé****.*

▪ *Il* ***l'avait*** *trouvé.*

– Dans la phrase **4**, on doit écrire *là* car ce mot désigne un **lieu**. C'est un **adverbe**. Il sert également à désigner un objet, ou une personne dans les expressions : ce…*-là, cette…-là.*

▪ *Je préfère cette voiture-***là***.*

▪ *Cet homme-***là***, je le connais bien.*

11. *COMMENT DISTINGUER* CES *ET* SES ?

Observons ces phrases :

1 . *Léon est triste parce qu'on lui a volé* **ses** *images.*

2 . **Ces** *châteaux me font très peur.*

Nous constatons que dans la phrase **1**, *ses* indique à qui appartiennent les images (*ses images* = les images de Léon). C'est un adjectif **possessif**. Devant un nom singulier, on écrit *son* ou *sa*.

. *On lui a volé* **son** *album,* **sa** *montre.*

Dans la phrase **2**, *ces* permet de montrer l'objet ou la personne dont on parle. C'est un adjectif **démonstratif**. C'est le pluriel de *ce* ou *cette*.

. **Ce** *château,* **cette** *vieille maison...*

12. *COMMENT DISTINGUER* QUEL, QUELLE *ET* QU'ELLE ?

Observons ces phrases :

1 . **Quelle** *aventure fantastique !*

2 . **Quel** *pays merveilleux !*

3 . **Quelle** *est ta bande dessinée préférée ?*

4 . *Connais-tu cette vedette ? On dit* **qu'elle** *va triompher d'un nouveau danger dans son prochain film.*

Nous constatons que dans les phrases **1** et **2**, **quelle** et **quel** déterminent deux noms.
Quelle détermine un nom féminin *(aventure)*. *Quel* détermine un nom masculin *(pays)*.

Les phrases **1** et **2** se terminent par un point d'exclamation. *Quelle* et *quel* sont des **adjectifs exclamatifs**.

La phrase **3** se termine par un point d'interrogation. *Quelle* est placé devant le verbe. *Quelle* est un **adjectif interrogatif**.

Dans la phrase **4**, si l'on remplace *vedette* (nom féminin) par *acteur* (nom masculin), la phrase devient :

- *Connais-tu cet acteur ? On dit* **qu'il** *va triompher d'un nouveau danger...*

Qu' est mis pour *que*, **conjonction de subordination** qui introduit une proposition subordonnée complétive.

13. COMMENT DISTINGUER SANS ET S'EN ?

► Observons ces phrases :

1 ▪ *Il était venu* **sans** *argent.*

2 ▪ *Ce client est parti* **sans** *payer.*

3 ▪ *Il a acheté un nouveau stylo, mais il ne* **s'en** *sert pas souvent.*

► Nous constatons que dans la phrase **1**, *sans* est placé devant un **nom**.

Dans la phrase **2**, *sans* est placé devant un verbe à l'**infinitif**.

- *Ce client est parti* **sans** *attendre,* **sans** *finir son repas.*

! Souvenez-vous de cette règle simple :
Après *à, de, par, pour, sans*, le verbe est toujours à l'**infinitif**.
Sans est une **préposition**.

Dans la phrase **3**, *s'en* est placé devant un verbe **conjugué**. Il s'écrit en **deux** mots. (Cf. le chapitre *COI,* p. 124.)

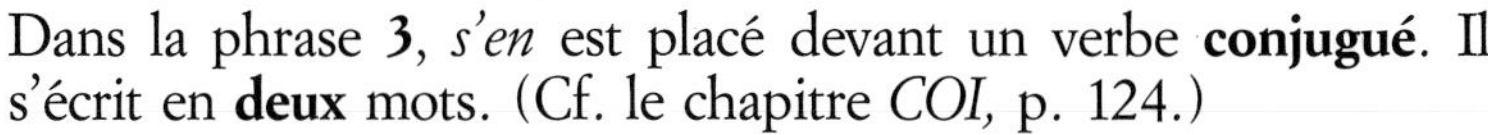

- *Il ne* ***s'en*** *sert pas = Il ne* **se** *sert pas* ***de son stylo...***

  COI COI

14. *COMMENT DISTINGUER* PEU *ET* PEUT ?

Observons ces phrases :

1 ■ *Il fait tout ce qu'il* **peut** *pour réparer la voiture.*

2 ■ *Il reste* **peu** *de sel dans la boîte.*

Mettons ces phrases à l'imparfait :

1 ■ *Il faisait tout ce qu'il* **pouvait** *pour réparer la voiture.*

2 ■ *Il restait* **peu** *de sel dans la boîte.*

Nous constatons que seul *peut* de la phrase **1** a changé. C'est le **verbe** *pouvoir* à la troisième personne du singulier du présent de l'indicatif.

- *Il* ***peut*** ▸ *il* ***pouvait.***

Dans la phrase **2**, *peu* désigne une petite quantité de sel. C'est un **adverbe**. Il s'oppose à *beaucoup*.

- *J'ai* **peu** *dormi.* ▸ *J'ai* **beaucoup** *dormi.*
- **peu** *de sel* ▸ **beaucoup** *de sel.*

! Pour exprimer un **doute**, on utilise l'adverbe *peut-être*.

- *Tu as* **peut**-*être faim.* ◂ IL EST INVARIABLE.

L'ORTHOGRAPHE D'USAGE

Qu'est-ce que l'orthographe d'usage ?

On appelle **orthographe d'usage** l'orthographe des mots **telle qu'on la trouve dans le dictionnaire**, sans considérer les modifications entraînées par les problèmes d'accord (voir **l'orthographe grammaticale,** p 161).

LES MOTS CLÉS

CONSONNES DOUBLES : deux consonnes identiques côte à côte, à l'intérieur d'un mot : *homme*.

FINALES : syllabes en fin de mots qui permettent de distinguer des ensembles de mots : les mots en *ail*, les mots en *eur*...

GRAPHIE : la façon dont s'écrit un son. La graphie du son [o] peut être : *o, au, eau.*

LETTRES MUETTES : des lettres qui sont écrites dans le mot mais qu'on n'entend pas à l'oral.

CONSONNES MUETTES : le ***t*** de *lai**t***.

E MUET : le e de *vie.*

POSITION : la place dans le mot ; le son [o] écrit *au* se trouve :
- *au début dans **au**be,*
- *au milieu dans g**au**fre,*
- *à la fin dans tuy**au**.*

SONS : on dit aussi *phonèmes*. Amusez-vous à découvrir tous les sons du français dans le tableau p. 192 qui représente l'alphabet phonétique (des sons) du français et les mots dans lesquels on les rencontre.

SIGNIFICATION DES SYMBOLES :

 symbolise le son

 symbolise la graphie

ALPHABET PHONÉTIQUE

VOYELLES

[i]	n**i**d
[e]	f**é**e
[ɛ]	f**ê**te
[a]	p**a**tte
[ɑ]	p**â**te
[ɔ]	s**o**l
[o]	s**au**le
[u]	l**ou**p
[y]	d**u**r
[ø]	**jeu**
[œ]	**jeu**ne
[ə]	f**e**nêtre
[ɛ̃]	f**ê**te
[ɑ̃]	b**anc**
[ɔ̃]	b**on**
[œ̃]	br**un**

SEMI-CONSONNES

[j]	a**il**
[w]	**ou**i
[ɥ]	h**u**ile

CONSONNES

[p]	**p**ain
[t]	**t**oit
[k]	**c**amp
[b]	**b**ain
[d]	**d**oigt
[g]	**g**ant
[f]	**f**aim
[s]	**s**eau
[ʃ]	**ch**ou
[v]	**v**alise
[z]	**z**oo
[ʒ]	**j**oue
[l]	**l**aine
[ʀ]	**r**oue
[m]	**m**ain
[n]	**n**ain
[ɲ]	a**gn**eau

[ŋ]	jogg**ing**

SAVEZ-VOUS ÉCRIRE LES SONS ?

1 [a] **p. 195**	**2** [ɛ] **p. 198**	**3** [e] **p. 203**
a â à e(mm) as at	è ê et êt ei ai aî ai(e - s - t - x) e(ll -nn - ss - tt) e(c-f-l-m-n-p-r-t-x-z)	é ée er e(cc - ff - ll - ss) ed ez ef es
4 [i] **p. 206**	**5** [ɔ] [o] **p. 209**	**6** [ɑ̃] **p. 213**
i ï y î ie id is it ix ea ee	o au eau ô ôt ot op os oc aud aut aux	an en am em ant ent anc and ang aon
7 [ɛ̃] **p. 217**	**8** [p] **p. 219**	**9** [t] **p. 221**
in im en ain ein aint eint aim	p pp	t tt th
10 [k] **p. 224**	**11** [g] **p. 227**	**12** [f] **p. 229**
c qu cc k ch ck cqu	g gu gg	f ff ph
13 [s] [ks] **p. 231**	**14** [z] **p. 236**	**15** [ʒ] **p. 238**
s x c ç ss sc t(ie) cc x xc cs	z s x zz	j g ge (+ voyelle)
16 [r] **p. 240**	**17** [wa] **p. 242**	**18** [wɛ̃] **p. 244**
r rr rh r(d - s - t)	oi oy oie oi(s - t - x - d - ds)	oin ouin oint oing
19 e muet p. 245 consonnes muettes p. 248		
h s t x d p c g b l		

FICHES MODE D'EMPLOI

■ Chaque fiche d'orthographe d'usage qui suit étudie les différentes façons dont s'écrit un son du français (ses **graphies**) ; par exemple, dans la fiche 5 consacrée au son [o], vous verrez que le son [o] peut s'écrire :
– avec **une** lettre dans *carg***o**
– avec **une** lettre et un **accent** dans *fant***ô***me*
– avec **deux** lettres dans ***au****be*
– avec **trois** lettres dans ***eau***.

■ Vous allez également observer **où se situe** le son dans le mot (sa **position**) ; par exemple, [o] écrit **au**, se trouve au début du mot dans ***au****be*, à l'intérieur dans *g***au***fre* et à la fin dans *tuy***au**.

■ **Pourquoi cette étude ?**
Parce que certaines façons d'écrire un son ne peuvent se rencontrer qu'à certains endroits du mot : par exemple, vous ne trouverez jamais deux consonnes répétées (des **consonnes doubles**) au début d'un mot.

■ Tout au long de ces fiches, vous allez retrouver des rubriques qui vous seront bientôt familières et qui vous aideront à mettre de l'ordre dans cet « inventaire » des sons du français.

ÉTYMOLOGIE Le mot vient **d'un mot étranger** (en général, du latin, ou du grec).

FAMILLE DE MOTS Vous pouvez vous aider d'un mot **de la même famille** pour trouver l'orthographe correcte du mot, retrouver la lettre muette convenable par exemple.

HOMOPHONES Attention ! ce mot se prononce comme un autre, mais son sens est tout à fait différent.

SAVEZ-VOUS

ÉCRIRE LE SON [a]

LE SON
[a]
S'ÉCRIT
a
COMME
gare

Observons ces listes :

DÉBUT : **a**bri, **a**ccès, **a**cteur, **a**ffaire.

INTÉRIEUR : b**a**r, cauchem**a**r, g**a**re, guit**a**re.

FIN : acaci**a**, bo**a**, camér**a**, ciném**a**, opér**a**, panoram**a**, tombol**a**, vérand**a**.

Nous constatons que le son [a] peut s'écrire **a**. On peut trouver **a** en **toute position**.

LE SON
[a]
S'ÉCRIT
â
COMME
âge

Observons ces listes :

DÉBUT : **â**ge, **â**me, **â**ne.

INTÉRIEUR : b**â**timent, b**â**ton, c**â**ble, ch**â**teau, cr**â**ne, gr**â**ce, h**â**te, inf**â**me, thé**â**tre.

Nous constatons que le son [a] peut s'écrire également **â**. **â** n'apparaît qu'au **début** et à l'**intérieur** des mots.

ÉTYMOLOGIE — On écrit **théâtre**, mais on doit écrire **pédiatre, psychiatre**. Cette règle s'applique à tous les mots composés du suffixe **-iatre**, qui signifie *médecin* en grec.

HOMOPHONES Certains mots ne se différencient que par l'**accent circonflexe**. Comparez m**a**l (le contraire de *bien*) / un m**â**le (masculin de *femelle*),
une t**a**che (d'encre) / une t**â**che (un travail à faire).

▶ Observons cette liste :

FIN : **à**, au-del**à**, celle-l**à**, celui-l**à**, ceux-l**à**, déj**à**, l**à**, voil**à**.

▶ Nous constatons que le son [a] peut s'écrire également **à**.
à n'apparaît qu'à la fin des mots.

! *à peine*

LE SON [a] S'ÉCRIT **e(mm)** COMME **femme**

▶ Observons le tableau suivant :

ADJECTIFS (-ent)	**ADVERBES (-emment)**
ard**en**t	ard**emm**ent
consci**en**t	consci**emm**ent
différ**en**t	différ**emm**ent
impru**den**t	impru**demm**ent
pru**den**t	pru**demm**ent
ré**cen**t	ré**cemm**ent
vio**len**t	vio**lemm**ent

▶ Nous constatons que le son [a] peut s'écrire **-e(mm)** dans les adverbes terminés par **-emment** et formés à partir d'adjectifs en **-ent**.

! Les adverbes formés sur les adjectifs en **-ant** se terminent par **-amment.**

ADJECTIFS (-ant)	ADVERBES (-amment)
abond**ant** brill**ant**	abond**amm**ent brill**amm**ent

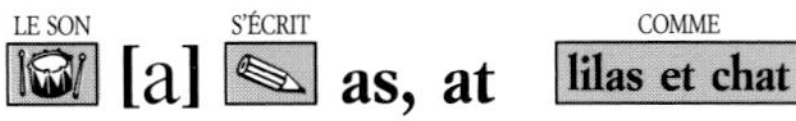

Observons ces listes :

[a] ▸ **as :** br**as**, c**as**, frac**as**, lil**as**, matel**as**, rep**as**.
[a] ▸ **at** : candid**at**, ch**at**, clim**at**, pl**at**, résult**at**, syndic**at**.

Nous constatons que le son [a] peut s'écrire **a** + **une consonne** que l'on n'entend pas (une **consonne muette**) : **s** ou **t**. **as** et **at** n'apparaissent qu'**à la fin** des mots.

RETENONS

✎	POSITION DANS LE MOT		
	DÉBUT	INTÉRIEUR	FIN
a	**a**telier	guit**a**re	opér**a**
â	**â**ge	ch**â**teau	
à	**à**		déj**à**
as **at**			lil**as** ch**at**

2

SAVEZ-VOUS

ÉCRIRE LE SON [ɛ]

Observons cette liste : alg**è**bre, ch**è**que, client**è**le, cr**è**me, esp**è**ce, fid**è**le, mod**è**le, pi**è**ce, po**è**me, si**è**ge, syst**è**me, ti**è**de.

Nous constatons que le son [ɛ] peut s'écrire **è**.
è n'apparaît **ni au début ni à la fin** des mots.

! -**è** peut être suivi d'une consonne qui ne se prononce pas, une consonne muette : abc**ès**, acc**ès**, déc**ès**, exc**ès**, proc**ès**, succ**ès**.

Observons cette liste :
anc**ê**tre, b**ê**te, ch**ê**ne, fen**ê**tre, f**ê**te, r**ê**ve.

Nous constatons que le son [ɛ] peut s'écrire **ê**. En dehors du mot *être*, **ê** n'apparaît **ni au début ni à la fin** des mots.

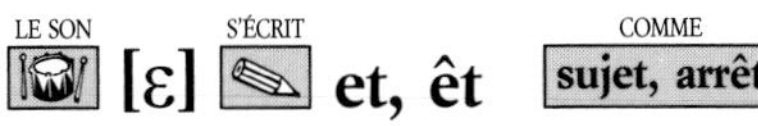

Observons ces listes :

FIN : alphab**et**, compl**et**, eff**et**, suj**et**, vol**et**.

FIN : arr**êt**, intér**êt**.

Nous constatons que le son [ɛ] peut s'écrire **et** et **êt** à la **fin** des mots.

Observons cette liste : bal**ei**ne, n**ei**ge, p**ei**gne, r**ei**ne, tr**ei**ze.

Nous constatons que le son [ɛ] peut s'écrire **ei**.
ei n'apparaît qu'**à l'intérieur** des mots.

LE SON [ɛ] S'ÉCRIT **ai** COMME **aigle**

Observons ces listes :

DÉBUT : **ai**gle, **ai**le, **ai**se.

INTÉRIEUR : font**ai**ne, fr**ai**se, vingt**ai**ne.

FIN : bal**ai**, dél**ai**, g**ai**.

Nous constatons que le son [ɛ] peut s'écrire **ai** au **début**, à l'**intérieur** et à la **fin** des mots.

▶ Observons cette liste : ch**aî**ne, m**aî**tre, tr**aî**ne, tr**aî**tre.

▶ Nous constatons que le son [ɛ] peut s'écrire **aî**.
aî n'apparaît qu'**à l'intérieur** des mots.

LE SON [ɛ] S'ÉCRIT **aie, ais, ait, aix** COMME **lait**

▶ Observons cette liste :
FIN : irland**ais**, l**ait**, p**aix**, b**aie**.

▶ Nous constatons que le son [ɛ] peut s'écrire **ai** suivi d'une voyelle ou d'une consonne que l'on n'entend pas : **e, s, t, x**.

FAMILLE DE MOTS

Toutefois, si vous rapprochez *irlandai***s** d'*irlandai***se,** *lai***t** de *lai***tier***,* *souhai***t** de *souhai***ter**, vous pouvez trouver quelle est la lettre muette à la fin de *lait,* *souhai***t** ou *irlandai***s**...

LE SON [ɛ] S'ÉCRIT **e(ll)e, e(nn)e, e(ss)e, e(tt)e**

▶ Observons cette liste :
-E(LL)E : chap**elle**, dent**elle**, vaiss**elle**.
-E(NN)E : anci**enne**, ant**enne**, parisi**enne**.
-E(SS)E : faibl**esse**, princ**esse**, sécher**esse**.
-E(TT)E : bagu**ette**, raqu**ette**, squel**ette**.

Nous constatons que lorsqu'il est suivi d'une consonne qui se répète (une **consonne double** : **ll, nn**...), le son [ɛ] peut s'écrire **e**. On le trouve dans les mots qui se terminent par **-elle**, **-enne**, **-esse**, **-ette**.

! Dans le mot **enn**emi, **enn-** se trouve au début du mot.

FAMILLE DE MOTS

-enne est très utilisé pour obtenir le féminin des noms et adjectifs terminés par -**ien**.
algér**ien** ▸ algér**ienne**, anc**ien** ▸ anc**ienne**,
pharmac**ien** ▸ pharmac**ienne**.

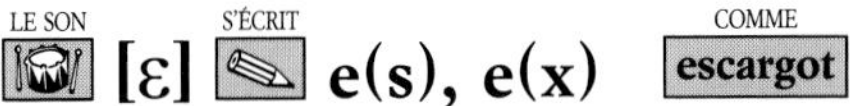

LE SON [ɛ] S'ÉCRIT e(s), e(x) COMME escargot

Observons ces listes :

DÉBUT : **es**cabeau, **es**cargot, **es**crime, **es**calier, **es**clave, **es**pace.

DÉBUT : **ex**amen, **ex**emple, **ex**cellent, **ex**ercice.

Nous constatons qu'en **début** de mot, le son [ɛ] s'écrit **e** devant les consonnes **s** et **x**.

LE SON [ɛ] S'ÉCRIT e(c, f, l, m, n, p, r, t, x, z) COMME ciel

Observons cette liste : s**ec**, ch**ef**, ci**el**, tot**em**, abdom**en**, c**ep**, s**ept**, conc**ert**, m**er**, ou**est**, t**ex**te, Su**ez**.

Nous constatons que le son [ɛ] peut s'écrire **e** devant la plupart des consonnes, à l'**intérieur** des mots.

RETENONS

✎	POSITION DANS LE MOT		
	DÉBUT	INTÉRIEUR	FIN
è		cr**è**me	
ès			succ**ès**
ê		ch**ê**ne	
ai	**ai**gle	fr**ai**se	bal**ai**
ei		bal**ei**ne	
et			fil**et**
êt			for**êt**
aî		ch**aî**ne	
aie			b**aie**
ais			irland**ais**
ait			l**ait**
aix			p**aix**
elle			vaiss**elle**
enne	**enne**mi		ant**enne**
esse			princ**esse**
ette			bagu**ette**
es- **ex-**	**es**cargot **ex**ercice		
-ec...			s**ec**

SAVEZ-VOUS

ÉCRIRE LE SON [e]

▶ Observons ces listes :

DÉBUT : **é**clat, **é**lectrique, **é**quipe.

INTÉRIEUR : c**é**lèbre, g**é**n**é**ral, t**é**l**é**vision.

FIN : **masculin :** côt**é**, pr**é**, th**é**. **féminin :** beaut**é**, gaiet**é**.

▶ Nous constatons que le son [e] peut s'écrire **é** au **début**, **à l'intérieur** et à la **fin** des mots.

LE SON [e] S'ÉCRIT **ée** COMME **fée**

▶ Observons cette liste : une bouch**ée**, une bou**ée**, la chauss**ée**, la dur**ée**, une ép**ée**, la f**ée**, la fus**ée**, une id**ée**, la mar**ée**, la pât**ée**, une plong**ée**, la travers**ée**.

▶ Nous constatons que la plupart des noms féminins en [e] s'écrivent -**ée** à l'exception des noms qui se terminent par la finale -**té** : la beaut**é**, la bont**é**, la sociét**é** (voir p. 253).

Quelques noms masculins en [e] se terminent également par -**ée :** apog**ée**, lyc**ée**, mus**ée**, pygm**ée**, scarab**ée**. Voir aussi p. 254.

Observons ces exemples :

1. Verbes à l'**infinitif :** all**er**, chant**er**.
2. Adjectifs au **masculin :** derni**er**, premi**er** (**féminin** : derni**ère**, premi**ère**).
3. Noms **masculins :** boulang**er**, escali**er** (**féminin** : boulang**ère**).

Nous constatons qu'à la **fin** des mots, le son [e] s'écrit très souvent -**er**.

LE SON [e] S'ÉCRIT **e(cc), e(ff), e(ll), e(ss)** COMME **essai**

Observons :

ECC : **ecc**hymose, **ecc**lésiastique.

EFF : **eff**et, **eff**icace, **eff**ort.

ELL : **ell**ipse.

ESS : **ess**ai, **ess**aim, **ess**ence.

Nous constatons que **devant une consonne double**, le son [e] s'écrit **e**.

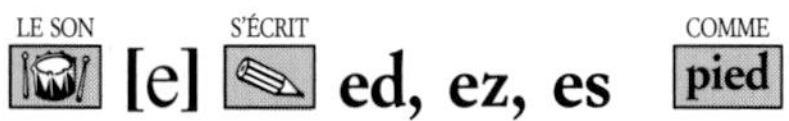

-ED : un pi**ed**.

-EZ : ass**ez**, ch**ez**, le n**ez**.

-ES : c**es**, d**es**, l**es**, m**es**, s**es**, t**es**.

RETENONS

✎	POSITION DANS LE MOT		
	DÉBUT	INTÉRIEUR	FIN
é	**é**quipe	tél**é**vision	beaut**é**
ée			fus**ée**, lyc**ée**
er			premi**er**
es			m**es**
ez			ass**ez**
ed			pi**ed**
e(cc)	**ecc**hymose		
e(ff)	**eff**ort		
e(ll)	**ell**ipse		
e(ss)	**ess**ai		

SAVEZ-VOUS

ÉCRIRE LE SON [i]

► Observons ces listes :

DÉBUT : **i**ci, **i**dée, **i**ronique, **i**tinéraire.

INTÉRIEUR : alp**i**n**i**ste, cant**i**ne, c**i**me, hum**i**de.
FIN : abr**i**, ains**i**, apprent**i**, appu**i**, ép**i**, fourm**i**, parm**i**, tr**i**.

► Nous constatons que le son [i] peut s'écrire **i** au **début**, à **l'intérieur** et à la **fin** des mots.

Les huit noms suivants s'écrivent **î** : abîme, dîme, dîner, épître, gîte, huître, île et presqu'île.

Après les sons [a], [o], [y] et [w], le son [i] s'écrit **ï** : ambiguïté, exiguïté, héroïque, inouï, maïs, naïf, ouïe.

► Observons cette liste : bic**y**clette, bomb**y**x, catacl**y**sme, ecch**y**mose, g**y**pse, h**y**dravion, h**y**drogène, h**y**permarché, h**y**poténuse, l**y**cée, mart**y**r, pol**y**gone, st**y**le, s**y**non**y**me.

ÉTYMOLOGIE Ces mots viennent presque toujours du grec.

► Observons cette liste : abba**y**e, pa**y**s, pénalt**y**, pu**y**, rugb**y**, **y**, **Y**ves.

► Nous constatons que le son [i] peut s'écrire également **y**.

LE SON [i] S'ÉCRIT ie, id, is, it, ix COMME pie

► Observons cette liste : p**ie**, n**id**, tap**is**, nu**it**, pr**ix**.

► Nous constatons, qu'à la **fin** de certains mots le son [i] peut s'écrire **i** + une lettre **qui ne s'entend pas** (une voyelle : **e** ou une consonne : **d, s, t, x**...).

FAMILLE DE MOTS tap**is** ► tap**isser**...

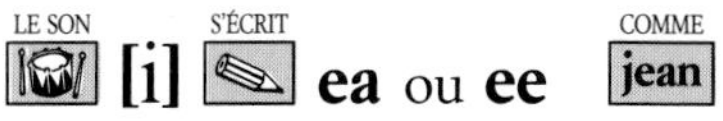

LE SON [i] S'ÉCRIT ea ou ee COMME jean

► Observons cette liste : un gr**ee**n, un j**ea**n, du tw**ee**d.

► Nous constatons que dans certains mots empruntés à l'anglais, le son [i] peut s'écrire **ea** ou **ee**.

RETENONS

✎	POSITION DANS LE MOT		
	DÉBUT	INTÉRIEUR	FIN
i	**i**dée	cant**i**ne	parm**i**
î	**î**le	d**î**ner	
ï		ma**ï**s	inou**ï**
y	**Y**ves	c**y**cle	pu**y**
i + d, s, t, x			n**id**
i + « e muet »		remerc**ie**ment	v**ie**
ee		tw**ee**d	
ea		j**ea**n	

SAVEZ-VOUS

ÉCRIRE LES SONS [ɔ] ET [o]

► Observons ces listes :

DÉBUT : **o**céan, **o**deur, **o**live.

INTÉRIEUR : g**o**mme, h**o**mme, p**o**mme.

► Nous constatons que le son [ɔ] s'écrit **o**, au **début** et à l'**intérieur** des mots.

► Observons ces mots : P**au**l, s**au**r (hareng), alb**um**, rh**um**.

► Nous constatons que dans deux mots, *Paul* et *saur*, le son [ɔ] s'écrit **au**. Le son [ɔ] peut aussi s'écrire **u(m)**.

LE SON [o] S'ÉCRIT **o** COMME **lavabo**

► Observons ces listes :

INTÉRIEUR : at**o**me, ch**o**se, d**o**se, ecchym**o**se, p**o**se, r**o**se.

FIN : carg**o**, casin**o**, domin**o**, du**o**, éch**o**, jud**o**, lavab**o**, pian**o**, scénari**o**.

► Nous constatons que le son [o] peut s'écrire **o** à l'**intérieur** et à la **fin** des mots.

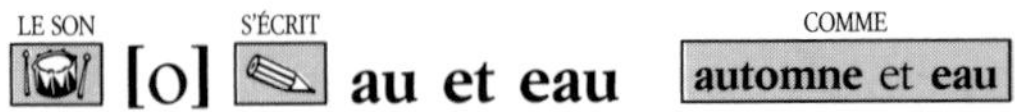

LE SON
[o]
S'ÉCRIT
au et eau
COMME
automne et eau

▶ Observons ces listes :

-au comme g**au**fre

DÉBUT : **au**bade, **au**be, **au**dace, **au**dition, **au**près, **au**tocollant, **au**tomne, **au**toroute.

INTÉRIEUR : astron**au**te, ch**au**de, émer**au**de, ép**au**le, g**au**fre, h**au**te, j**au**ne, p**au**se.

FIN (rare) : boy**au**, joy**au**, land**au**, tuy**au**.

! Dans *automne*, on retrouve les deux sons [o] et [ɔ].

-**ea**u comme **eau**

FIN : ann**eau**, bat**eau**, cerc**eau**, cis**eau**, escab**eau**, ham**eau**, lionc**eau**, pinc**eau**, rid**eau**, traîn**eau**, vaiss**eau**.

▶ Nous constatons que **au** apparaît le plus souvent au **début** et à l'**intérieur** des mots. -**eau** apparaît surtout à la **fin** des mots.

! sauf dans b**eau**coup, b**eau**jolais, b**eau**té.

▶ Observons cette liste :

INTÉRIEUR : ap**ô**tre, ar**ô**me, ch**ô**mage, cl**ô**ture, contr**ô**le, c**ô**te, fant**ô**me, h**ô**te, pyl**ô**ne, r**ô**le, r**ô**ti, sympt**ô**me, t**ô**le.

▶ Nous constatons que le son [o] peut s'écrire **ô**, à l'**intérieur** des mots.

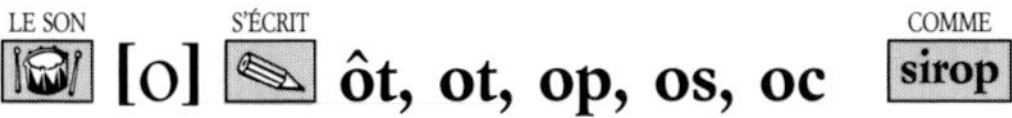

LE SON [o] S'ÉCRIT ôt, ot, op, os, oc COMME sirop

Observons ces listes :

FIN : aussit**ô**t, bient**ô**t, dép**ô**t, entrep**ô**t, imp**ô**t, plut**ô**t, sit**ô**t, tant**ô**t, t**ô**t.

FIN : arg**o**t, chari**o**t, coquelic**o**t, erg**o**t, escarg**o**t, goul**o**t, haric**o**t, hubl**o**t, javel**o**t, pav**o**t, sab**o**t, tr**o**t.

FIN : gal**o**p, sir**o**p, tr**o**p.

FIN : d**os**, rep**os**, tourned**os**.

FIN : accr**oc**, cr**oc**.

Nous constatons que le son [o], en **fin** de mot, peut s'écrire **o** + une consonne qu'on n'entend pas, une consonne **muette**.

FAMILLE DE MOTS — Vous pouvez vous aider d'un mot de la même famille pour savoir quelle est la consonne muette : gal**op** ▸ gal**oper** ; accr**oc** ▸ accr**ocher**.

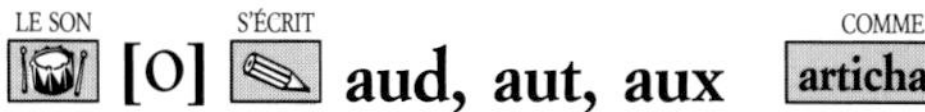

LE SON [o] S'ÉCRIT aud, aut, aux COMME artichaut

Observons ces listes :

FIN : bad**au**d, crap**au**d, réch**au**d.

FIN : artich**au**t, déf**au**t, s**au**t.

FIN : ch**au**x, t**au**x.

Nous constatons que le son [o] s'écrit **au** + une consonne **muette**, en **fin** de mot.

FAMILLE DE MOTS — Là encore, vous pouvez vous aider d'un mot de la même famille : sau**t** ▸ sau**ter**...

RETENONS

✎	[ɔ] POSITION DANS LE MOT		
	DÉBUT	INTÉRIEUR	FIN
o	**o**céan	p**o**mme	
au		P**au**l	
u(m)			alb**um**

✎	[o] POSITION DANS LE MOT		
	DÉBUT	INTÉRIEUR	FIN
o		r**o**se	pian**o**
au	**au**tomne	g**au**fre	land**au**
eau		b**eau**té	rid**eau**
ô		r**ô**ti	
o(t)			haric**ot**
o(p)			sir**op**
o(s)			d**os**
o(c)			cr**oc**
ô(t)			bient**ôt**
au(d)			crap**aud**
au(t)			artich**aut**
au(x)			t**aux**

SAVEZ-VOUS

ÉCRIRE LE SON [ã]

an

▶ Observons ces listes :

DÉBUT : **an**cien, **an**ge, **an**glais, **an**goisse, **an**tenne, **an**tique.

INTÉRIEUR : b**an**que, m**an**che, p**an**talon, tr**an**quille, vac**an**ces.

FIN : artis**an**, cadr**an**, écr**an**, océ**an**, rub**an**, volc**an**.

▶ Nous constatons que le son [ã] peut s'écrire **an** au **début**, à l'**intérieur** et à la **fin** des mots.

LE SON [ã] S'ÉCRIT **en** COMME **calendrier**

▶ Observons ces listes :

DÉBUT : **en**chanteur, **en**cre, **en**fant, **en**jeu, **en**nui, **en**quête.

INTÉRIEUR : att**en**tion, cal**en**drier, c**en**dre, c**en**tre, t**en**dre, t**en**sion.

▶ Nous constatons que le son [ã] peut s'écrire **en** au **début** et à l'**intérieur** des mots, jamais à la fin.

! Sauf dans quelques noms propres : Ca**en**, Rou**en**.

an ou **en**

▶ Observons la fin de ces mots :

-ANCE : abond**ance**, alli**ance**, dist**ance**.

-ANSE : d**anse**, p**anse**, tr**anse**.

-ENCE : abs**ence**, afflu**ence**, concurr**ence**.

-ENSE : d**ense**, dép**ense**, récomp**ense**.

-ANDE : comm**ande**, dem**ande**, guirl**ande**.

-ENDE : am**ende**, divid**ende**, lég**ende**.

-ANTE : épouv**ante**, j**ante**, soix**ante**.

-ENTE : att**ente**, f**ente**, tr**ente.**

► Nous constatons que dans les finales [ãs], [ãd] et [ãt] le son [ã] s'écrit soit **an**, soit **en**.

FAMILLE DE MOTS

Là encore, vous pouvez vous aider en pensant à rapprocher ce mot d'un autre de la même famille que vous savez écrire (da**nse** ► da**nseur**).

LE SON [ã] S'ÉCRIT **am, em** COMME **jambe**

► Observons ces listes :

AM : **am**biance, c**am**p, ch**am**pion, j**am**be.

EM : **em**barqué, **em**mené, **em**pêché, ens**em**ble, t**em**ps.

► Nous constatons que devant les consonnes : **p, b, m**, le son [ã] ne s'écrit plus **an** ou **en** mais **am** ou **em**.

LE SON
[ã]
S'ÉCRIT
ant, ent
COMME
croissant et aliment

► Observons ces listes :

ENT : abs**ent**, alim**ent**, arg**ent**, bâtim**ent**, d**ent**, équival**ent**, insol**ent**, régim**ent**, sentim**ent**, supplém**ent**, urg**ent**, vêtem**ent**.

ANT : aim**ant**, carbur**ant**, croiss**ant**, vol**ant**.

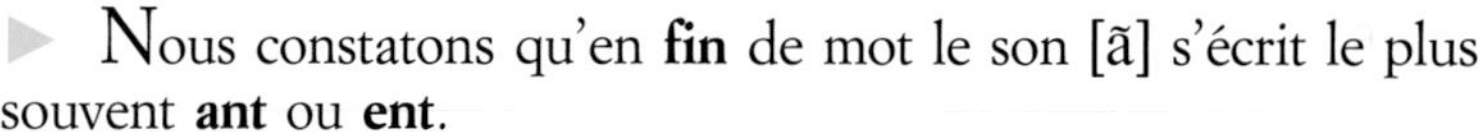

Nous constatons qu'en **fin** de mot le son [ã] s'écrit le plus souvent **ant** ou **ent**.

Observons cette liste :

courageux ▸ courageusem**ent** rapide ▸ rapidem**ent.**

Nous constatons que tous les adverbes qui se terminent par le son [mã] s'écrivent -**ment**.

Observons cette liste :

boire	▸ (en) buv**ant**	finir	▸ (en) finiss**ant**
dormir	▸ (en) dorm**ant**	lire	▸ (en) lis**ant**
écrire	▸ (en) écriv**ant**	sauter	▸ (en) saut**ant**

Nous constatons que les verbes au participe présent se terminent tous par **ant**.

HOMOPHONES l'am**an**de et l'am**en**de
je p**en**se et l'infirmière p**an**se.

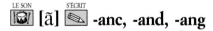

LE SON [ã] S'ÉCRIT -anc, -and, -ang COMME marchand

Observons ces listes :

-ANC : b**anc**, bl**anc**, fl**anc**.

-AND : chal**and**, flam**and**, goél**and**, march**and**.

-ANG : ét**ang**, r**ang**, s**ang**.

Nous constatons que dans ces mots le son [a] s'écrit **an** + une consonne que l'on n'entend pas, une consonne **muette**.

FAMILLE DE MOTS Connaître des mots de la même famille aide parfois à écrire correctement un mot : rang**g** ▸ rang**er** ; san**g** ▸ san**guin**...

LE SON [ã] S'ÉCRIT **aon** COMME **paon**

▶ Observons cette liste : f**aon**, p**aon**, t**aon**.

▶ Nous constatons que, dans quelques mots rares, le son [a] peut s'écrire **aon**.

RETENONS

	POSITION DANS LE MOT		
	DÉBUT	INTÉRIEUR	FIN
an	**an**tenne	l**an**gage	écr**an**
en	**en**nui	t**en**dre	
am (b, p, m)	**am**biance	j**am**be	c**am**p
em (b, p, m)	**em**barqué	ens**em**ble	
ant			croiss**ant**
ent			arg**ent**
and			march**and**
ang			ét**ang**
anc			bl**anc**
aon			f**aon**

7

SAVEZ-VOUS

ÉCRIRE LE SON [ɛ̃]

LE SON
[ɛ̃]
S'ÉCRIT
in
COMME
jardin

► Observons ces listes :

DÉBUT : **in**dividuel, **in**juste, **in**térêt.

INTÉRIEUR : ci**n**q, d**in**de, p**in**tade.

FIN : br**in**, jard**in**, mat**in**.

► Nous constatons que le son [ɛ̃] peut s'écrire **in**.
in apparaît au **début**, à **l'intérieur** et à la **fin** des mots.

! Devant **b, m** et **p** le son [ɛ̃] s'écrit **im**.

DÉBUT : **im**battable, **im**mangeable, **im**perméable.

INTÉRIEUR : l**im**pide, s**im**ple, t**im**bre.

LE SON [ɛ̃] S'ÉCRIT **en** COMME **collégien**

► Observons cette liste : aéri**en**, anci**en**, bi**en**, chi**en**, chirurgi**en**, citoy**en**, collégi**en**, combi**en**, électrici**en**, europé**en**, li**en**, lycé**en**, magici**en**, méditerrané**en**, moy**en**.

► Nous constatons, qu'à la **fin** des mots, le son [ɛ̃] s'écrit **-en** après les voyelles i, **y** et **é**.

LE SON [ɛ̃] S'ÉCRIT -ain, -ein, -aint, -eint COMME terrain

Observons ces listes :

AIN : b**ain**, gr**ain**. AINT : contr**aint**, s**aint**.
EIN : pl**ein**, s**ein**. EINT : ét**eint**, p**eint**.

Nous constatons qu'après une consonne, le son [ɛ̃] peut s'écrire : **-ain**, **-ein**, **-aint**, **-eint**.

! **ain**si.

! Un d**aim**, un ess**aim**, la f**aim**, un l**yn**x, du thy**m**.

RETENONS

✎	POSITION DANS LE MOT		
	DÉBUT	INTÉRIEUR	FIN
in	**in**juste	c**in**q	jard**in**
im (b, p, m)	**im**perméable	s**im**ple	
-en			chi**en**
ain	**ain**si	cr**ain**te	p**ain**
ein		p**ein**ture	pl**ein**
-aint		m**ain**tenant	s**aint**
-eint			ét**eint**
-aim			f**aim**
-yn, -ym		l**yn**x	th**ym**

SAVEZ-VOUS

ÉCRIRE LE SON [p]

LE SON
[p]
S'ÉCRIT
p
COMME
ampoule

► Observons ces listes :

DÉBUT : **p**age, **p**ain, **p**ile, **p**oule, **p**reuve, **p**rovince, **p**ublicité.

INTÉRIEUR : am**p**oule, é**p**ée, é**p**i, im**p**act, a**p**ogée, la**p**in, o**p**éra.

DEVANT E MUET FINAL : antilo**p**e, ca**p**e, cou**p**e, princi**p**e, ty**p**e.

FIN : ca**p**, ce**p**, cli**p**, handica**p**, ketchu**p**, scal**p**.

► Nous constatons que le son [p] peut s'écrire **p** au **début**, **à l'intérieur** et à la **fin** des mots.

- Après **é**, **am**, **im** et **om**, le son [p] s'écrit toujours **p.**
- Dans les mots commençant par la voyelle **o**, le son [p] s'écrit généralement **p**.

! sauf dans **opp**osition, **opp**ression.

LE SON
[p]
S'ÉCRIT
pp
COMME
appareil

► Observons ces listes :

INTÉRIEUR : a**pp**areil, a**pp**ort, a**pp**renti, a**pp**roche, a**pp**ui, hi**pp**ique, hi**pp**opotame, na**pp**eron, su**pp**lice.

DEVANT E MUET FINAL : écho**pp**e, envelo**pp**e, fra**pp**e, gra**pp**e, na**pp**e, tra**pp**e.

Nous constatons que le son [p] peut s'écrire **pp**.
pp n'apparaît **ni** au **début** ni à la **fin** des mots.

! Les verbes commençant par le son [ap] s'écrivent le plus souvent avec **pp** sauf :
a**p**aiser, a**p**ercevoir, a**p**itoyer, a**p**lanir, a**p**latir, a**p**eurer.

RETENONS

	POSITION DANS LE MOT			
	DÉBUT	INTÉRIEUR	DEVANT E MUET FINAL	FIN
p	**p**oule	la**p**in	sou**p**e	ca**p**
pp		a**pp**ui	na**pp**e	

SAVEZ-VOUS

ÉCRIRE LE SON [t]

LE SON 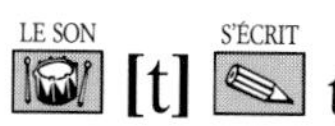 [t] S'ÉCRIT 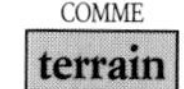 **t** COMME **terrain**

► Observons ces listes :

DÉBUT : **t**abac, **t**able, **t**echnique, **t**errain, **t**résor.

INTÉRIEUR : a**t**elier, é**t**anche, i**t**inéraire, o**t**age, o**t**ite.

DEVANT E MUET FINAL : aroma**t**e, crava**t**e, dispu**t**e, no**t**e, pilo**t**e.

FIN : aoû**t**, bu**t**, grani**t**, mazou**t**, scou**t**.

► Nous constatons que le son [t] peut s'écrire **t** au **début**, à l'**intérieur** et à la **fin** des mots.

LE SON [t] S'ÉCRIT **(c , p , s) + t** COMME **ouest**

► Observons ces listes :

-CT : compa**ct**, conta**ct**, corre**ct**, dire**ct**.

-PT : abru**pt**, conce**pt**, ra**pt**.

-ST : e**st**, oue**st**, te**st**, toa**st**.

► Nous constatons qu'en **fin** de mot, la lettre **t** est souvent précédée d'une autre consonne.

▶ Observons ces listes :

INTÉRIEUR : a**tt**achant, a**tt**aque, a**tt**ente, a**tt**itude, a**tt**raction, a**tt**ribut, confe**tt**i, fla**tt**erie, flo**tt**aison, bague**tt**e, le**tt**re, lu**tt**eur, ne**tt**eté, ne**tt**oyage, pi**tt**oresque, qui**tt**ance, so**tt**ise.

DEVANT E MUET FINAL :

-atte : cha**tt**e, na**tt**e.
-otte : bisco**tt**e, caro**tt**e, flo**tt**e.
-ette : assie**tt**e, bague**tt**e, banque**tt**e, clarine**tt**e, gale**tt**e, omele**tt**e, toile**tt**e.

▶ Nous constatons que le son [t] peut s'écrire **tt**, le plus souvent entre deux voyelles et dans les mots suivants :
a**tt**raction, a**tt**rait, a**tt**ribut, a**tt**roupement.

! Dans *watt*, on trouve **tt** en fin de mot.
Le **t** est muet dans les mots suivants :
aspec**t**, exemp**t**, irrespec**t**, promp**t**, respec**t**, suspec**t**.

FAMILLE DE MOTS

Pour ne pas vous tromper, pensez à un mot de la même famille :
respe**ct** ▸ respe**ct**able ; suspe**ct** ▸ suspe**ct**er.

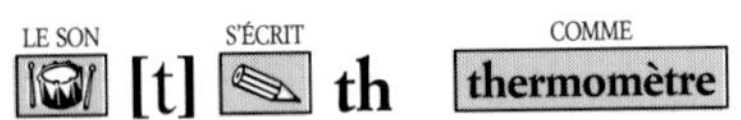

▶ Observons ces listes :

DÉBUT : **th**éâtre, **th**ème, **th**éorie, **th**ermique, **th**ermomètre, **th**èse, **th**orax, **th**ym.

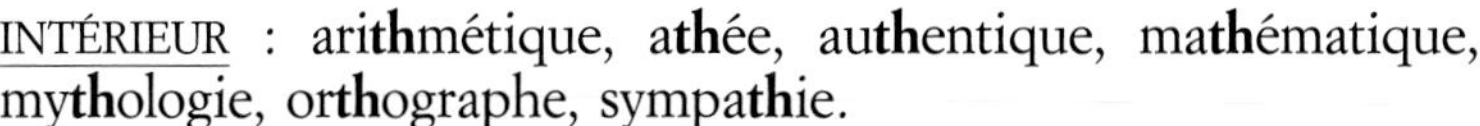

INTÉRIEUR : ari**th**métique, a**th**ée, au**th**entique, ma**th**ématique, my**th**ologie, or**th**ographe, sympa**th**ie.

DEVANT E MUET FINAL : homéopa**th**e, psychopa**th**e.

FIN : bismu**th**, lu**th**, zéni**th**.

► Nous constatons que le son [t] peut s'écrire **th**. **th** peut se trouver au **début**, à l'**intérieur** des mots, plus rarement à la **fin**.

ÉTYMOLOGIE **th** représente souvent une lettre grecque. On le trouve dans des mots d'origine grecque.

RETENONS

✎	POSITION DANS LE MOT			
	DÉBUT	INTÉRIEUR	DEVANT E MUET FINAL	FIN
t	**t**able	a**t**elier	pilo**t**e	bu**t**, oues**t**
tt		le**tt**re	caro**tt**e	wa**tt**
th	**th**éâtre	or**th**ographe	homéopa**th**e	lu**th**

10

SAVEZ-VOUS

ÉCRIRE LE SON [k]

Observons ces listes :

DÉBUT : **c**abine, **c**adeau, **c**olère, **c**ombat, **c**ube, **c**ulotte.

INTÉRIEUR : a**c**acia, a**c**ajou, bi**c**orne, é**c**orce, sa**c**oche, va**c**arme.

FIN : ave**c**, cho**c**, la**c**, pi**c**, plasti**c**, trafi**c**.

Nous constatons que le son [k] peut s'écrire **c** devant les voyelles **a, o, u**, au **début** et à l'**intérieur** des mots ; après n'importe quelle voyelle, en **fin** de mot.

Observons ces listes :

DÉBUT : **qu**ai, **qu**and, **qu**estion, **qu**i, **qu**oi, **qu**otidien.

INTÉRIEUR : atta**qu**ant, bri**qu**et, pa**qu**et, pi**qu**ant, remar**qu**able.

DEVANT E MUET FINAL : biblioth**è**que, co**qu**e, dis**qu**e.

Nous constatons que le son [k] s'écrit très fréquemment **qu**. La lettre **q** est toujours suivie de **u** sauf à la fin de quelques mots : cin**q**, co**q**.

LE SON
[k]
S'ÉCRIT
cc
COMME
occasion

Observons cette liste :

INTÉRIEUR : a**cc**ablement, a**cc**lamation, a**cc**ord, a**cc**roc, a**cc**roissement, a**cc**ru, ba**cc**alauréat, o**cc**asion, sa**cc**ade.

Nous constatons que le son [k] peut s'écrire **cc** à l'**intérieur** des mots devant **a, o, u, l, r**.

! Le groupe **cc**, suivi des voyelles **i, e, é** et **è**, se prononce [k + s] : a**cc**ent, a**cc**ès, co**cc**inelle, su**cc**ès, va**cc**in.

LE SON
[k]
S'ÉCRIT
k
COMME
kangourou

Observons ces listes :

DÉBUT : **k**aki, **k**angourou, **k**épi, **k**ermesse, **k**ilo, **k**imono, **k**iosque.

INTÉRIEUR : an**k**ylose, mo**k**a.

FIN : anora**k**, loo**k**.

Nous constatons qu'on trouve la lettre **k** dans un petit nombre de mots, souvent d'**origine étrangère**.

LE SON
[k]
S'ÉCRIT
ch
COMME
orchestre

Observons ces listes :

DÉBUT : **ch**aos, **ch**lore, **ch**oléra, **ch**orale, **ch**rome, **ch**rysalide.

INTÉRIEUR : é**ch**o, or**ch**estre, or**ch**idée.

Nous constatons que le son [k] peut également s'écrire **ch**.

ÉTYMOLOGIE Ces mots viennent du grec.

LE SON
[k]
S'ÉCRIT
ck
COMME
cocker

Observons ces listes :

INTÉRIEUR : co**ck**er, co**ck**tail, jo**ck**ey, ti**ck**et.

FIN : bifte**ck**, sto**ck**.

Nous constatons que le son [k] peut s'écrire **ck**.

LE SON
[k]
S'ÉCRIT
cqu
COMME
grecque

Observons cette liste : a**cqu**isition, a**cqu**ittement, gre**cqu**e.

Nous constatons que le son [k] peut s'écrire **cqu**.

RETENONS

✎	POSITION DANS LE MOT			
	DÉBUT	INTÉRIEUR	DEVANT E MUET FINAL	FIN
c	**c**adeau	é**c**orce		cho**c**
qu	**qu**ai	pa**qu**et	dis**qu**e	co**q**
cc		a**cc**ord		
k	**k**ilo	mo**k**a		anora**k**
ch	**ch**orale	é**ch**o		almana**ch**
ck		jo**ck**ey		bifte**ck**
cqu		a**cqu**it	gre**cqu**e	

SAVEZ-VOUS
ÉCRIRE LE SON [g]

LE SON
[g]
S'ÉCRIT
g
COMME
garage

Observons ces listes :

DÉBUT : **g**adget, **g**ai, **g**arage, **g**lace, **g**lu, **g**oal, **g**oût, **g**ras, **g**rave, **g**rotte.

INTÉRIEUR : a**g**randissement, ba**g**arre, fi**g**ure, ra**g**oût, rè**g**le.

FIN : gro**g**, ga**g**.

Nous constatons que le son [g] s'écrit **g** devant **a, o, u, l** et **r**. On trouve **g** au **début**, à l'**intérieur** et à la **fin** des mots.

LE SON
[g]
S'ÉCRIT
gu
COMME
guitare

Observons ces listes :

DÉBUT : **gu**é, **gu**êpe, **gu**ère, **gu**érison, **gu**erre, **gu**eule, **gu**ide, **gu**ignol, **gu**itare.

INTÉRIEUR : ai**gu**ille, ba**gu**ette, fi**gu**ier.

DEVANT E MUET FINAL : ba**gu**e, catalo**gu**e, di**gu**e, lan**gu**e, monolo**gu**e, va**gu**e.

Nous constatons que le son [g] doit s'écrire **gu** devant **e, ê, é, i** et **y**. Sinon, la lettre g se prononcerait [ʒ].
On trouve **gu** au **début**, à l'**intérieur** et devant un **e muet final**.

! Attention au tréma : aigu ▸ aiguë ; ambigu ▸ ambiguë ▸ ambiguïté ; contigu ▸ contiguë ▸ contiguïté ; exigu ▸ exiguë ▸ exiguïté.

Observons cette liste : a**gg**lomération, a**gg**lutiné, a**gg**ravation, jo**gg**ing.

Nous constatons que le son [g] s'écrit très rarement -**gg**, et uniquement à l'**intérieur** des mots.

RETENONS

✎	POSITION DANS LE MOT			
	DÉBUT	INTÉRIEUR	DEVANT E MUET FINAL	FIN
g	**g**lace	fi**g**ure		ga**g**
gu	**gu**itare	ai**gu**ille	lan**gue**	
gg		a**gg**ravation		

SAVEZ-VOUS
ÉCRIRE LE SON [f]

Observons ces listes :

DÉBUT : fantassin, fantôme, farine, femme, filtre, fin.

INTÉRIEUR : africain, défaite, gaufre, gifle, infâme, plafond.

DEVANT E MUET FINAL : agrafe, carafe, girafe.

FIN : bœuf, chef, massif, neuf, œuf, relief, soif.

Nous constatons que le son [f] peut s'écrire **f** au **début**, à l'**intérieur** et à la **fin** des mots.
La finale **-tif** permet de former de nombreux adjectifs masculins : audi**tif** ▸ audi**tive** ; fugi**tif** ▸ fugi**tive** ; défini**tif** ▸ défini**tive** ; posi**tif** ▸ posi**tive**.

Observons ces listes :

INTÉRIEUR : a**ff**aire, a**ff**ection, a**ff**luent, a**ff**reux, chi**ff**on, chi**ff**re, co**ff**re, e**ff**ort, gou**ff**re, o**ff**ense, sou**ff**le, su**ff**isant.

DEVANT E MUET FINAL : coi**ff**e, éto**ff**e, gri**ff**e, tou**ff**e, tru**ff**e.

Nous constatons que le son [f] peut s'écrire **-ff** à l'**intérieur** des mots et devant un **e muet final**.

▶ Observons ces listes :

DÉBUT : **ph**alange, **ph**armacie, **ph**rase, **ph**ysique.

INTÉRIEUR : am**ph**ore, géogra**ph**ie, magnéto**ph**one, télé**ph**one.

DEVANT E MUET FINAL : autogra**phe**, catastro**phe**, orthogra**phe**, triom**phe**.

▶ Nous constatons que le son [f] peut s'écrire **ph** au **début**, à l'**intérieur** des mots et devant un **e muet final**.

ÉTYMOLOGIE Ces mots sont d'origine grecque (par exemple : **autographe**, de *auto*, soi-même et *graphe*, écrire).

RETENONS

✎	POSITION DANS LE MOT			
	DÉBUT	INTÉRIEUR	DEVANT « E » MUET FINAL	FIN
f	fantôme	profond	gira**f**e	soi**f**
ff		co**ff**re	tou**ff**e	blu**ff**
ph	**ph**rase	saxo**ph**one	catastro**phe**	

SAVEZ-VOUS

ÉCRIRE LE SON [s]

LE SON  [s] S'ÉCRIT  **s** COMME 

▶ Observons ces listes :

DÉBUT : **s**alade, **s**irop, **s**oleil, **s**tatue, **s**ûreté.

INTÉRIEUR : ab**s**olu, chan**s**on, ob**s**tacle.

DEVANT E MUET FINAL : bour**s**e, cour**s**e, dépen**s**e, répon**s**e, tor**s**e.

FIN : a**s**, bu**s**, cactu**s**, maï**s**, sen**s**.

▶ Nous constatons que le son [s] peut s'écrire **s** au **début**, **à l'intérieur** et à la **fin** des mots.

▶ Observons ces deux listes :

LISTE 1 : ca**s**ino, glai**s**e, ro**s**e.

LISTE 2 : contre**s**ens, para**s**ol.

▶ Nous constatons que dans la liste **1**, la lettre **s**, entre deux voyelles, se prononce [z] (voir p. 236). C'est le cas le plus fréquent.
Dans la liste **2**, la lettre **s** se prononce [s], car il s'agit de mots composés d'un préfixe et d'un radical (*para / sol*) ou de deux radicaux (*contre / sens*).

LE SON
[s]
S'ÉCRIT
x
COMME
soixante

▶ Observons ces mots : di**x**, si**x**, soi**x**ante.

▶ Nous constatons que le son [s] peut s'écrire **x**.

! di**x** francs ; si**x** francs ▸ **x** ne se prononce pas. di**x** enfants ; si**x** œufs ▸ **x** se prononce [z].

LE SON
[s]
S'ÉCRIT
c
COMME
merci

▶ Observons ces listes :

DÉBUT : **c**eci, **c**èdre, **c**igare, **c**ycle.

INTÉRIEUR : an**c**être, con**c**ert, mer**c**i, so**c**ial.

DEVANT E MUET FINAL : auda**c**e, capri**c**e, dou**c**e, féro**c**e, pou**c**e, sau**c**e.

▶ Nous constatons que le son [s] peut s'écrire **c** au **début** des mots, à l'**intérieur**, devant les voyelles **e, é, ê, i** et **y** et à la **fin** des mots devant un **e muet final**.

LE SON
[s]
S'ÉCRIT
ç
COMME
leçon

▶ Observons ces listes :

DÉBUT : **ç**a.

INTÉRIEUR : dé**ç**u, fa**ç**ade, le**ç**on, ma**ç**on, re**ç**u, tron**ç**on.

▶ Nous constatons que le son [s] peut s'écrire ç au **début** et à l'**intérieur** des mots devant les voyelles **a, o, u**.

LE SON
[s]
S'ÉCRIT
ss
COMME
poisson

▶ Observons ces listes :

INTÉRIEUR : boi**ss**on, e**ss**ai, i**ss**ue, moi**ss**on, poi**ss**on, ti**ss**u.

FIN : stre**ss**.

▶ Nous constatons que le son [s] s'écrit **ss** entre deux voyelles. On trouve très rarement **ss** à la fin des mots.

sse ou **ce**

▶ Observons ces mots qui se terminent par le son :

-ASSE : crev**asse**, imp**asse**.	-ACE : effic**ace**, r**ace**.
-ISSE : écrev**isse**, sauc**isse**.	-ICE : bénéf**ice**, capr**ice**.
-OSSE : b**osse**, br**osse**.	-OCE : atr**oce**, fér**oce**.
-ESSE : adr**esse**, gentill**esse**.	-ÈCE : Gr**èce**, ni**èce**.
-OUSSE : br**ousse**, sec**ousse**.	-OUCE : d**ouce**, p**ouce**.
-USSE : r**usse**.	-UCE : ast**uce**, p**uce**.
-AUSSE : f**ausse**.	-AUCE : s**auce**.

▶ Nous constatons qu'à la fin des mots, devant un **e muet final**, le son [s] peut s'écrire **ss** ou **c**.

FAMILLE DE MOTS — Là encore, il peut être intéressant de rapprocher le mot d'un autre mot de sa famille.

LE SON
[s]
S'ÉCRIT
sc
COMME
science

▶ Observons ces listes :

DÉBUT : **sc**énario, **sc**ène, **sc**eptre, **sc**ie, **sc**ience, **sc**ientifique.

INTÉRIEUR : adole**sc**ent, con**sc**ient, di**sc**ipline, pi**sc**ine.

Nous constatons que le son [s] peut s'écrire **sc**. On trouve **sc** au **début** et à l'**intérieur** des mots devant les voyelles **e, è, ê, i, y**.

Observons cette liste :
aristocra**tie**, démocra**tie**, minu**tie**, péripé**tie**, idio**tie**.

Nous constatons que le son [s] peut s'écrire **t** dans des mots terminés par **-tie**.

FAMILLE DE MOTS — Pour ne pas vous tromper, pensez :
démocra**t**e ▸ démocra**tie**.

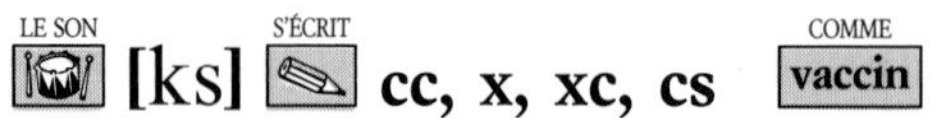

LE SON
[ks]
S'ÉCRIT
cc, x, xc, cs
COMME
vaccin

Observons ces listes :

-CC : a**cc**ès, su**cc**ès, su**cc**inct, va**cc**in.

-X : a**x**e, gala**x**ie, sa**x**ophone, se**x**e, ve**x**ant, téle**x**.

-XC : e**xc**ellent, e**xc**ès, e**xc**itation.

-CS : to**cs**in.

Nous constatons que le son composé [ks] peut s'écrire **cc, x, xc, cs**. On trouve ces consonnes à l'**intérieur** des mots.

RETENONS

✎	POSITION DANS LE MOT			
	DÉBUT	INTÉRIEUR	DEVANT E MUET FINAL	FIN
s	**s**oleil	chan**s**on	répon**se**	cactu**s**
c	**c**endre	con**c**ert	pou**ce**	
ç	**ç**a	ma**ç**on		
ss		boi**ss**on	adre**sse**	stre**ss**
sc	**sc**ène	pi**sc**ine		
t(ie)		démocra**t**ie		

Retenons toutes les façons d'écrire le son [ks].

✎	POSITION DANS LE MOT			
	DÉBUT	INTÉRIEUR	DEVANT E MUET FINAL	FIN
cc		a**cc**ès		
x		gala**x**ie	a**xe**	téle**x**
xc		e**xc**ellent		
cs		to**cs**in		

SAVEZ-VOUS

ÉCRIRE LE SON [z]

▶ Observons ces listes :

DÉBUT : **z**èbre, **z**éro, **z**one, **z**oo.

INTÉRIEUR : a**z**ur, ba**z**ar, bi**z**arre, di**z**aine, ga**z**elle, ga**z**on, hori**z**on, ri**z**ière.

DEVANT E MUET FINAL : bron**z**e, dou**z**e, ga**z**e, on**z**e, quator**z**e, quin**z**e, sei**z**e, trei**z**e.

FIN : ga**z**.

▶ Nous constatons que le son [z] peut s'écrire **z** au **début**, à l'**intérieur** et à la **fin** des mots.

▶ Observons ces listes :

INTÉRIEUR : cou**s**in, mu**s**ée, pay**s**age, poi**s**on, sai**s**on, vi**s**age.

DEVANT E MUET FINAL : bi**s**e, bu**s**e, ru**s**e.

▶ Nous constatons que le son [z] peut s'écrire **s** entre deux voyelles.

Observons cette liste : chant**eur** ▸ chant**euse** ; vend**eur** ▸ vend**euse** ; moqu**eur** ▸ moqu**euse** ; audaci**eux** ▸ audaci**euse**.

Nous constatons que la finale **euse** permet de former le féminin des noms et des adjectifs en **eur** et **eux**.

LE SON
[z]
S'ÉCRIT
x
COMME
dixième

Observons cette liste : deu**x**ième, di**x**ième, si**x**ième, di**x**-huit, di**x**-neuf, di**x** ans, si**x** hommes.

Nous constatons que le son [z] peut s'écrire **x**. Devant une **voyelle** ou un **h** muet, la lettre **x** se prononce [z].

LE SON
[z]
S'ÉCRIT
zz
COMME
jazz

Il est très rare de trouver le son [z] écrit **zz** : gri**zz**li, ja**zz**.

RETENONS

✎	POSITION DANS LE MOT			
	DÉBUT	INTÉRIEUR	DEVANT E MUET FINAL	FIN
z	**z**éro	lé**z**ard	on**z**e	ga**z**
s		pay**s**age	chanteu**s**e	
x		di**x**ième		di**x** ans
zz		gri**zz**li		ja**zz**

SAVEZ-VOUS
ÉCRIRE LE SON [ʒ]

LE SON
[ʒ]
S'ÉCRIT
j
COMME
jambon

Observons ces listes :

DÉBUT : **j**adis, **j**aloux, **j**ambon, **j**aponais, **j**eu, **j**eune, **j**ockey, **j**oie.

INTÉRIEUR : ad**j**ectif, ad**j**oint, bi**j**ou, con**j**onction, en**j**eu, in**j**ure, ob**j**et, su**j**et.

Dans la plupart des mots d'origine anglaise, **j** se prononce [dʒ] : **j**azz, **j**ean, **j**eep, **j**ogging.

LE SON
[ʒ]
S'ÉCRIT
g
COMME
aubergine

Observons ces listes :

DÉBUT : **gé**ant, **ge**ndarme, **ge**ntil, **gi**bier, **gi**got, **gî**te, **gy**pse.

INTÉRIEUR : an**gi**ne, auber**gi**ne, indi**gè**ne, ori**gi**ne, oxy**gè**ne, sans-**gê**ne.

DEVANT E MUET FINAL : baga**ge**, collè**ge**, dépanna**ge**, gara**ge**, manè**ge**, mar**ge**, maria**ge**, ména**ge**, nei**ge**, piè**ge**, siè**ge**, tira**ge**.

Nous constatons que le son [ʒ] peut s'écrire **j** devant n'importe quelle voyelle et **g** devant **e, é, è, ê, i** ou **y**.

LE SON
[ʒ]
S'ÉCRIT
ge
COMME
pigeon

Observons ces listes :

DÉBUT : **ge**ai, **ge**ôle.

INTÉRIEUR : bou**ge**oir, bour**ge**on, oran**ge**ade, pi**ge**on, plon**ge**on.

Nous constatons que pour obtenir le son [ʒ] devant les voyelles **a, o** et **u**, il faut que la lettre **g** soit suivie d'un **e**.

! Les verbes terminés par **-ger** présentent de nombreuses formes comportant **ge** ▸ je na**ge**ais ; je na**ge**ai ; il na**ge**a ; nous na**ge**ons ; en na**ge**ant (voir *l'orthographe des verbes,* p. 268).

RETENONS

✎	POSITION DANS LE MOT			
	DÉBUT	INTÉRIEUR	DEVANT E MUET FINAL	FIN
j	**j**ouet	ob**j**et		
g	**g**irafe	ori**g**ine	manè**g**e	
ge	**ge**ai	plon**ge**on je na**ge**ai		

SAVEZ-VOUS

ÉCRIRE LE SON [r]

Observons ces listes :

DÉBUT : **r**acine, **r**adio, **r**ail, **r**écit, **r**écolte, **r**ivage, **r**oue, **r**ue.
INTÉRIEUR : ca**r**otte, di**r**ect, fé**r**oce, inté**r**êt, i**r**onie, pa**r**ole, sou**r**is.
DEVANT E MUET FINAL : ava**r**e, bordu**r**e, empi**r**e, heu**r**e.
FIN :
-AR : b**ar**, c**ar**, nénuph**ar**.
-ER : ch**er**, hiv**er**, v**er**.
-IR : dés**ir**, plais**ir**, t**ir**.
-AIR : écl**air**, imp**air**.
-OR : cast**or**, trés**or**.
-UR : fut**ur**, m**ur**, s**ur**.
-OUR : f**our**, tamb**our**.
-EUR : blanch**eur**, voyag**eur**.

Nous constatons que le son [r] peut s'écrire **r**, au **début**, **à l'intérieur** et à la **fin** des mots.

Observons ces listes :

INTÉRIEUR : ama**rr**age, a**rr**angement, a**rr**ière, a**rr**osoir, co**rr**ect, co**rr**ida, déba**rr**as, de**rr**ière, e**rr**eur, fou**rr**ure, ho**rr**ible, i**rr**itable, te**rr**ible, to**rr**ent, to**rr**ide, ve**rr**ou.
DEVANT E MUET FINAL : ama**rr**e, baga**rr**e, biza**rr**e, se**rr**e.

Nous constatons que le son [r] peut s'écrire **rr**.
rr n'apparaît qu'à l'**intérieur** des mots et devant **e muet final**.

Observons ces mots : **rh**inocéros, **rh**ume.

Nous constatons que le son [r] peut s'écrire **rh**.
rh n'apparaît qu'au **début** des mots.

LE SON [r] S'ÉCRIT r + consonnes muettes COMME canard

Observons ces listes :

-RD : acco**rd**, bo**rd**, brouilla**rd**, cana**rd**, lou**rd**, reco**rd**.
-RS : alo**rs**, concou**rs**, discou**rs**, dive**rs**, velou**rs**, ve**rs**.
-RT : a**rt**, conce**rt**, confo**rt**, dépa**rt**, effo**rt**, to**rt**.

Nous constatons que de nombreux mots se terminent par **r** suivi d'une consonne muette.

RETENONS

	POSITION DANS LE MOT			
	DÉBUT	INTÉRIEUR	DEVANT E MUET FINAL	FIN
r	**r**ue	pa**r**ole	heu**re**	déco**r**
rr		to**rr**ent	baga**rre**	
rh	**rh**ume			
-r(d, s, t)				dépa**rt**

SAVEZ-VOUS

ÉCRIRE LE SON [wa]

LE SON [wa] S'ÉCRIT **oi** COMME **oiseau**

► Observons ces listes :

DÉBUT : **oi**seau, **oi**seleur, **oi**sif.

INTÉRIEUR : b**oi**sson, p**oi**gnée, s**oi**rée.

FIN : l**oi**, m**oi**, qu**oi**.

► Nous constatons que le son [wa] s'écrit le plus souvent **oi**.

LE SON [wa] S'ÉCRIT **oy** COMME **voyage**

► Observons cette liste : m**oy**en, n**oy**ade, r**oy**al, r**oy**aume.

► Nous constatons qu'à l'**intérieur** des mots, on trouve aussi la graphie **oy**. **oy** est toujours suivi d'une voyelle.

LE SON [wa] S'ÉCRIT **oie, ois, oit, oix, oid, oids** COMME 

► Observons ces listes :

-OIE : f**oie**, j**oie**, **oie**, v**oie**.

-OIS : b**ois**, cham**ois**, f**ois**.

-OIT : adr**oit**, endr**oit**, étr**oit**.

-OIX : cr**oix**, n**oix**, v**oix**.

-OID : fr**oid**.

-OIDS : p**oids**.

▶ Nous constatons que le son [wa] s'écrit souvent **oi** suivi d'un **e muet** ou d'une **consonne muette**, à la **fin** des mots.

HOMOPHONES Vous constaterez, en lisant le chapitre *Homophones*, p. 307, que de nombreux mots ne se distinguent que par la dernière lettre :
- foi, foie, fois.
- toi, toit.
- crois, croit, croît, croix.
- voie, vois, voit, voix.
- moi, mois.

! **wa**ter (wc), **wa**tt.

RETENONS

✎	POSITION DANS LE MOT		
	DÉBUT	INTÉRIEUR	FIN
oi	**oi**seau	s**oi**rée	m**oi**
oy		v**oy**age	
oi(e) **oi(s)** **oi(t)** **oi(x)** **oi(d)** **oi(ds)**			j**oi**e autref**ois** t**oit** n**oix** fr**oid** p**oids**
wa	**wa**tt		

18

SAVEZ-VOUS

ÉCRIRE LE SON [wɛ̃]

LE SON [wɛ̃] S'ÉCRIT **oin, ouin, oint, oing** COMME **témoin**

▶ Observons ces listes :

-OIN : bes**oin**, c**oin**, f**oin**, gr**oin**, l**oin**, tém**oin**.
-OUIN : mars**ouin**, ping**ouin**.
-OINT : adj**oint**, app**oint**, j**oint**, p**oint**.
-OING : c**oing**, p**oing.**

▶ Nous constatons qu'il existe plusieurs façons d'écrire le son [wɛ̃], à la **fin** des mots : **oin, ouin, oint, oing**.

! N'oubliez pas la conjugaison des verbes en **-oindre** : je **joins** ; il **joint**.

RETENONS

✎	POSITION DANS LE MOT		
	DÉBUT	INTÉRIEUR	FIN
oin		p**oin**te	c**oin**
ouin			ping**ouin**
oint			p**oint**
oing			c**oing**

SAVEZ-VOUS

RECONNAÎTRE LES LETTRES MUETTES

Observons ces listes :

– oi**e**, crai**e**, jou**e**.
– **h**aricot, **h**orloge, **h**uile.
– bra**s**, li**t**, pie**d**.

Nous constatons que ces mots ont tous un point commun : une lettre écrite en gras qu'on n'entend pas quand on les prononce : le **e** de oi**e**, crai**e** et jou**e** ; le **h** de **h**aricot, **h**orloge et **h**uile ; le **s** de bra**s**, le **t** de li**t**, le **d** de pie**d**...
Certaines lettres peuvent être **muettes** dans les mots...

E MUET

e muet APPARAÎT 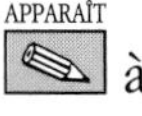 à l'intérieur des mots COMME 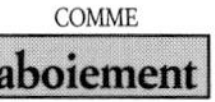

Observons cette liste :

remercier	▸ remerci**e**ment	éternuer	▸ éternu**e**ment
payer	▸ pai**e**ment	se dévouer	▸ dévou**e**ment

Nous constatons qu'on trouve un **e muet** à l'**intérieur** de noms formés sur des verbes terminés par :
-ier ▸ **ie** (balbut**ie**ment, remerci**e**ment) ; **-yer** ▸ **-ie** (aboi**e**ment, pai**e**ment) ; **-uer** ▸ **ue** (éternu**e**ment, tu**e**rie) ; **-ouer** ▸ **oue** (dénou**e**ment, dévou**e**ment).

e muet APPARAÎT à la fin des mots COMME **bougie**

Observons ces listes :

-IE : bougi**e**, librairi**e**, prairi**e**, écuri**e**, modesti**e**, superfici**e**, pharmaci**e**.
-AIE : b**aie**, cr**aie**, monn**aie**, pl**aie**, r**aie**.
-UE : aven**ue**, bienven**ue**, étend**ue**, r**ue**, ten**ue**.
-OIE : **joie**, **oie**, pr**oie**, s**oie**, v**oie**.
-OUE : **joue**, m**oue**, r**oue**.
-EUE : banli**eue**, li**eue**, qu**eue**.

Nous constatons que la plupart des noms féminins qui ne se terminent pas par une consonne prennent un **e muet final**.

e muet APPARAÎT dans les finales en **-re** COMME **anniversaire**

Observons ces listes :

NOMS MASCULINS EN -OIRE : audit**oire**, laborat**oire**, territ**oire**.
NOMS MASCULINS EN -AIRE : annivers**aire**, estu**aire**, sal**aire**.
NOMS FÉMININS EN -OIRE : baign**oire**, balanç**oire**, hist**oire**.
NOMS FÉMININS EN -AIRE : mol**aire**.

Nous constatons que les noms terminés en **-oire** et en **-aire** sont masculins ou féminins.

! De même, les **adjectifs** terminés par **-oire** et **-aire** s'écrivent de la même façon au masculin et au féminin : un essai nucléaire ▸ une centrale nucléaire ; un ours polaire ▸ l'étoile polaire.

-OIRE : illus**oire**, mérit**oire**, provis**oire**, respirat**oire**.
-AIRE : aliment**aire**, nuclé**aire**, pol**aire**, sol**aire**, volont**aire**.

e muet APPARAIT dans d'autres finales en **-re** COMME **carnivore**

► Observons ces listes :

-URE : capt**ure**, coiff**ure**, mes**ure**, murm**ure**, ord**ure**, pel**ure**.
-ORE : carniv**ore**, fl**ore**, folkl**ore**, incol**ore**, omniv**ore**.
-IRE : emp**ire**, nav**ire**, p**ire**, r**ire**, sour**ire**, tirel**ire**.
-ARE : fanf**are**, g**are**, guit**are**, m**are**, ph**are**, r**are**.
-AURE : dinos**aure**.

► Nous constatons que les mots terminés par la finale **-re** peuvent être aussi bien **féminins** que **masculins** :
une mesure / **un** murmure ; **une** guitare / **un** phare...

RETENONS

✎	POSITION DANS LE MOT		
	DÉBUT	INTÉRIEUR	FIN
-(i)e **-(ai)e** **-(u)e** **-(ou)e** **-(oi)e** **-(eu)e**		sci**e**rie pai**e**ment éternu**e**ment dévou**e**ment aboi**e**ment	librairi**e** monnai**e** avenu**e** rou**e** joi**e** queu**e**
-(oir)e **-(air)e** **-(ur)e** **-(or)e** **-(ir)e** **-(ar)e** **-(aur)e**		 pur**e**té tir**e**lire par**e**-brise	laboratoir**e** anniversair**e** coiffur**e** carnivor**e** empir**e** mar**e** dinosaur**e**

LES CONSONNES MUETTES

► Observons cette liste : **h**omme, **h**aricot, bra**s**, acha**t**, choi**x**, ni**d**, beaucou**p**, blan**c**, coin**g**, plom**b**.

► Nous constatons qu'on trouve les **consonnes muettes** le plus souvent à la **fin** des mots. Seul le **h muet** peut apparaître en **début** de mot.

h muet [APPARAÎT] au début des mots [COMME] **haricot**

► Observons cette liste :

DÉBUT : **h**abit, **h**abitation, **h**abitude, **h**ameau, **h**andicap, **h**angar, **h**aricot, **h**aute, **h**ématome, **h**éroïque, **h**eure, **h**eureuse, **h**ippodrome, **h**iver, **h**orizon, **h**orrible, **h**uître, **h**umide, **h**ydravion, **h**ôtel, **h**ypermarché, **h**ypocrite, **h**ypoténuse, **h**ypothèse.

► Nous constatons que **les mots commençant par** [a], [â], [e], [œ], [i], [ɔ], [o], peuvent s'écrire avec un **h muet**.

► Observons cette liste :

INTÉRIEUR : a**h**uri, bon**h**eur, co**h**ue, éba**h**i, enva**h**i, ex**h**ibition, gentil**h**omme, in**h**abité, in**h**abituel, in**h**umain, mal**h**onnête, men**h**ir, pré**h**istoire, mal**h**eur, vé**h**icule, tra**h**ison, sil**h**ouette, da**h**lia.

► Nous constatons qu'**à l'intérieur des mots**, **h** permet d'éviter la rencontre de deux voyelles.

s muet (APPARAÎT) à la fin des mots (COMME) 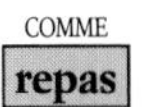 **repas**

Observons cette liste :

FIN : bra**s**, fraca**s**, lila**s**, matela**s**, repa**s**, autrefoi**s**, bourgeoi**s**, foi**s**, moi**s**, quelquefoi**s**, avi**s**, brebi**s**, coli**s**, pui**s**, souri**s**, anglai**s**, jamai**s**, mai**s**, marai**s**, relai**s**, do**s**, enclo**s**, héro**s**, propo**s**, repo**s**, abu**s**, ju**s**, obu**s**, refu**s**, talu**s**.

Nous constatons que la plupart des mots terminés par un **s muet** sont **masculins sauf** : la brebi**s**, une foi**s**, la souri**s**.

! Les mots terminés par **s** au singulier sont invariables : le repa**s**, les repa**s**.

! Le **s muet final** peut apparaître après une consonne dans : ailleur**s**, corp**s**, diver**s**, poid**s**, temp**s**, velour**s**, volontier**s**.

t muet (APPARAÎT) à la fin des mots après une voyelle (COMME) 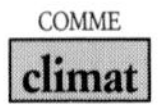 **climat**

Observons ces listes :

-ET : mul**et**, val**et**.

-AT : ach**at**, clim**at**, pl**at**, résult**at**, syndic**at**.

-IT : appét**it**, circu**it**, fru**it**, l**it**, nu**it**.

-OT : arg**ot**, escarg**ot**, rob**ot**, sab**ot**, tric**ot**.

-AUT : artich**aut**, ass**aut**, déf**aut**, s**aut**, surs**aut**.

-OIT : adr**oit**, détr**oit**, endr**oit**, expl**oit**, t**oit**.

-UT : bah**ut**, chah**ut**, déb**ut**, stat**ut**, trib**ut**.

-OUT : b**out**, ég**out**, part**out**, surt**out**, t**out**.

Nous constatons qu'en **fin** de mot, après les voyelles **a, e, i, o, u**, on peut trouver un **t muet**.

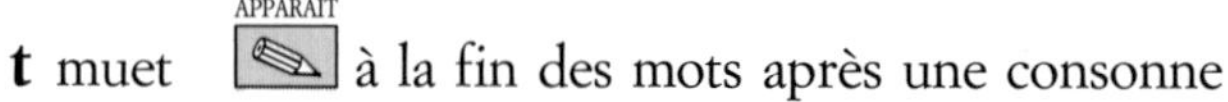

t muet (APPARAÎT) à la fin des mots après une consonne (COMME **départ**)

► Observons ces listes :

-ART : **art**, dép**art**, éc**art**, remp**art**. -ERT : conc**ert**, dés**ert**, dess**ert**, transf**ert**. -ORT : conf**ort**, eff**ort**, supp**ort**, t**ort**.

! Le **t muet final** peut apparaître après une autre consonne muette : aspe**ct**, prom**pt**, respe**ct**, suspe**ct**.

x muet (APPARAÎT) à la fin des mots (COMME **perdrix**)

► Observons cette liste : choi**x**, croi**x**, deu**x**, épou**x**, fau**x**, hou**x**, noi**x**, pai**x**, perdri**x**, pri**x**, tou**x**, voi**x**.

! Les mots terminés par **x** au singulier sont **invariables** : le pri**x** ► les pri**x**.

d muet (APPARAÎT) à la fin des mots (COMME **crapaud**)

voyelle + d : crapa**ud**, n**id**, nœ**ud**, pi**ed**. -ND : bo**nd**, fria**nd**. -RD : acco**rd**, bo**rd**, brouilla**rd**, cana**rd**, dossa**rd**, épina**rd**, hasa**rd**, léza**rd**, lou**rd**, reco**rd**, sou**rd**, standa**rd**.

p muet (APPARAÎT) à la fin des mots (COMME **beaucoup**)

beaucou**p**, cham**p**, cou**p**, dra**p**, lou**p**, siro**p**, tro**p**.

c muet (APPARAIT) à la fin des mots (COMME **blanc**)

ban**c**, blan**c**, flan**c**, fran**c**.

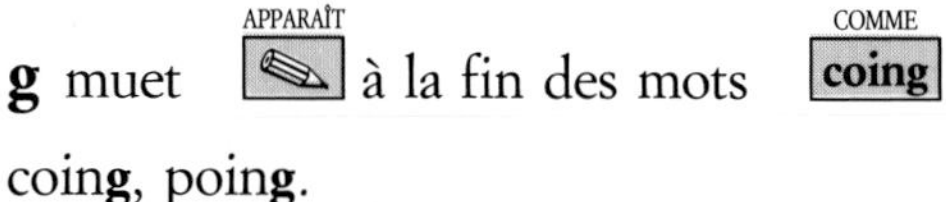

coin**g**, poin**g**.

b muet APPARAÎT à la fin des mots COMME **plomb**

aplom**b**, plom**b**.

l muet APPARAÎT à la fin des mots COMME **outil**

fusi**l**, outi**l**.

RETENONS

✎	POSITION DANS LE MOT		
	DÉBUT	MILIEU	FIN
h	**h**aricot	men**h**ir	maharadja**h**
voyelle + s **consonne + s**			rep**as** velou**rs**
voyelle + t **consonne + t**			clim**at** respe**ct**
x **d** **p** **c** **g** **b** **l**			noi**x** pie**d** dra**p** ban**c** coin**g** plom**b** outi**l**

SAVEZ-VOUS
ÉCRIRE LA FIN DES MOTS

LES MOTS EN	S'ÉCRIVENT	COMME	PAGE
[te]	-té ou -tée ?	la beau**té**, la dic**tée**.	253
[tje]	-tié ou -tier ?	la moi**tié**, le quar**tier**.	253
[e]	-ée ou -é ?	la rentr**ée**, la cl**é**.	254
[i]	-ie, -is, -it ou -ix ?	la librair**ie**, la sour**is**, la nu**it**, la perdr**ix**.	255
[war]	-oir ou -oire ?	le coul**oir**, la f**oire**.	255
[œr]	-eur, -œur ou -eure ?	le voyag**eur**, le c**œur**, l'h**eure**.	256
[aj]	-ail ou -aille ?	le trav**ail**, la p**aille**.	257
[ɛj]	-eil ou -eille ?	le sol**eil**, l'ab**eille**.	257
[œj]	-euil, euille ou -ueil ?	le faut**euil**, la f**euille**, l'org**ueil**.	257
[yr]	-ur ou -ure ?	le fut**ur**, l'avent**ure**.	258
[yl]	-ul ou -ule ?	le calc**ul**, la basc**ule**.	258
[sjõ]	-tion ou -(s)sion ?	l'ac**tion**, l'émi**ssion**.	259
[sjɛr]	-cière, -ssière, -ciaire ou -tiaire ?	la sor**cière**, la cai**ssière**, judi**ciaire**, péniten**tiaire**.	260 260
[sjɛl]	-ciel ou -tiel ?	un logi**ciel**, confiden**tiel**.	261
[sjɛ̃]	-cien, -tien ou -ssien ?	un magi**cien**, un Égyp**tien**, un Jura**ssien**.	261

1. LES NOMS TERMINÉS PAR [te] ET [tje]

A. Les noms féminins

Observons ces phrases :

- *La France est connue pour la quali**té** et l'originali**té** de sa cuisine.*
- *Dans l'Antiqui**té**, chaque ci**té** possédait ses propres lois.*
- *Il lui a offert la moi**tié** de son repas.*
- *Leur ami**tié** dure depuis très longtemps.*

Nous constatons que les noms féminins terminés par **-té** ou **-tié** ne prennent pas de **e** final, **sauf** :
– Les noms indiquant un ***contenu*** : une pelle**tée**.
– Les 5 noms suivants : la dic**tée**, la je**tée**, la mon**tée**, la pâ**tée**, la por**tée**.

FAMILLE DE MOTS

La finale **-té** permet de former des noms désignant des qualités ou des défauts à partir d'adjectifs.

ADJECTIFS		NOMS
beau	▸	beau**té**
clair	▸	clar**té**
généreux	▸	générosi**té**

ADJECTIFS		NOMS
méchant	▸	méchance**té**
rapide	▸	rapidi**té**
timide	▸	timidi**té**

B. Les noms masculins

Observons ces phrases :

- *Papa a emmené maman chez un bijou***tier** *pour lui offrir un coll***ier***.*
- *L'affiche montrant une plage et un coco***tier** *attire les passants.*

Nous constatons que les noms masculins terminés par le son [tje] s'écrivent tous **-tier** : boî**tier**, chan**tier**, charcu**tier**, églan**tier**, frui**tier**, po**tier**, quar**tier**, sen**tier**.

! Quelques noms masculins terminés par [te] s'écrivent **té** : *le cô***té***, le trai***té***, le doig***té***.*

2. LES NOMS FÉMININS TERMINÉS PAR [e]

Observons ces phrases :

- *C'est la rentr***ée** *des classes. Cette ann***ée***, Vanessa a changé d'école. Elle a une pens***ée** *émue pour les amies qui ne sont pas avec elle. À la fin de la matin***ée***, elle ira les retrouver.*

Nous constatons que les noms féminins en [e] qui ne se terminent pas par le son ***-té*** ou ***-tié*** s'écrivent toujours **-ée**, sauf le mot *cl***é.**

! Quelques noms **masculins** en [e] s'écrivent **ée** : *apog***ée***, lyc***ée***, pygm***ée***, scarab***ée**.

FAMILLE DE MOTS La finale **-ée** sert à former des contenus :

bouche	▸ une bouch**ée**	gorge	▸ une gorg**ée**
bras	▸ une brass**ée**	pince	▸ une pinc**ée**

3. *LES NOMS FÉMININS TERMINÉS PAR* [i]

▶ Observons ces mots : boug**ie**, éclairc**ie**, écur**ie**, jalous**ie**, librair**ie**, loter**ie**, mair**ie**, modest**ie**, nostalg**ie**, ort**ie**, pharmac**ie**, plu**ie**, prair**ie**, superfic**ie**, théor**ie**.

▶ Nous constatons que la plupart des noms féminins terminés par le son [i] s'écrivent **-ie**, **sauf** 5 exceptions.

▶ Observons ce texte :

- *Une* **fourmi** *de dix-huit mètres...*
  Qui marche seule dans la **nuit**
  À la recherche d'une **souris**
  Et qui trouve, sans le vouloir
  Une **brebis** *dans un placard*
  Et dans le noir, une **perdrix**.

▶ Nous constatons que ce petit texte contient les 5 noms féminins qui ne se terminent pas par **-ie** : la nu**it**, la fourm**i**, la breb**is**, la sour**is**, la perdr**ix**.

4. *LES MOTS TERMINÉS PAR* [war]

LE SON [war] S'ÉCRIT **oire**

▶ Observons ces mots : une balanç**oire**, une f**oire**, une hist**oire**, la mém**oire**, une nage**oire**.

▶ Nous constatons que tous les noms féminins terminés par le son [war] s'écrivent **-oire**.

▶ Observons ces mots : un compt**oir**, un coul**oir**, un esp**oir**, un réserv**oir**.

▶ Nous constatons que la plupart des noms masculins terminés par le son [war] s'écrivent **-oir** : un coul**oir**, un compt**oir**, un esp**oir**, un réserv**oir**.
Sauf : un access**oire**, l'iv**oire**, un pourb**oire**, un audit**oire**, un conservat**oire**, un interrogat**oire**, un laborat**oire**, un observat**oire**, un réfect**oire**, un répert**oire** et un territ**oire**.

! Les adjectifs s'écrivent **-oire** au masculin à l'exception de **noir** : un exercice obligat**oire** ; un pantalon n**oir**.

5. *LES MOTS TERMINÉS PAR* [œr]

LE SON [œr] S'ÉCRIT eur

▶ Observons ces mots : bonh**eur**, malh**eur**, p**eur**, terr**eur**.

▶ Nous constatons que les noms terminés par le son [œr], qu'ils soient masculins ou féminins, s'écrivent généralement **-eur**, sauf : le b**eurre**, la dem**eure**, une h**eure**, un h**eurt**, un l**eurre**.

FAMILLE DE MOTS — Pour retenir quatre de ces noms, pensez aux verbes de la même famille : b**eurre** ▸ beurrer ; dem**eure** ▸ demeurer ; h**eurt** ▸ heurter ; l**eurre** ▸ leurrer.

La finale **-eur** permet de former des noms : blanc ▸ blanch**eur** ; voyager ▸ voyag**eur** ; mince ▸ minc**eur** ; explorer ▸ explorat**eur** ; profond ▸ profond**eur** ; dessiner ▸ dessinat**eur**.

Les 10 adjectifs suivants forment leur féminin en prenant un **e** : antérieur, extérieur, inférieur, intérieur, majeur, meilleur, mineur, postérieur, supérieur, ultérieur
▸ une situation meill**eure**.

! Mots invariables : aill**eurs**, d'aill**eurs**, plusi**eurs**.

LE SON [œr] S'ÉCRIT **œur**

▸ Observons ces mots : c**œur**, ch**œur**, ranc**œur**, s**œur**.

▸ Nous constatons que certains noms en [œr] s'écrivent **œur**.

6. *LES NOMS TERMINÉS PAR* [aj], [ɛj], [œj]

A. Les noms féminins

– Tous les noms féminins terminés par les sons [aj], [ɛj], [œj] s'écrivent : **-aille**, **-eille**, **-euille**
▸ une p**aille**, une ab**eille**, une f**euille**.

B. Les noms masculins

– Les noms masculins terminés par les sons [aj], [ɛj], [œj] s'écrivent le plus souvent : **-ail**, **-eil**, **-euil**
▸ un gouvern**ail**, le sol**eil**, un faut**euil**.

! Les noms masculins en [œj] formés sur **feuille** s'écrivent **-euille** sauf le cer**feuil**
▸ du chèvre**feuille**, un mille**feuille**, un porte**feuille**.

! Un **œil**.

C. Comment écrire le son [œj] après *c* et *g* ?

– Après les consonnes **c** et **g**, on doit écrire **-ueil** pour former le son [œj] : un acc**ueil**, un cerc**ueil**, l'org**ueil**, un rec**ueil**.

! N'oubliez pas la conjugaison de **cueillir** et de ses composés.

7. *LES NOMS TERMINÉS PAR* [yr] *ET* [yl]

A. Les noms terminés par [yr]

▶ Observons ces listes :

MASCULINS : merc**ure**, murm**ure**.

FÉMININS : avent**ure**, brûl**ure,** engel**ure**, érafl**ure**, nourrit**ure**, piq**ûre**, sculpt**ure**, tent**ure**.

▶ Nous constatons que tous les noms en **-ure, masculins** et **féminins**, s'écrivent **-ure** sauf : az**ur**, fém**ur**, fut**ur** et m**ur**.

B. Les noms terminés par [yl]

▶ Observons ces listes :

MASCULINS : crépusc**ule**, glob**ule**, montic**ule**, scrup**ule**, véhic**ule**.

FÉMININS : basc**ule**, cell**ule**, libell**ule**, pil**ule**, renonc**ule**, rot**ule**.

▶ Nous constatons que les noms terminés par le son [yl] s'écrivent **-ule** sauf : calc**ul**, cons**ul** et rec**ul**.

! Une b**ulle** et le t**ulle** s'écrivent avec **deux l**.

! Un p**ull**.

8. LES NOMS TERMINÉS PAR [sjõ]

A. La finale [sjõ] peut s'écrire : -tion, -sion ou -ssion.

– Après les consonnes **p** et **c** on écrit toujours **-tion**.
inscrip**tion**, op**tion**, ac**tion**, sec**tion**.

– Après la **consonne l** on écrit toujours **-sion.**
expul**sion**.

– Après **o** et **au** on trouve toujours **-tion**.
no**tion**, cau**tion**.

– Après la voyelle **a** on trouve le plus souvent **-tion**.
alimenta**tion**, éduca**tion**, explica**tion**.

! Pa**ssion** et compa**ssion**.

Dans tous les autres cas : vous devez savoir que la finale **-tion** est 10 fois plus fréquente que **-sion**.

-(é)tion **-(es)sion**	discrétion, sécrétion agression, impression
-(i)tion **-(is)sion**	addition, position émission, soumission
-(u)tion **-(us)sion**	diminution, solution discussion, percussion
-(en)tion **-(en)sion**	attention, mention ascension, pension
-(rt)ion **-(r)sion**	portion, proportion conversion, version

9. LES MOTS TERMINÉS PAR [sjɛr]

LE SON S'ÉCRIT

[sjɛr] cière, ssière

Observons ces phrases :

- *Les journalistes suivent l'enquête poli***cière***.*
- *Ce meuble est couvert de pou***ssière***.*
- *Les histoires de sor***cières** *me donnent le frisson.*
- *Nous préparons une crème pâti***ssière***.*

Nous constatons que les mots terminés par la finale [sjɛr] peuvent s'écrire **-cière** ou **-(s)sière**.

Les noms et adjectifs terminés par **-cier** et **-ssier** forment leur féminin en **-cière** et **-ssière** :

-CIER		-CIÈRE	-SSIER		-SSIÈRE
épicier	▸	épi**cière**	caissier	▸	cai**ssière**
sorcier	▸	sor**cière**	pâtissier	▸	pâti**ssière**

LE SON S'ÉCRIT

[sjɛr] ciaire, tiaire

Observons ces listes :

-CIAIRE : un bénéfi**ciaire**, l'ère gla**ciaire**, la police judi**ciaire**.

-TIAIRE : le système péniten**tiaire**, l'ère ter**tiaire**.

Nous constatons que la finale [sjɛr] peut également s'écrire **-ciaire** ou **-tiaire**.

! Les adjectifs terminés par **-ciaire** et **-tiaire** ont la même forme au masculin et au féminin.

- *Le système péniten***tiaire***, la condition péniten***tiaire***.*
- *La police judi***ciaire***, le système judi***ciaire***.*

10. *LES MOTS TERMINÉS PAR* [sjɛl]

Observons ces phrases :

- *« Dans la forêt » est un complément circonstan***ciel** *de lieu.*
- *Je viens d'acheter un nouveau logi***ciel** *pour mon ordinateur.*
- *Dans certains pays, l'approvisionnement en eau est un problème essen***tiel***.*

Nous constatons que le son [sjɛl] s'écrit :

-ciel après **i** et **an**. ▸ circonstan**ciel**, logi**ciel**, superfi**ciel.**
-tiel après **en**. ▸ confiden**tiel**, essen**tiel**, providen**tiel**.

(On trouve de plus en plus de mots en **-ciel** dans le vocabulaire de l'informatique : didacti**ciel**, logi**ciel**, ludi**ciel**, progi**ciel**.)

! par**tiel**.

11. *LES MOTS TERMINÉS PAR* [sjɛ̃]

Observons ces phrases :

- *Cet an***cien** *magi***cien** *connaît de nombreux tours de prestidigitation.*
- *L'électri***cien** *a réparé la panne en quelques minutes.*
- *C'est le pharma***cien** *qui nous a recommandé ce médicament.*

Nous constatons que le son [sjɛ̃] s'écrit le plus souvent **-cien**. Il permet de former des noms de **métiers** :

électrique ▸ électri**cien**
logique ▸ logi**cien**
magie ▸ magi**cien**
musique ▸ musi**cien**

LE SON [sjɛ̃] S'ÉCRIT -tien

Observons ces noms et ces adjectifs :

Capet ▸ capé**tien**
Égypte ▸ égyp**tien**
Haïti ▸ haï**tien**
Tahiti ▸ tahi**tien**
Vénétie ▸ véni**tien** (Venise)

Nous constatons que le son [sjɛ̃] s'écrit **-tien** quand il est formé à partir de noms propres contenant un **t** dans la dernière syllabe.

! Mars ▸ mar**tien**.

LE SON [sjɛ̃] S'ÉCRIT -sien, -ssien

Observons ces mots :

le **sien** ▸ le mien, le tien
paroi**ssien** ▸ paroisse
pru**ssien** ▸ Prusse

Nous constatons que le son [sjɛ̃] s'écrit aussi **-sien** et **-ssien** dans quelques mots.

CONJUGAISON

QU'EST-CE QUE LA CONJUGAISON D'UN VERBE ?

On appelle conjugaison d'un verbe **l'ensemble des formes** que peut prendre ce verbe.

LES MOTS CLÉS

AUXILIAIRE : il en existe deux : *ÊTRE* et *AVOIR*. Ils sont utilisés dans la formation des temps composés des autres verbes.

GROUPES : le français en possède trois.

Le premier groupe, le plus important : verbes en ER ;

le deuxième groupe : verbes en IR/participe présent en issant ;

le troisième groupe: verbes en OIR, OIRE, RE, IR/participe présent en ant. Les verbes du troisième groupe sont irréguliers. Il faut apprendre par cœur leur conjugaison.

MODE : on distingue deux types de modes en français :
- les modes qui se conjuguent : indicatif, subjonctif, conditionnel, impératif ;
- les modes qui ne se conjuguent pas : infinitif, participe.

RADICAL : le radical d'un verbe indique son sens. Les terminaisons indiquent la personne et le temps auxquels le verbe est conjugué.

TABLEAU	
7	42

Ce symbole renvoie aux tableaux de conjugaison du Bescherelle 1, *la conjugaison*. Le chiffre de gauche indique le numéro du tableau. Le chiffre de droite indique sa page. Ici le verbe *placer* (tableau 7), p. 42.

SAVEZ-VOUS

RECONNAÎTRE LE VERBE SOUS TOUTES SES FORMES

1. GÉNÉRALITÉS

A. Qu'est-ce qu'un verbe ?

– Les verbes constituent une catégorie de mots qui permettent de **désigner des actions** *(courir, manger...)* ou **des états** *(être, devenir...)*.

- *Les souris* (AGENT) *dévorèrent* (VERBE D'ACTION) *tous les livres.*

- *Les souris* (NOM QUALIFIÉ) *sont* (VERBE D'ÉTAT) *voraces* (QUALITÉ).

► Observons ces phrases :

- *Je chante* ◄ 1RE PERSONNE SINGULIER PRÉSENT
- *nous chantons* ◄ 1RE PERSONNE PLURIEL PRÉSENT

- *Je chante* ◄ 1RE PERSONNE SINGULIER PRÉSENT
- *je chantais* ◄ 1RE PERSONNE SINGULIER IMPARFAIT

► Nous constatons que le verbe est le seul élément de la phrase qui porte les **marques** de la **personne** et du **temps.**

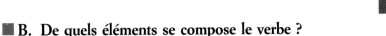

B. De quels éléments se compose le verbe ?

– Le verbe se compose de deux parties : un **radical** et une **terminaison**.

▶ Observons :

- *chant* *er* ◂ VERBE À L'INFINITIF
  RADICAL TERMINAISON

- *chant* *ais* ◂ VERBE À LA 1[RE] PERSONNE DU SINGULIER DE L'IMPARFAIT
  RADICAL TERMINAISON

- *chant* *ions* ◂ VERBE À LA 1[RE] PERSONNE DU PLURIEL DE L'IMPARFAIT
  RADICAL TERMINAISON

▶ Nous constatons que le radical indique le **sens** du verbe : *chant-*. La terminaison indique la **personne** et le **temps** auxquels un verbe est conjugué : *-ais ; -ions*.

C. Qu'appelle-t-on la voix d'un verbe ?

– On dit qu'un verbe est à la **voix active** quand le sujet **fait** l'action exprimée par le verbe.

- *Le voleur* *a dérobé* *les bijoux.*
  SUJET FAIT L'ACTION — VERBE À LA VOIX ACTIVE

– On dit qu'un verbe est à la **voix passive** quand le sujet **subit** l'action exprimée par le verbe.

- *Les bijoux* *ont été dérobés* *par le voleur.*
  SUJET SUBIT L'ACTION — VERBE À LA VOIX PASSIVE

– On dit qu'un verbe est à la **voix pronominale** quand le sujet **exerce l'action** sur lui-même.

- *Le chien* *se réveille.*
  VERBE À LA VOIX PRONOMINALE

D. Qu'est-ce que le mode d'un verbe ?

On distingue deux types de modes :

- Les modes **qui se conjuguent :**
  - indicatif : *Je finis mon travail.*
  - subjonctif : *Il faut que je finisse mon travail.*
  - conditionnel : *Si j'avais le temps je finirais mon travail.*
  - impératif : *Finis ton travail !*
- Les modes **qui ne se conjuguent pas :**
  - infinitif : *Je pense finir mon travail bientôt.*
  - participe : *Mon travail fini, je sortis jouer.*

E. Quels sont les temps d'un verbe ?

Il faut distinguer les **temps simples** et les **temps composés**.

- Les temps **simples :**
  - présent : *Pierre travaille en usine.*
  - imparfait : *Pierre travaillait en usine.*
  - passé simple : *Pierre travailla en usine.*
  - futur : *Pierre travaillera en usine.*
- Les **temps composés** : on les appelle ainsi parce qu'ils sont constitués généralement de l'auxiliaire *avoir* et du participe passé du verbe : passé composé, plus-que-parfait, futur antérieur, passé antérieur.

AUXILIAIRE *AVOIR* :

– passé composé : ▪ *Pierre a travaillé en usine.*

	a	*travaillé*
	AVOIR AU PRÉSENT	PARTICIPE PASSÉ

– plus-que-parfait : ▪ *Pierre avait travaillé en usine.*

	avait	*travaillé*
	AVOIR À L'IMPARFAIT	PARTICIPE PASSÉ

AUXILIAIRE *ÊTRE* :

Certains verbes forment leurs temps composés avec l'auxiliaire *être* :

– passé composé : ▪ *Je* *suis* *tombé*.

	ÊTRE AU PRÉSENT	PARTICIPE PASSÉ
Je	*suis*	*tombé.*

– plus-que-parfait : ▪ *J'étais* *venu*.

ÊTRE À L'IMPARFAIT	PARTICIPE PASSÉ
J'étais	*venu.*

F. Qu'appelle-t-on les groupes des verbes ?

▬ On classe les verbes en trois groupes.

Le premier groupe : On y trouve les verbes dont l'infinitif est en **-er**. Ce groupe est le plus important. Il comporte plus de 10 000 verbes. Quand on a besoin de créer un verbe nouveau, c'est sur le modèle de ce groupe qu'on le bâtit : *téléviser, informatiser* ...

Le deuxième groupe : On y trouve tous les verbes dont l'infinitif est en **-ir** et le participe présent en **-issant** : *finir* ▸ *finissant ; jaillir* ▸ *jaillissant*. Ce groupe est beaucoup plus réduit que le 1er (300 verbes environ).

Le troisième groupe : On y trouve tous les autres verbes (environ 300).

– Les verbes en **-oir** : *mouvoir*
en **-oire** : *boire*
en **-re** : *souri -re ; entend -re*

en **-ir** dont le participe présent est en **-ant** : *dorm -ir* ▸ *dorm -ant ; sort -ir* ▸ *sort -ant*.

Les verbes du 3e groupe sont appelés **verbes irréguliers**, car la forme de leur radical change en cours de conjugaison.

! Le verbe *aller*, malgré son infinitif en **-er**, fait partie du 3e groupe.

2. COMMENT ORTHOGRAPHIER LES VERBES ?

* TABLEAU 7 | 42

A. Les verbes en *-cer* comme *placer*.

– Ce sont des verbes du premier groupe qui ont pour particularité de prendre une **cédille** sous le **c** devant les voyelles **a** et **o**. On prononce ainsi **s** et non **k** (voir fiche p. 224).

▪ *Je place* ▸ *nous pla**ç**ons* ▸ *je pla**ç**ais.*

acquiescer	coincer	enfoncer	percer
agacer	commencer	espacer	placer
amorcer	dédicacer	froncer	prononcer
annoncer	défoncer	glacer	rincer
avancer	distancer	grincer	saucer
balancer	divorcer	lacer	sucer
bercer	effacer	lancer	tracer

! Les verbes du 3e groupe terminés par **-cevoir** tels que *recevoir* prennent aussi une cédille devant **o** et **u**.

▪ *Je re**ç**ois. Je re**ç**us.*

apercevoir, concevoir, décevoir, recevoir.

TABLEAU 8 | 43

B. Les verbes terminés par *-ger* comme *manger*.

– Ces verbes du premier groupe prennent un **e** après le **g** devant les voyelles **a** et **o**. Ceci permet de prononcer [ʒ] *(man**ge**ons)* et non pas [g] (voir fiche p. 239).

affliger	changer	émerger	exiger
allonger	charger	encourager	figer
arranger	corriger	engager	forger

* *Ce symbole renvoie au* Bescherelle 1, la conjugaison *(Éd. Hatier). Le chiffre de gauche indique le numéro du tableau, le chiffre de droite la page.*

asperger	diriger	enneiger	interroger
avantager	égorger	éponger	juger
loger	négliger	prolonger	songer
manger	neiger	ranger	soulager
mélanger	partager	rédiger	venger
nager	plonger	ronger	voyager

! Les verbes terminés par **-guer** conservent le **u** à toutes les personnes. Ce **u** fait partie du radical du verbe : *je navi**gue**, nous navi**guons*** (voir fiche p. 227).

C. Les verbes terminés par *-ier* comme *vérifier*.

TABLEAU 15 | 50

– Ces verbes appartiennent au premier groupe. À la première et à la deuxième personne du pluriel de l'imparfait de l'indicatif et du présent du subjonctif, ils s'écrivent avec deux **i** : un qui appartient au radical **(vérifi)** et un à la terminaison **(ions/iez)**.

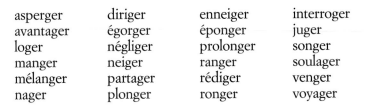

- *nous vérif**ii**ons* IMPARFAIT INDICATIF
- *vous vérif**ii**ez* IMPARFAIT INDICATIF
- *que nous vérif**ii**ons* PRÉSENT SUBJONCTIF
- *que vous vérif**ii**ez* PRÉSENT SUBJONCTIF

allier	copier	lier	plier
amplifier	crier	manier	prier
apprécier	envier	marier	publier
associer	étudier	mendier	qualifier
balbutier	expédier	modifier	remercier
bénéficier	humilier	multiplier	scier
colorier	identifier	nier	signifier
confier	incendier	oublier	skier
contrarier	injurier	parier	varier

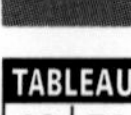

TABLEAU 16 | 51

TABLEAU 17 | 52

D. Les verbes terminés par *-ayer* comme *balayer, -oyer* comme *nettoyer, -uyer* comme *essuyer.*

– Ces verbes appartiennent au 1er groupe. À la 1re et à la 2e personne du pluriel de l'imparfait de l'indicatif et du présent du subjonctif, ils s'écrivent avec **y** et **i**.

- *nous bala**yi**ons*
- *(que) nous bala**yi**ons*
- *vous essu**yi**ez*
- *(que) vous essu**yi**ez*
- *nous netto**yi**ons*
- *(que) vous netto**yi**ez*

aboyer, appuyer, balayer, broyer, effrayer, employer, ennuyer, essayer, essuyer, nettoyer, payer.

! Les verbes *fuir, croire* (3e groupe) s'écrivent aussi **yi** aux 1re et 2e personnes du pluriel de l'imparfait de l'indicatif et du présent du subjonctif : ▪ *nous cro**yi**ons, vous fu**yi**ez.*

TABLEAU 10 | 45

E. Les verbes terminés par *é + consonne + er* comme *céder.*

– A l'infinitif, ces verbes ont un **é** (accent aigu) à l'avant-dernière syllabe. Ce **é** se change en **è** (accent grave) aux 1re, 2e et 3e personnes du singulier ainsi qu'à la 3e personne du pluriel au **présent** de l'**indicatif** et du **subjonctif**.

- *Je c**è**de, tu c**è**des, il c**è**de, ils c**è**dent.*

acc**é**lérer	désalt**é**rer	l**é**cher	pr**é**férer
ass**é**cher	désint**é**grer	lib**é**rer	prot**é**ger
c**é**der	dig**é**rer	op**é**rer	r**é**gler
cél**é**brer	ébr**é**cher	p**é**cher	rép**é**ter
compl**é**ter	esp**é**rer	pén**é**trer	s**é**cher

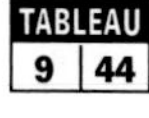

! Les verbes terminés par **e** + consonne + **er** type *semer* changent le **e** du radical en **è** (accent grave) devant une syllabe muette.

▪ *Je s**è**me, nous s**è**merons.*

achever, crever, emmener, enlever, lever, mener, peser, promener, semer.

F. Les verbes terminés par *-éer* comme *créer.*

– Ces verbes du premier groupe conservent le **é** (accent aigu) dans toute la conjugaison. Ainsi, lorsque la terminaison commence par **e**, on aura une suite **ée**.

▪ *cr**é**er* ▸ *je cr**é**e*   *je cr**ée**rai*

agréer, créer

G. Les verbes terminés par *-eter* et *-eler* comme *jeter* et *appeler.*

TABLEAU
11 | 46

– Ces verbes doublent leur consonne **t** ou **l** devant un **e muet**.

▪ *Je je**tt**e ; j'appe**ll**e.*

mais : *nous je**t**ons ; nous appe**l**ons.*

appeler, atteler, chanceler, cliqueter, ensorceler, épousseter, grommeler, harceler, jeter, voleter.

! Quelques verbes terminés par *-eter* et *-eler* (comme *acheter, peler...*) s'écrivent **ète** et **èle**.

▪ *Il ach**è**te ; il p**è**le.*

acheter, congeler, crocheter, geler, haleter, modeler, peler.

H. Les verbes terminés par *-uyer* et *-oyer* comme *nettoyer, essuyer* (au futur de l'indicatif).

Ces verbes changent le **y** du radical en **i** devant un **e muet**.

- *Nous essuyons ; nous nettoyons.*

mais *Nous essuierons ; vous nettoierez.*

aboyer, appuyer, broyer, déployer, employer, ennuyer, larmoyer, nettoyer, noyer.

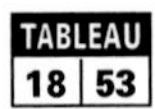

! Les verbes *envoyer* et *renvoyer* forment leur futur et leur conditionnel en *errai* et *errais*.

- *Il renve**rr**a, nous enve**rr**ions.*

TABLEAU 6 | 41

I. La terminaison des verbes du premier groupe à la 1re personne de l'imparfait et du passé simple de l'indicatif.

À la première personne de l'imparfait et du passé simple, les terminaisons des verbes du premier groupe **se prononcent de la même façon** mais **s'écrivent de façons différentes**.

- *Après une longue marche, j'arriv**ai** enfin au village.* ◂ [ɛ]
  PASSÉ SIMPLE

*J'arriv**ais** au village quand l'orage commença.* ◂ [ɛ]
IMPARFAIT

Pour savoir, dans une dictée, si le verbe est à l'imparfait ou au passé simple, il suffit de le conjuguer à une personne différente :

- *Après une longue marche, il arriv**a** au village.* ◂ [a]
  PASSÉ SIMPLE

- *Il arriv**ait** au village quand l'orage commença.* ◂ [e]
  IMPARFAIT

J. La première personne du singulier du futur de l'indicatif et du présent du conditionnel.

Les terminaisons du futur et du conditionnel **se prononcent de la même façon** à la 1re personne du singulier mais **s'écrivent de façons différentes**.

- *Demain, j'ir**ai** courir.* ◄ [ɛ]
  FUTUR
- *Si j'avais du courage, j'ir**ais** courir.* ◄ [ɛ]
  CONDITIONNEL

Il suffit de changer de personne pour que la terminaison du futur ne se prononce pas comme celle du conditionnel.

- *Demain, tu ir**as** courir.* ◄ [a]
  FUTUR
- *Si tu avais du courage, tu ir**ais** courir.* ◄ [ɛ]
  CONDITIONNEL

K. La terminaison de l'impératif à la 2e personne du singulier.

Pour tous les verbes du **premier groupe**, la terminaison de l'impératif à la 2e personne du singulier est **e** :

- *march**e** ! chant**e** ! jou**e** ! nettoi**e** !*

Pour tous les verbes du **2e groupe**, la terminaison de l'impératif à la 2e personne du singulier est **s** :

- *fini**s** ! atterri**s** ! applaudi**s** ! maigri**s** !*

La plupart des verbes du **3e groupe** prennent un **s** à la 2e personne du singulier de l'impératif.

- *dor**s** !* (dormir) ; *tien**s** !* (tenir) ; *cour**s** !* (courir) ; *fui**s** !* (fuir) ; *coud**s** !* (coudre).

! *cueill**e** !* (cueillir) ; *v**a** !* (aller) ; *sach**e** !* (savoir).

L. Le verbe *aller.*

— *Aller* est le seul verbe en **-er** qui appartient au **3ᵉ groupe**. C'est un verbe **irrégulier**.

▪ *Je* **vais** *; tu* **vas** *; nous* **allons** *; nous* **irons**.

! La 2ᵉ personne du singulier de l'impératif s'écrit :

▪ ***va*** sauf dans ***vas-y*** *!*

! N'oubliez pas qu'aux formes composées *aller* se conjugue avec *être*.

TABLEAU 62 97

M. Le verbe *faire.*

— *Faire* est un verbe **irrégulier**. Tous ses composés se conjuguent comme lui.

▪ *Je fais ; nous faisons ; vous faites ; nous ferons.*

TABLEAU 78 113

N. Le verbe *dire.*

— Le verbe *dire* est **irrégulier**. Son radical change à la deuxième personne du pluriel du présent.

▪ *Nous* **disons**, mais *vous* **dites**.

Le verbe *redire* se conjugue de la même façon :

▪ *Nous* **redisons**, mais *vous* **redites**.

! Les verbes *contredire, interdire* et *prédire* ne suivent pas la conjugaison du verbe *dire* à la 2ᵉ personne du pluriel du présent de l'indicatif.

▪ *Vous contre***disez**, *vous inter***disez**, *vous pré***disez**.

O. Les verbes terminés par *-endre, -andre, -ondre* et *-oudre* comme *entendre, répandre, répondre* et *coudre.*

TABLEAU 53 | 88

— Aux trois personnes du singulier du présent de l'indicatif, ces verbes se terminent par : **ds, ds, d**. Ils conservent le **d** de l'infinitif.

▪ *j'enten**ds***	*tu enten**ds***	*il enten**d***
▪ *je répon**ds***	*tu répon**ds***	*il répon**d***
▪ *je répan**ds***	*tu répan**ds***	*il répan**d***
▪ *je cou**ds***	*tu cou**ds***	*il cou**d***

! *Nous cou**sons.***

TABLEAU 73 | 108

apprendre, confondre, correspondre, coudre, descendre, entendre, fendre, fondre, mordre, moudre, perdre, pondre, répondre, tondre, tordre.

P. Les verbes terminés par *-aindre, -eindre, -oindre* et *-soudre.*

TABLEAU 59 | 94

TABLEAU 57 | 92

TABLEAU 58 | 93

— Ces verbes ne conservent pas le **d** de l'infinitif aux 3 premières personnes du présent de l'indicatif, sauf au futur et au conditionnel.

▪ *je crains*	*tu crains*	*il craint*
▪ *je peins*	*tu peins*	*il peint*
▪ *je joins*	*tu joins*	*il joint*

mais : *je crain**d**rai, je crain**d**rais.*

! *Nous crai**gn**ons, nous pei**gn**ons, nous joi**gn**ons.*

! Attention au verbe *absoudre* :
▪ *j'absous ; tu absous ; il absout* ▸ *que* ***j'absolve.***

TABLEAU 72 | 107

absoudre, peindre, plaindre, résoudre, rejoindre, teindre, contraindre, craindre, dissoudre, éteindre, joindre.

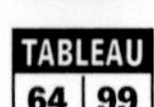

TABLEAU 64 | 99

Q. Les verbes terminés par *-aître* comme *connaître.*

– Ces verbes prennent un accent circonflexe sur le **i** du radical lorsqu'il est suivi d'un **t**.

- *Je le conn***ais***, il le conn***aît** *; il le conn***aîtra**.

Au passé simple, à la 3ᵉ personne du singulier, le **u** ne prend pas d'accent circonflexe devant le **t** : *il connut*.

! En revanche, on écrit *qu'il connût* au subjonctif imparfait.

apparaître, connaître, disparaître, naître, paître, paraître, reconnaître.

TABLEAU 67 | 102

TABLEAU 68 | 103

R. Le verbe *croître.*

Par son accent circonflexe, il se distingue du verbe *croire*.

TABLEAU 55 | 90

TABLEAU 56 | 91

S. Les verbes *battre* et *mettre.*

– À **l'infinitif**, ces verbes s'écrivent avec **2 t**.

Attention ! Aux trois premières personnes du présent de l'indicatif, ils conservent un **t** :

- *je bats* *tu bats* *il ba***t**
- *je mets* *tu mets* *il me***t**

Aux autres personnes du présent et à tous les autres temps, ils s'écrivent avec **2 t** :

- *nous battons ; ils mettent ; il est battu ; je mettrai ; qu'il batte*.

abattre, combattre, débattre, rabattre, promettre, soumettre, transmettre, admettre, commettre, permettre.

3. LA VALEUR DES TEMPS

Nos actions, nos pensées **se situent dans le temps** les unes par rapport aux autres. Elles peuvent se dérouler au même instant **(être simultanées)** ou au contraire **se succéder** :

- *Je me réveille* . *Je m'habille* . *Je prends mon petit déjeuner* . *Je vais à l'école.* ◂ LES ACTIONS SE SUCCÈDENT.
- *Tout en m'habillant* , *je fredonne un air de musique.* ▸ LES ACTIONS SONT SIMULTANÉES.

A. Quand on parle ou écrit, par rapport à quoi situe-t-on les actions dans le temps ?

– Lorsqu'on parle ou écrit, on **situe les événements** par rapport **au moment** où l'on parle, où l'on écrit.

– Lorsqu'un événement s'est déroulé **avant** le moment où l'on parle, on le situe dans le **passé**.

- *Les Parisiens prirent la Bastille le 14 juillet 1789.*
  (prirent : PASSÉ SIMPLE)

TEMPS ——— *1789* : Prise de la Bastille ——— *1991* : moment où l'on parle ———▸

– Lorsque l'on pense qu'un événement se déroulera **après** le moment où l'on parle, on le situe dans le **futur**.

- *En l'an 2000, la planète manquera peut-être d'eau.*
  (manquera : FUTUR)

TEMPS ——— *1991* : moment où l'on parle ——— *an 2000* : manque d'eau ———▸

– Lorsqu'un événement se déroule **au moment où l'on parle**, on le situe dans le **présent**.

- *Les enfants jouent dans la cour.*
  PRÉSENT

Les enfants jouent

TEMPS ——————————————|——————————————►

moment où l'on parle

B. Comment marque-t-on la position des événements dans le temps ?

– Lorsque l'on parle ou écrit, on situe les événements par des expressions-repères *(hier, aujourd'hui, demain...)* qu'on appelle aussi des **indicateurs de temps** (adverbes, etc.).

Le temps est aussi exprimé par la terminaison des verbes. **Conjuguer un verbe, c'est donc faire varier sa terminaison selon le moment où se situe l'action.**

PASSÉ

- ***Jadis*** *les hommes se déplaç**aient** à pied.*

PASSÉ

- ***En 1707****, Denis Papin invent**a** la machine à vapeur.*

PRÉSENT

- ***De nos jours****, les avions nous transpor**tent** en un temps record d'un point à l'autre.*

FUTUR

- ***Bientôt*** *peut-être* ***aurons****-nous dans notre garage un vaisseau spatial individuel.*

C. Qu'exprime le présent de l'indicatif ?

Le présent peut exprimer une **action qui se déroule au moment où l'on parle** (sous les yeux de celui qui parle). On peut aussi utiliser l'expression **être en train de**.

- *– Allô, Marc, je t'appelle car je cherche le numéro de Julie.*
  – Voilà ! j'ai mon carnet d'adresses sous les yeux. Je regarde.
  – Attends, je prends un crayon, vas-y, je t'écoute.

Le présent peut aussi évoquer une action qui ne se déroule pas sous les yeux de celui qui parle mais **qui est habituelle**, **qui se répète** de façon régulière.

- *Au petit déjeuner, je bois du café.*
- *Le soir, après le dîner, je promène mon chien.*

On peut enfin utiliser le présent pour parler de **faits considérés comme vrais** quel que soit le moment où on se situe dans le temps.

– Les vérités scientifiques :

- *La terre tourne autour du soleil.*
- *La bissectrice partage un angle en deux angles égaux.*

– Les maximes et les proverbes :

- *On a toujours besoin d'un plus petit que soi.*
- *On ne parle pas la bouche pleine.*

D. Quels sont les différents temps du passé ?

1. Le passé composé et le passé simple.

Lorsque l'on constate les **résultats d'un événement** qui s'est déroulé juste avant que l'on prenne la parole, on utilise toujours le **passé composé**, jamais le passé simple.

- *Mince ! tu as cassé le magnétophone. (Je constate qu'il ne marche plus.)*
- *Idiot ! tu as sali mon dessin. (Je constate les dégâts.)*

Lorsqu'on raconte une histoire, **si l'on évoque un événement passé**, on utilisera :

– le **passé composé** dans une conversation familière (avec un ami, par exemple).

- *Mon cher Pierre,
Nous sommes arrivés hier après-midi, nous avons tout de suite téléphoné à mes parents qui sont venus nous chercher.*

– le **passé simple** lorsqu'on écrit un conte, où l'on raconte des événements historiques.

- *Ainsi naquit un énorme bébé dont les premières paroles furent : « à boire, à boire ! ».*

2. Le passé simple et l'imparfait.

L'imparfait et le passé simple servent tous les deux à exprimer des événements situés **dans le passé**. L'imparfait présente des actions qui **se prolongent**. Il peut aussi **dresser un décor** sur lequel viennent s'inscrire les actions exprimées par le passé simple.

- *C'était un soir d'été ; la lune éclairait une partie du ciel et un léger brouillard flottait comme une gaze. Des bœufs regardaient tranquillement le convoi passer. Un beuglement formidable se fit soudain entendre, un taureau énorme sortit du troupeau et se précipita vers les voitures.*

3. L'imparfait et le plus-que-parfait.

Le plus-que-parfait sert à exprimer des faits qui se sont produits dans le passé avant ceux qui sont évoqués par **l'imparfait**.

- *Déjà tout petit, lorsqu'on l'avait grondé, il boudait pendant des heures.*
  (avait grondé : PLUS-QUE-PARFAIT ; boudait : IMPARFAIT)

- *Tous les soirs, quand il avait terminé son repas, il allumait sa pipe.*
  (avait terminé : PLUS-QUE-PARFAIT ; allumait : IMPARFAIT)

TEMPS	*avait grondé*	*boudait*
	PLUS-QUE-PARFAIT (L'ACTION EST TERMINÉE)	IMPARFAIT (CONSÉQUENCE DE L'ACTION)

E. Quels sont les différents temps du futur ?

1. La tournure : *aller* + infinitif.

Lorsqu'on veut dire à quelqu'un qu'un événement est **sur le point de se produire**, ou que l'on va immédiatement **se mettre à faire** quelque chose, on utilise la tournure : *aller + l'infinitif*, jamais le futur :

- *Regarde ! L'orage va éclater.*

- *Tiens, il est déjà 5 heures ; je vais chercher les enfants.*

2. Le futur.
Lorsqu'on veut parler de ses projets ou faire des prévisions, on utilise soit la tournure *aller + infinitif* si l'on est persuadé que **l'événement va se réaliser**, soit le **futur** si l'on en est **moins sûr**.

- *Peut-être viendra-t-il demain.* (viendra : FUTUR)
- *Il va arriver sous peu.*

3. Futur simple et futur antérieur.
Le futur antérieur situe l'action dans **l'avenir**, avant d'autres actions qui auront également lieu dans l'avenir.

- *Vous jouerez quand vous aurez fini votre travail.* (jouerez : FUTUR SIMPLE ; aurez fini : FUTUR ANTÉRIEUR)
- *Lorsque vous aurez pris votre médicament, vous vous sentirez mieux.* (aurez pris : FUTUR ANTÉRIEUR ; sentirez : FUTUR SIMPLE)

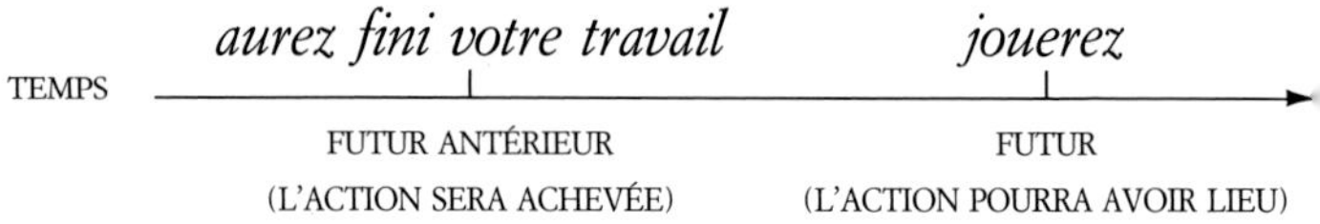

TEMPS	*aurez fini votre travail*	*jouerez*
	FUTUR ANTÉRIEUR (L'ACTION SERA ACHEVÉE)	FUTUR (L'ACTION POURRA AVOIR LIEU)

4. LA VALEUR DES MODES

A. Quand est-on obligé d'utiliser le subjonctif ?

On est obligé d'utiliser le subjonctif dans deux cas bien précis : **après certains verbes** et **après certaines conjonctions**.

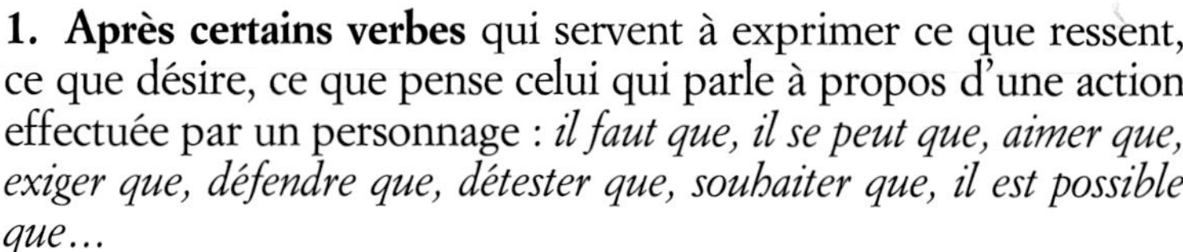

1. Après certains verbes qui servent à exprimer ce que ressent, ce que désire, ce que pense celui qui parle à propos d'une action effectuée par un personnage : *il faut que, il se peut que, aimer que, exiger que, défendre que, détester que, souhaiter que, il est possible que...*

INDICATIF	SUBJONCTIF
▪ *Je doute que Pierre*	*vienne dîner.*
VERBE EXPRIMANT L'OPINION DE CELUI QUI PARLE	L'ACTION FAITE PAR PIERRE DONT DOUTE CELUI QUI PARLE
▪ *J' adore que maman*	*fasse des gâteaux.*
VERBE EXPRIMANT LE SENTIMENT DE CELUI QUI PARLE	L'ACTION FAITE PAR MAMAN QU'ADORE CELUI QUI PARLE
▪ *Je veux que tu me*	*dises la vérité.*
VERBE EXPRIMANT LA VOLONTÉ DE CELUI QUI PARLE	L'ACTION FAITE PAR TU QUE VEUT CELUI QUI PARLE

2. Après les conjonctions de subordination exprimant :

– le temps : *avant que, jusqu'à ce que, en attendant que ;*
– la concession : *bien que, quoique, sans que ;*
– le but : *afin que, pour que ;*
– la condition : *à condition que.*

▪ *Je veux bien te prêter ma raquette à condition que tu en prennes soin.*
(*veux* : INDICATIF ; *à condition* : CONJONCTION DE SUBORDINATION ; *prennes* : SUBJONCTIF)

▪ *Vous pouvez jouer jusqu'à ce que nous arrivions.*
(*pouvez* : INDICATIF ; *jusqu'à ce* : CONJONCTION DE SUBORDINATION ; *arrivions* : SUBJONCTIF)

Attention ! Avec *après que* on doit employer l'indicatif et non le subjonctif :

▪ *Je l'ai rencontré après que je t'ai parlé.*
PASSÉ COMPOSÉ INDICATIF

mais ▪ *Je l'ai rencontré avant que je t'aie parlé.*
SUBJONCTIF PASSÉ

3. Les phrases indépendantes au subjonctif.

On peut rencontrer le subjonctif dans des propositions indépendantes exprimant le souhait, l'ordre, la prière :

▪ *Vive la France !*
EXCLAMATION (SOUHAIT)

▪ *Qu'il vienne immédiatement !*
ORDRE

Il est aussi utilisé pour exprimer une supposition, par exemple dans des énoncés de mathématiques.

▪ *Soient deux droites A et B.*
SUBJONCTIF DU VERBE *ÊTRE* PRÉSENT SUPPOSITION

B. Comment utiliser le conditionnel dans une proposition subordonnée ?

1. Le conditionnel présent.

Le conditionnel marque une action qui ne pourrait être effectuée que si une condition était auparavant remplie.

IMPARFAIT DE L'INDICATIF	CONDITIONNEL PRÉSENT
Si tu partais à l'heure, CONDITION	*tu n'arriverais pas en retard.* RÉALISATION POSSIBLE D'UNE ACTION

IMPARFAIT DE L'INDICATIF	CONDITIONNEL PRÉSENT
Si j'avais un vélo, CONDITION	*j'irais à la campagne.* RÉALISATION POSSIBLE D'UNE ACTION

Le conditionnel présent marque donc des actions qui ne peuvent s'accomplir que si se réalise une condition introduite par *si* et exprimée par un verbe à **l'imparfait de l'indicatif**.

2. Le conditionnel passé.

Quand on veut indiquer que la condition introduite par *si* n'a pas pu se réaliser dans le passé et n'a donc pu entraîner la réalisation d'une action, on utilisera :

– pour la **condition non réalisée** :
le plus-que-parfait de l'indicatif ;

– pour l'**action effectuée** :
le conditionnel passé.

PLUS-QUE-PARFAIT DE L'IND.	COND. PASSÉ
Si j'avais fait réparer mon pneu, CONDITION NON RÉALISÉE DANS LE PASSÉ	*j'aurais gagné la course.* ACTION NON RÉALISÉE DANS LE PASSÉ

- *Si tu lui avais dit la vérité,* (CONDITION NON RÉALISÉE DANS LE PASSÉ) *il t'aurait pardonné.* (ACTION NON RÉALISÉE DANS LE PASSÉ)

C. À quoi sert le conditionnel non précédé de la condition ?

1. Le présent du conditionnel, **lorsqu'il n'est pas associé** à une proposition exprimant la condition, sert à exprimer des actions que l'on **imagine**, que l'on **souhaite** ou auxquelles on rêve.

- *Bon, alors on dit qu'on serait des robots, on attraperait des enfants et on les emmènerait dans notre soucoupe.*
  (serait : CONDITIONNEL PRÉSENT ; attraperait : CONDITIONNEL PRÉSENT ; emmènerait : CONDITIONNEL PRÉSENT)

2. Le présent du conditionnel, lorsqu'il n'est pas associé à une proposition exprimant la condition, sert à formuler des **informations que l'on n'a pas pu vérifier**.

- *D'après ce que l'on raconte, le voleur serait un homme jeune, il habiterait le quartier...*
  (serait : CONDITIONNEL PRÉSENT ; habiterait : CONDITIONNEL PRÉSENT)

3. Le présent du conditionnel, lorsqu'il n'est pas associé à une proposition exprimant la condition, sert à formuler avec politesse une demande, un conseil ou un reproche.

- *Tu devrais venir plus souvent.*
  (devrais : CONDITIONNEL PRÉSENT)

- *Pourriez-vous avoir l'amabilité de me donner l'heure ?*
  (Pourriez : CONDITIONNEL PRÉSENT)

5. QU'EST-CE QU'UN AUXILIAIRE ?

On appelle **verbes auxiliaires** les verbes **être** et **avoir** quand ils servent à conjuguer un verbe aux temps composés :

- *j'ai aimé* ► *j'avais aimé*
- *je suis parti* ► *j'étais parti*

ÊTRE

INDICATIF

PRÉSENT	PASSÉ COMPOSÉ	IMPARFAIT	PLUS-QUE-PARFAIT
je suis	j' ai été	j' étais	j' avais été
tu es	tu as été	tu étais	tu avais été
il est	il a été	il était	il avait été
nous sommes	n. avons été	nous étions	n. avions été
vous êtes	v. avez été	vous étiez	v. aviez été
ils sont	ils ont été	ils étaient	ils avaient été

PASSÉ SIMPLE	PASSÉ ANTÉRIEUR	FUTUR SIMPLE	FUTUR ANTÉRIEUR
je fus	j' eus été	je serai	j' aurai été
tu fus	tu eus été	tu seras	tu auras été
il fut	il eut été	il sera	il aura été
nous fûmes	n. eûmes été	nous serons	n. aurons été
vous fûtes	v. eûtes été	vous serez	v. aurez été
ils furent	ils eurent été	ils seront	ils auront été

SUBJONCTIF

PRÉSENT	PASSÉ
que je sois	que j' aie été
que tu sois	que tu aies été
qu'il soit	qu'il ait été
que n. soyons	que n. ayons été
que v. soyez	que v. ayez été
qu'ils soient	qu'ils aient été

CONDITIONNEL

PRÉSENT	PASSÉ 1RE FORME
je serais	j' aurais été
tu serais	tu aurais été
il serait	il aurait été
n. serions	n. aurions été
v. seriez	v. auriez été
ils seraient	ils auraient été

IMPÉRATIF

PRÉSENT	PASSÉ
sois	aie été
soyons	ayons été
soyez	ayez été

INFINITIF

PRÉSENT	PASSÉ
être	avoir été

PARTICIPE

PRÉSENT	PASSÉ
étant	été
	ayant été

AVOIR

INDICATIF

PRÉSENT		PASSÉ COMPOSÉ			IMPARFAIT		PLUS-QUE-PARFAIT		
j'	ai	j'	ai	eu	j'	avais	j'	avais	eu
tu	as	tu	as	eu	tu	avais	tu	avais	eu
il	a	il	a	eu	il	avait	il	avait	eu
nous	avons	n.	avons	eu	nous	avions	n.	avions	eu
vous	avez	v.	avez	eu	vous	aviez	v.	aviez	eu
ils	ont	ils	ont	eu	ils	avaient	ils	avaient	eu

PASSÉ SIMPLE		PASSÉ ANTÉRIEUR			FUTUR SIMPLE		FUTUR ANTÉRIEUR		
j'	eus	j'	eus	eu	j'	aurai	j'	aurai	eu
tu	eus	tu	eus	eu	tu	auras	tu	auras	eu
il	eut	il	eut	eu	il	aura	il	aura	eu
nous	eûmes	n.	eûmes	eu	nous	aurons	n.	aurons	eu
vous	eûtes	v.	eûtes	eu	vous	aurez	v.	aurez	eu
ils	eurent	ils	eurent	eu	ils	auront	ils	auront	eu

SUBJONCTIF

PRÉSENT		PASSÉ		
que j'	aie	que j'	aie	eu
que tu	aies	que tu	aies	eu
qu'il	ait	qu'il	ait	eu
que n.	ayons	que n.	ayons	eu
que v.	ayez	que v.	ayez	eu
qu'ils	aient	qu'ils	aient	eu

CONDITIONNEL

PRÉSENT		PASSÉ 1RE FORME		
j'	aurais	j'	aurais	eu
tu	aurais	tu	aurais	eu
il	aurait	il	aurait	eu
n.	aurions	n.	aurions	eu
v.	auriez	v.	auriez	eu
ils	auraient	ils	auraient	eu

IMPÉRATIF

PRÉSENT	PASSÉ
aie	aie eu
ayons	ayons eu
ayez	ayez eu

INFINITIF

PRÉSENT	PASSÉ
avoir	avoir eu

PARTICIPE

PRÉSENT	PASSÉ
ayant	eu, eue
	ayant eu

AIMER : MODÈLE DE VERBE DU 1ER GROUPE : INFINITIF EN *-ER*

VOIX ACTIVE / FORME AFFIRMATIVE

INDICATIF

PRÉSENT	PASSÉ COMPOSÉ	IMPARFAIT	PLUS-QUE-PARFAIT
j' aime	j' ai aimé	j' aimais	j' avais aimé
tu aimes	tu as aimé	tu aimais	tu avais aimé
il aime	il a aimé	il aimait	il avait aimé
nous aimons	n. avons aimé	nous aimions	n. avions aimé
vous aimez	v. avez aimé	vous aimiez	v. aviez aimé
ils aiment	ils ont aimé	ils aimaient	ils avaient aimé

PASSÉ SIMPLE	PASSÉ ANTÉRIEUR	FUTUR SIMPLE	FUTUR ANTÉRIEUR
j' aimai	j' eus aimé	j' aimerai	j' aurai aimé
tu aimas	tu eus aimé	tu aimeras	tu auras aimé
il aima	il eut aimé	il aimera	il aura aimé
nous aimâmes	n. eûmes aimé	nous aimerons	n. aurons aimé
vous aimâtes	v. eûtes aimé	vous aimerez	v. aurez aimé
ils aimèrent	ils eurent aimé	ils aimeront	ils auront aimé

SUBJONCTIF

PRÉSENT	PASSÉ
que j' aime	que j' aie aimé
que tu aimes	que tu aies aimé
qu'il aime	qu'il ait aimé
que n. aimions	que n. ayons aimé
que v. aimiez	que v. ayez aimé
qu'ils aiment	qu'ils aient aimé

CONDITIONNEL

PRÉSENT	PASSÉ 1RE FORME
j' aimerais	j' aurais aimé
tu aimerais	tu aurais aimé
il aimerait	il aurait aimé
n. aimerions	n. aurions aimé
v. aimeriez	v. auriez aimé
ils aimeraient	ils auraient aimé

IMPÉRATIF

PRÉSENT	PASSÉ
aime	aie aimé
aimons	ayons aimé
aimez	ayez aimé

INFINITIF

PRÉSENT	PASSÉ
aimer	avoir aimé

PARTICIPE

PRÉSENT	PASSÉ
aimant	aimé, ée ayant aimé

FORME NÉGATIVE

INDICATIF

PRÉSENT		IMPARFAIT		PASSÉ COMPOSÉ			PLUS-QUE-PARFAIT		
je	n'aime pas	je	n'aimais pas	je	n'ai pas	aimé	je	n'avais pas	aimé
tu	n'aimes pas	tu	n'aimais pas	tu	n'as pas	aimé	tu	n'avais pas	aimé
il, elle	n'aime pas	il, elle	n'aimait pas	il, elle	n'a pas	aimé	il, elle	n'avait pas	aimé
nous	n'aimons pas	n.	n'aimions pas	nous	n'avons pas	aimé	nous	n'avions pas	aimé
vous	n'aimez pas	v.	n'aimiez pas	vous	n'avez pas	aimé	vous	n'aviez pas	aimé
ils, elles	n'aiment pas	ils, elles	n'aimaient pas	ils, elles	n'ont pas	aimé	ils, elles	n'avaient pas	aimé

FUTUR SIMPLE		PASSÉ SIMPLE		FUTUR ANTÉRIEUR			PASSÉ ANTÉRIEUR		
je	n'aimerai pas	je	n'aimai pas	je	n'aurai pas	aimé	je	n'eus pas	aimé
tu	n'aimeras pas	tu	n'aimas pas	tu	n'auras pas	aimé	tu	n'eus pas	aimé
il, elle	n'aimera pas	il, elle	n'aima pas	il, elle	n'aura pas	aimé	il, elle	n'eut pas	aimé
nous	n'aimerons pas	nous	n'aimâmes pas	nous	n'aurons pas	aimé	nous	n'eûmes pas	aimé
vous	n'aimerez pas	vous	n'aimâtes pas	vous	n'aurez pas	aimé	vous	n'eûtes pas	aimé
ils, elles	n'aimeront pas	ils, elles	n'aimèrent pas	ils, elles	n'auront pas	aimé	ils, elles	n'eurent pas	aimé

SUBJONCTIF

PRÉSENT		PASSÉ		
que je	n'aime pas	que je	n'aie pas	aimé
que tu	n'aimes pas	que tu	n'aies pas	aimé
qu'il, elle	n'aime pas	qu'il, elle	n'ait pas	aimé
que nous	n'aimions pas	que nous	n'ayons pas	aimé
que vous	n'aimiez pas	que vous	n'ayez pas	aimé
qu'ils, elles	n'aiment pas	qu'ils, elles	n'aient pas	aimé

CONDITIONNEL

PRÉSENT		PASSÉ 1RE FORME		
je	n'aimerais pas	je	n'aurais pas	aimé
tu	n'aimerais pas	tu	n'aurais pas	aimé
il, elle	n'aimerait pas	il, elle	n'aurait pas	aimé
nous	n'aimerions pas	nous	n'aurions pas	aimé
vous	n'aimeriez pas	vous	n'auriez pas	aimé
ils, elles	n'aimeraient pas	ils, elles	n'auraient pas	aimé

IMPÉRATIF

PRÉSENT

n'aime pas
n'aimons pas
n'aimez pas

INFINITIF

PRÉSENT	PASSÉ
ne pas aimer	n'avoir pas aimé

PARTICIPE

PRÉSENT	PASSÉ
n'aimant pas	n'ayant pas aimé

FORME INTERROGATIVE

INDICATIF

PRÉSENT	IMPARFAIT	PASSÉ COMPOSÉ	PLUS-QUE-PARFAIT
aimé-je ?	aimais-je ?	ai-je aimé ?	avais-je aimé ?
aimes-tu ?	aimais-tu ?	as-tu aimé ?	avais-tu aimé ?
aime-t-il ?	aimait-il ?	a-t-il aimé ?	avait-il aimé ?
aime-t-elle ?	aimait-elle ?	a-t-elle aimé ?	avait-elle aimé ?
aimons-nous ?	aimions-nous ?	avons-nous aimé ?	avions-nous aimé ?
aimez-vous ?	aimiez-vous ?	avez-vous aimé ?	aviez-vous aimé ?
aiment-ils ?	aimaient-ils ?	ont-ils aimé ?	avaient-ils aimé ?
aiment-elles ?	aimaient-elles ?	ont-elles aimé ?	avaient-elles aimé ?

FUTUR SIMPLE	PASSÉ SIMPLE	FUTUR ANTÉRIEUR	PASSÉ ANTÉRIEUR
aimerai-je ?	aimai-je ?	aurai-je aimé ?	eus-je aimé ?
aimeras-tu ?	aimas-tu ?	auras-tu aimé ?	eus-tu aimé ?
aimera-t-il ?	aima-t-il ?	aura-t-il aimé ?	eut-il aimé ?
aimera-t-elle ?	aima-t-elle ?	aura-t-elle aimé ?	eut-elle aimé ?
aimerons-nous ?	aimâmes-nous ?	aurons-nous aimé ?	eûmes-nous aimé ?
aimerez-vous ?	aimâtes-vous ?	aurez-vous aimé ?	eûtes-vous aimé ?
aimeront-ils ?	aimèrent-ils ?	auront-ils aimé ?	eurent-ils aimé ?
aimeront-elles ?	aimèrent-elles ?	auront-elles aimé ?	eurent-elles aimé ?

CONDITIONNEL

PRÉSENT	PASSÉ 1RE FORME
aimerais-je ?	aurai-je aimé ?
aimerais-tu ?	aurais-tu aimé ?
aimerait-il ?	aurait-il aimé ?
aimerait-elle ?	aurait-elle aimé ?
aimerions-nous ?	aurions-nous aimé ?
aimeriez-vous ?	auriez-vous aimé ?
aimeraient-ils ?	auraient-ils aimé ?
aimeraient-elles ?	auraient-elles aimé ?

VOIX PASSIVE

INDICATIF

PRÉSENT			PASSÉ COMPOSÉ			IMPARFAIT			PLUS-QUE-PARFAIT		
je	suis	aimé*	j'	ai	été aimé	j'	étais	aimé	j'	avais	été aimé
tu	es	aimé	tu	as	été aimé	tu	étais	aimé	tu	avais	été aimé
il	est	aimé	il	a	été aimé	il	était	aimé	il	avait	été aimé
n.	sommes	aimés	n.	avons	été aimés	n.	étions	aimés	n.	avions	été aimés
v.	êtes	aimés	v.	avez	été aimés	v.	étiez	aimés	v.	aviez	été aimés
ils	sont	aimés	ils	ont	été aimés	ils	étaient	aimés	ils	avaient	été aimés

PASSÉ SIMPLE			PASSÉ ANTÉRIEUR			FUTUR SIMPLE			FUTUR ANTÉRIEUR		
je	fus	aimé	j'	eus	été aimé	je	serai	aimé	j'	aurai	été aimé
tu	fus	aimé	tu	eus	été aimé	tu	seras	aimé	tu	auras	été aimé
il	fut	aimé	il	eut	été aimé	il	sera	aimé	il	aura	été aimé
n.	fûmes	aimés	n.	eûmes	été aimés	n.	serons	aimés	n.	aurons	été aimés
v.	fûtes	aimés	v.	eûtes	été aimés	v.	serez	aimés	v.	aurez	été aimés
ils	furent	aimés	ils	eurent	été aimés	ils	seront	aimés	ils	auront	été aimés

SUBJONCTIF

PRÉSENT			PASSÉ		
que je	sois	aimé	que j'	aie	été aimé
que tu	sois	aimé	que tu	aies	été aimé
qu'il	soit	aimé	qu'il	ait	été aimé
que n.	soyons	aimés	que n.	ayons	été aimés
que v.	soyez	aimés	que v.	ayez	été aimés
qu'ils	soient	aimés	qu'ils	aient	été aimés

CONDITIONNEL

PRÉSENT			PASSÉ 1RE FORME		
je	serais	aimé	j'	aurais	été aimé
tu	serais	aimé	tu	aurais	été aimé
il	serait	aimé	il	aurait	été aimé
n.	serions	aimés	n.	aurions	été aimés
v.	seriez	aimés	v.	auriez	été aimés
ils	seraient	aimés	ils	auraient	été aimés

IMPÉRATIF

PRÉSENT		PASSÉ
sois	aimé	inusité
soyons	aimés	
soyez	aimés	

INFINITIF

PRÉSENT	PASSÉ
être aimé	avoir été aimé

PARTICIPE

PRÉSENT	PASSÉ
étant aimé	aimé, ée ayant été aimé

* Au féminin, je suis aimé devient je suis aimé**e**, tu es aimé**e**..., nous sommes aimé**es**...

S'AMUSER

VOIX PRONOMINALE

INDICATIF

PRÉSENT		IMPARFAIT		FUTUR SIMPLE		PASSÉ SIMPLE	
je m'	amuse	je m'	amusais	je m'	amuserai	je m'	amusai
tu t'	amuses	tu t'	amusais	tu t'	amuseras	tu t'	amusas
il ou elle s'	amuse	il ou elle s'	amusait	il ou elle s'	amusera	il ou elle s'	amusa
ns ns	amusons	ns ns	amusions	ns ns	amuserons	ns ns	amusâmes
vs vs	amusez	vs vs	amusiez	vs vs	amuserez	vs vs	amusâtes
ils ou elles s'	amusent	ils ou elles s'	amusaient	ils ou elles s'	amuseront	ils ou elles s'	amusèrent

PASSÉ COMPOSÉ			PLUS-QUE-PARFAIT			FUTUR ANTÉRIEUR		
je me	suis	amusé(e)	je m'	étais	amusé(e)	je me	serai	amusé(e)
tu t'	es	amusé(e)	tu t'	étais	amusé(e)	tu te	seras	amusé(e)
il ou elle s'	est	amusé(e)	il ou elle s'	était	amusé(e)	il ou elle se	sera	amusé(e)
ns ns	sommes	amusé(e)s	ns ns	étions	amusé(e)s	ns ns	serons	amusé(e)s
vs vs	êtes	amusé(e)s	vs vs	étiez	amusé(e)s	vs vs	serez	amusé(e)s
ils ou elles se	sont	amusé(e)s	ils ou elles s'	étaient	amusé(e)s	ils ou elles se	seront	amusé(e)s

PASSÉ ANTÉRIEUR		
je me	fus	amusé(e)
tu te	fus	amusé(e)
il ou elle se	fut	amusé(e)
ns ns	fûmes	amusé(e)s
vs vs	fûtes	amusé(e)s
ils ou elles se	furent	amusé(e)s

SUBJONCTIF

PRÉSENT		PASSÉ		
que je m'	amuse	que je me	sois	amusé(e)
que tu t'	amuses	que tu te	sois	amusé(e)
qu'il ou elle s'	amuse	qu'il ou elle se	soit	amusé(e)
que ns ns	amusions	que ns ns	soyons	amusé(e)s
que vs vs	amusiez	que vs vs	soyez	amusé(e)s
qu'ils ou elles s'	amusent	qu'ils ou elles se	soient	amusé(e)s

CONDITIONNEL

PRÉSENT		PASSÉ 1RE FORME		
je m'	amuserais	je me	serais	amusé(e)
tu t'	amuserais	tu te	serais	amusé(e)
il ou elle s'	amuserait	il ou elle se	serait	amusé(e)
ns ns	amuserions	ns ns	serions	amusé(e)s
vs vs	amuseriez	vs vs	seriez	amusé(e)s
ils ou elles s'	amuseraient	ils ou elles se	seraient	amusé(e)s

IMPÉRATIF

PRÉSENT

amuse-toi
amusons-nous
amusez-vous

INFINITIF

PRÉSENT	PASSÉ
s'amuser	s'être amusé(e)s

PARTICIPE

PRÉSENT	PASSÉ
s'amusant	s'étant amusé(e)s

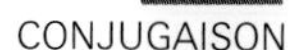

FINIR : MODÈLE DE VERBE DU 2^E GROUPE : INFINITIF EN *-IR* / PARTICIPE PRÉSENT EN *-ISSANT*

INDICATIF

PRÉSENT	PASSÉ COMPOSÉ	IMPARFAIT	PLUS-QUE-PARFAIT
je finis	j' ai fini	je finissais	j' avais fini
tu finis	tu as fini	tu finissais	tu avais fini
il finit	il a fini	il finissait	il avait fini
nous finissons	n. avons fini	nous finissions	n. avions fini
vous finissez	v. avez fini	vous finissiez	v. aviez fini
ils finissent	ils ont fini	ils finissaient	ils avaient fini

PASSÉ SIMPLE	PASSÉ ANTÉRIEUR	FUTUR SIMPLE	FUTUR ANTÉRIEUR
je finis	j' eus fini	je finirai	j' aurai fini
tu finis	tu eus fini	tu finiras	tu auras fini
il finit	il eut fini	il finira	il aura fini
nous finîmes	n. eûmes fini	nous finirons	n. aurons fini
vous finîtes	v. eûtes fini	vous finirez	v. aurez fini
ils finirent	ils eurent fini	ils finiront	ils auront fini

SUBJONCTIF

PRÉSENT	PASSÉ
que je finisse	que j' aie fini
que tu finisses	que tu aies fini
qu'il finisse	qu'il ait fini
que n. finissions	que n. ayons fini
que v. finissiez	que v. ayez fini
qu'ils finissent	qu'ils aient fini

CONDITIONNEL

PRÉSENT	PASSÉ 1RE FORME
je finirais	j' aurais fini
tu finirais	tu aurais fini
il finirait	il aurait fini
n. finirions	n. aurions fini
v. finiriez	v. auriez fini
ils finiraient	ils auraient fini

IMPÉRATIF

PRÉSENT	PASSÉ
finis	aie fini
finissons	ayons fini
finissez	ayez fini

INFINITIF

PRÉSENT	PASSÉ
finir	avoir fini

PARTICIPE

PRÉSENT	PASSÉ
finissant	fini, ie ayant fini

VOULOIR : MODÈLE DE VERBE DU 3E GROUPE : INFINITIF EN *-OIR*

INDICATIF

PRÉSENT	PASSÉ COMPOSÉ	IMPARFAIT	PLUS-QUE-PARFAIT
je veux	j' ai voulu	je voulais	j' avais voulu
tu veux	tu as voulu	tu voulais	tu avais voulu
il veut	il a voulu	il voulait	il avait voulu
nous voulons	n. avons voulu	nous voulions	n. avions voulu
vous voulez	v. avez voulu	vous vouliez	v. aviez voulu
ils veulent	ils ont voulu	ils voulaient	ils avaient voulu

PASSÉ SIMPLE	PASSÉ ANTÉRIEUR	FUTUR SIMPLE	FUTUR ANTÉRIEUR
je voulus	j' eus voulu	je voudrai	j' aurai voulu
tu voulus	tu eus voulu	tu voudras	tu auras voulu
il voulut	il eut voulu	il voudra	il aura voulu
nous voulûmes	n. eûmes voulu	nous voudrons	n. aurons voulu
vous voulûtes	v. eûtes voulu	vous voudrez	v. aurez voulu
ils voulurent	ils eurent voulu	ils voudront	ils auront voulu

SUBJONCTIF

PRÉSENT	PASSÉ
que je veuille	que j' aie voulu
que tu veuilles	que tu aies voulu
qu'il veuille	qu'il ait voulu
que n. voulions	que n. ayons voulu
que v. vouliez	que v. ayez voulu
qu'ils veuillent	qu'ils aient voulu

CONDITIONNEL

PRÉSENT	PASSÉ 1RE FORME
je voudrais	j' aurais voulu
tu voudrais	tu aurais voulu
il voudrait	il aurait voulu
n. voudrions	n. aurions voulu
v. voudriez	v. auriez voulu
ils voudraient	ils auraient voulu

IMPÉRATIF

PRÉSENT	PASSÉ
veux (veuille)	aie voulu
voulons	ayons voulu
voulez (veuillez)	ayez voulu

INFINITIF

PRÉSENT	PASSÉ
vouloir	avoir voulu

PARTICIPE

PRÉSENT	PASSÉ
voulant	voulu, ue ayant voulu

FAIRE : MODÈLE DE VERBE DU 3^E GROUPE : INFINITIF EN *-RE*

INDICATIF

PRÉSENT		PASSÉ COMPOSÉ			IMPARFAIT		PLUS-QUE-PARFAIT		
je	fais	j'	ai	fait	je	faisais	j'	avais	fait
tu	fais	tu	as	fait	tu	faisais	tu	avais	fait
il	fait	il	a	fait	il	faisait	il	avait	fait
nous	faisons	n.	avons	fait	nous	faisions	n.	avions	fait
vous	faites	v.	avez	tait	vous	faisiez	v.	aviez	fait
ils	font	ils	ont	fait	ils	faisaient	ils	avaient	fait

PASSÉ SIMPLE		PASSÉ ANTÉRIEUR			FUTUR SIMPLE		FUTUR ANTÉRIEUR		
je	fis	j'	eus	fait	je	ferai	j'	aurai	fait
tu	fis	tu	eus	fait	tu	feras	tu	auras	fait
il	fit	il	eut	fait	il	fera	il	aura	fait
nous	fîmes	n.	eûmes	fait	nous	ferons	n.	aurons	fait
vous	fîtes	v.	eûtes	fait	vous	ferez	v.	aurez	fait
ils	firent	ils	eurent	fait	ils	feront	ils	auront	fait

SUBJONCTIF

PRÉSENT		PASSÉ		
que je	fasse	que j'	aie	fait
que tu	fasses	que tu	aies	fait
qu'il	fasse	qu'il	ait	fait
que n.	fassions	que n.	ayons	fait
que v.	fassiez	que v.	ayez	fait
qu'ils	fassent	qu'ils	aient	fait

CONDITIONNEL

PRÉSENT		PASSÉ 1RE FORME		
je	ferais	j'	aurais	fait
tu	ferais	tu	aurais	fait
il	ferait	il	aurait	fait
n.	ferions	n.	aurions	fait
v.	feriez	v.	auriez	fait
ils	feraient	ils	auraient	fait

IMPÉRATIF

PRÉSENT	PASSÉ	
fais	aie	fait
faisons	ayons	fait
faites	ayez	fait

INFINITIF

PRÉSENT	PASSÉ
faire	avoir fait

PARTICIPE

PRÉSENT	PASSÉ
faisant	fait, te ayant fait

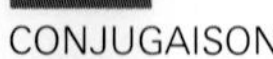

DORMIR : MODÈLE DE VERBE DU 3E GROUPE : INFINITIF EN *-IR* / PARTICIPE PRÉSENT EN *-ANT*

INDICATIF

PRÉSENT	PASSÉ COMPOSÉ	IMPARFAIT	PLUS-QUE-PARFAIT
je dors	j' ai dormi	je dorm ais	j' avais dormi
tu dors	tu as dormi	tu dorm ais	tu avais dormi
il dort	il a dormi	il dorm ait	il avait dormi
nous dorm ons	n. avons dormi	nous dorm ions	n. avions dormi
vous dorm ez	v. avez dormi	vous dorm iez	v. aviez dormi
ils dorm ent	ils ont dormi	ils dorm aient	ils avaient dormi

PASSÉ SIMPLE	PASSÉ ANTÉRIEUR	FUTUR SIMPLE	FUTUR ANTÉRIEUR
je dormis	j' eus dormi	je dormirai	j' aurai dormi
tu dormis	tu eus dormi	tu dormiras	tu auras dormi
il dormit	il eut dormi	il dormira	il aura dormi
nous dormîmes	n. eûmes dormi	nous dormirons	n. aurons dormi
vous dormîtes	v. eûtes dormi	vous dormirez	v. aurez dormi
ils dormirent	ils eurent dormi	ils dormiront	ils auront dormi

SUBJONCTIF

PRÉSENT	PASSÉ
que je dorm e	que j' aie dormi
que tu dorm es	que tu aies dormi
qu'il dorm e	qu'il ait dormi
que n. dorm ions	que n. ayons dormi
que v. dorm iez	que v. ayez dormi
qu'ils dorm ent	qu'ils aient dormi

CONDITIONNEL

PRÉSENT	PASSÉ 1RE FORME
je dormirais	j' aurais dormi
tu dormirais	tu aurais dormi
il dormirait	il aurait dormi
n. dormirions	n. aurions dormi
v. dormiriez	v. auriez dormi
ils dormiraient	ils auraient dormi

IMPÉRATIF

PRÉSENT	PASSÉ
dors	aie dormi
dorm ons	ayons dormi
dorm ez	ayez dormi

INFINITIF

PRÉSENT	PASSÉ
dormir	avoir dormi

PARTICIPE

PRÉSENT	PASSÉ
dormant	dormi
	ayant dormi

VOCABULAIRE

Qu'appelle-t-on vocabulaire ?

La langue française comprend un grand nombre de mots (noms, adjectifs, verbes...) : leur ensemble forme le **vocabulaire français**.

Les mots clés

ALPHABET : il est composé de :
- six voyelles : a, e, i, o, u, y ;
- vingt consonnes : b, c, d, f, g, h, j, k, l, m, n, p, q, r, s, t, v, w, x, z.

ORDRE ALPHABÉTIQUE : a, b, c, d, e, f, g, h, i, j, k, l, m, n, o, p, q, r, s, t, u, v, w, x, y, z.

MINUSCULES : les caractères pour écrire les noms communs, adjectifs, verbes, etc.

MAJUSCULES : des caractères particuliers qu'on utilise pour marquer le début d'une phrase, ainsi que pour signaler un nom propre : *Lyon, la Normandie, le Portugal.*

SENS PROPRE : le sens premier d'un mot, sa signification la plus courante.

SENS FIGURÉ : un sens dérivé du précédent qui permet d'établir une image ou une comparaison.

ÉTYMOLOGIE : l'histoire d'un mot, ses origines.

SYNONYMES : des mots qui possèdent des sens très proches.

ANTONYMES : des mots qui possèdent des sens opposés.

PARONYMES : des mots qui se ressemblent et qui parfois ne diffèrent que d'une lettre.

HOMONYMES : des mots qui se prononcent (ou s'écrivent) de la même façon, mais possèdent des sens différents.

FAMILLE DE MOTS : un ensemble de mots formés à partir d'un radical commun.

RACINE : l'origine (latine, grecque, anglaise) d'un radical, d'un préfixe ou d'un suffixe.

RADICAL : l'élément qui porte le sens de base d'un mot.

PRÉFIXE : élément qui précède le radical et qui permet d'en modifier le sens.

SUFFIXE : élément qui suit le radical et qui sert à former de nouvelles catégories de mots.

1

SAVEZ-VOUS

UTILISER UN DICTIONNAIRE

A. Qu'est-ce que l'alphabet ?

Il est important de connaître **par cœur** l'alphabet pour chercher un mot dans un dictionnaire parce que les mots y sont classés par ordre alphabétique.

Parmi les **26 lettres** de l'alphabet, on distingue :
– **6 voyelles : a, e, i, o, u, y**
– **20 consonnes : b, c, d, f, g, h, j, k, l, m, n, p, q, r, s, t, v, w, x, z**

1. Quelles formes peuvent prendre les lettres ?

– les **minuscules :**
a, b, c, d, e, f, g, h, i, j, k, l, m, n, o, p, q, r, s, t, u, v, w, x, y, z.

– les **majuscules :**
A, B, C, D, E, F, G, H, I, J, K, L, M, N, O, P, Q, R, S, T, U, V, W, X, Y, Z.

– ou **d'autres formes** encore :

a, b, c, d, e, f, g, h, i, j, k, l, m, n, o, p, q, r, s, t, u, v, w, x, y, z.

A, B, C, D, E, F, G, H, I, J, K, L, M, N, O, P, Q, R, S, T, U, V, W, X, Y, Z.

a, b, c, d, e, f, g, h, i, j, k, l, m, n, o, p, q, r, s, t, u, v, w, x, y, z.

a, b, c, d, e, f, g, h, i, j, k, l, m, n, o, p, q, r, s, t, u, v, w, x, y, z.

2. A quoi servent les majuscules ?

▶ Observons :

▪ – ***C****omment vous appelez-vous ?*
– ***F****rançois* ***B****ilavet.*
– ***O****ù habitez-vous ?*
– *36, quai de la* ***S****aône, à* ***L****yon, dans le département du* ***R****hône.*
– ***O****ù passez-vous vos vacances ?*
– ***E****n* ***B****retagne le plus souvent, mais j'aime également quitter la* ***F****rance pour découvrir d'autres pays.*

▶ Nous constatons que les noms de **personnes**, de **villes**, de **régions**, de **pays**, de **rivières** commencent par une **MAJUSCULE**. Ce sont des noms **propres**.
N'oubliez pas que les **phrases** commencent également par une **majuscule.**

B. Comment chercher les mots dans le dictionnaire ?

– Dans un dictionnaire, les mots sont classés par ordre **alphabétique**. Cela signifie que pour trouver le mot désiré, il est nécessaire de commencer à chercher à la première lettre du mot.

▪ ***Ex. :*** **une ANTENNE**
Le son [ã] peut s'écrire **AN** *ou* **EN**. *On commence par chercher : à la lettre* **A...** *puis* **AN...** *enfin* **ANT...**

C. Que faire quand on ne trouve pas ?

– Cela veut dire que vous avez attribué au mot que vous cherchiez une mauvaise orthographe.

▪ ***Ex. :*** *Vous voulez chercher le mot* **HORAIRE**.

1. Pensez aux mots de la même famille :
une HEURE, une HORLOGE. Le mot commence par **ho**.

2. Utilisez intelligemment le dictionnaire !

Pour trouver **rapidement**, il est important de connaître l'alphabet dans les deux sens.

UN PETIT JEU :

Choisissez n'importe quelle lettre et indiquez le plus vite possible :

– la lettre qui la **précède** (celle qui vient **avant**),
– la lettre qui lui **succède** (celle qui vient **après**).

▪ ***Ex. :*** *... S ...* [*T*] *... U ...* ou encore : *... F ...* [*G*] *... H ...*

UN CONSEIL :

Si vous cherchez un mot commençant par **M,** il est inutile d'ouvrir votre dictionnaire au début et de le feuilleter de **A** à **M**. Ouvrez-le plutôt vers le milieu.

La plupart des dictionnaires peuvent être divisés en **quatre** parties : le **1er quart** contient **A, B, C, D** ; le **2e quart** contient **E, F, G, H, I, J, K** ; le **3e quart** contient **L, M, N, O, P, Q,** ; le **4e quart** contient **R, S, T, U, V, W, X, Y, Z.**

D. Que nous apprend un dictionnaire ?

▶ Observons cette **entrée** de dictionnaire :

AURORE : n. *f.* Lueur brillante et rosée qui suit l'aube et précède le lever du soleil.

▶ Nous constatons que trois informations nous sont données :

1. la **nature** du mot : **n.** si c'est un nom. (C'est le cas dans cet exemple.)

v.	si c'est un verbe.	**art.**	si c'est un article.
adj.	s'il s'agit d'un adjectif.	**prép.**	si c'est une préposition.
adv.	si c'est un adverbe.	**conj.**	si c'est une conjonction.

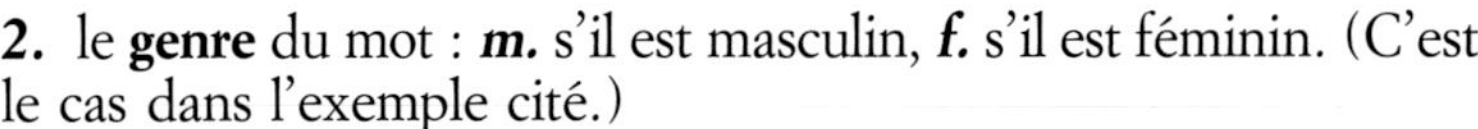

2. le **genre** du mot : ***m.*** s'il est masculin, ***f.*** s'il est féminin. (C'est le cas dans l'exemple cité.)

3. le **sens du mot**.

• **sens propre :** le sens habituel du mot.

▪ *Chaque matin, je fais mon* **lit**.

• **sens figuré :** un sens dérivé, dans une expression particulière ou dans une comparaison.

▪ *Le* **lit** *de la rivière. La rivière est sortie de son* **lit**.

4. Le dictionnaire nous fournit d'autres renseignements :

L'étymologie : *ancien français, latin* ou *grec*. C'est un peu l'histoire du mot. Elle nous permet d'éviter les pièges de l'orthographe.

▪ **Chronomètre** *vient du grec* **chronos** *(le temps) et* **mètron** *(mesure)* ▸ *Un* **chronomètre** *est donc un instrument qui sert à mesurer le temps.*

▪ **Paléolithique** *vient du grec* **palaios** *(ancien) et* **lithos** *(la pierre).* ▸ **Paléolithique** *définit une période géologique.*

En consultant votre dictionnaire – faites-le aussi souvent que vous le pouvez – vous constaterez que la plupart des mots qui contiennent les groupes de **consonnes** : *-ph -th -ch* ont une **étymologie** grecque, c'est-à-dire qu'ils viennent du grec ; il en va de même pour les mots contenant un *y* à l'intérieur du mot : *cycle, lycée, synonyme, style ;* ou un *h* au début du mot : **h***émisphère,* **h***ypo***th***èse* (voir p. 248).

SAVEZ-VOUS

FAIRE LA DIFFÉRENCE ENTRE SYNONYMES, ANTONYMES, PARONYMES, HOMONYMES

Les quatre noms **synonyme, antonyme, paronyme** et **homonyme** ont tous été formés à l'aide du mot grec *-onyme*, qui veut dire **nom**.
Quand on vous pose des questions de vocabulaire, bien souvent on vous demande de faire des rapprochements entre les mots. Certains ont presque le même sens **(synonymes)** ou un sens tout à fait opposé **(antonymes)**.
Certains se ressemblent, à une ou deux lettres près **(paronymes)**.
D'autres se prononcent de la même façon et pourtant ils possèdent un sens différent **(homonymes)**.

A. Quand dit-on que des mots sont *synonymes* ?

– Lorsque des mots ont **le même sens** ou qu'ils possèdent des **sens très voisins**, on dit qu'il sont *synonymes*.

- *abattre = démolir = détruire*

Quelles catégories de mots peuvent être synonymes ?

Des **noms** :

- *un abri / un asile / une protection / un refuge*
- *un gain / un bénéfice / un profit*

Des **adjectifs** :

- *adroit / habile*
- *beau / joli*
- *grand / important*
- *fort / puissant / robuste*

Des **verbes** :

- *donner / offrir / présenter*
- *trouver / découvrir / rencontrer*
- *vouloir / désirer / souhaiter*

Des **adverbes** :

- *aussi / également*
- *seulement / uniquement*
- *toujours / continuellement / constamment*

B. Quand dit-on que des mots sont *paronymes* ?

– On dit que deux mots sont des *paronymes* lorsqu'ils **se prononcent presque** de la même façon mais possèdent des sens différents.

affluence : Une importante réunion de personnes.
influence : Une action qu'on exerce sur quelqu'un.

altitude : L'**altitude** du mont Blanc est de 4 807 m.
attitude : Juliette a une **attitude** rêveuse.

apporter : Nos cousins vont **apporter** le dessert.
emporter : Tu peux **emporter** ce meuble, il ne me sert plus.

bise : Un vent sec et froid, qui souffle du nord.
brise : Un petit vent frais.

désinfecter : Il faut **désinfecter** cette plaie.
désaffecter : Ce hangar ne sert plus ; il a été **désaffecté**.

effraction : Entrer dans une maison par **effraction**.
infraction : Commettre une **infraction** au code de la route.

émigrer : Quitter son pays pour aller s'installer dans un autre.
immigrer : Arriver dans un nouveau pays pour y vivre.

éruption : L'apparition soudaine d'un phénomène.
irruption : Le fait de pénétrer par surprise dans un endroit.

évasion : L'**évasion** de ce prisonnier a échoué.
invasion : Une **invasion** de moustiques.

éventaire : Étalage de marchandises.
inventaire : Lorsqu'un marchand établit la liste de ce qu'il a en magasin.

excès : L'automobiliste a commis un **excès** de vitesse.
accès : L'**accès** à ce musée est interdit aux animaux.

gourmand : Le **gourmand** mange avec excès, sans même déguster.
gourmet : Le **gourmet** sait apprécier les bonnes choses, en les savourant.

infecté : Cette blessure est **infectée** : elle doit être nettoyée.
infesté : Cette région est **infestée** de mouches.

justice : Faire preuve de **justice**, c'est être équitable, ne favoriser personne.
justesse : Ils ont eu leur train de **justesse**. Il était temps !

location : Une voiture de **location**.
locution : Une expression composée de plusieurs mots. *(dès que, parce que)*

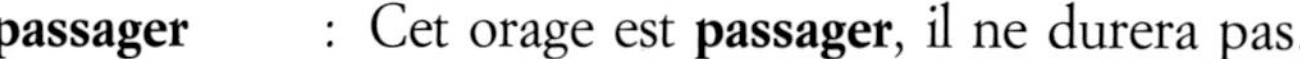

passager : Cet orage est **passager**, il ne durera pas.
passant : Une rue **passante**, très fréquentée.

portion : Un morceau de nourriture ou de territoire.
potion : Un remède, un médicament.

préposition : *à, de, pour, sans* sont des **prépositions**.
proposition : Les *principales* sont des **propositions**.

vénéneux : Un champignon **vénéneux**, qui peut être mortel.
venimeux : Un serpent **venimeux**, qui possède du venin.

C. Quand dit-on que des mots sont *antonymes* ?

— Deux mots sont *antonymes* s'ils sont de sens contraires.

ancien ≠ moderne.

Quelles catégories de mots peuvent être antonymes ?

Des **adjectifs :** beau ≠ laid ; courageux ≠ lâche ; gentil ≠ méchant ; propre ≠ sale ; vrai ≠ faux.

Des **noms :** un ami ≠ un ennemi ; un partenaire ≠ un adversaire.

Des **verbes :** accepter ≠ refuser ; croire ≠ douter ; monter ≠ descendre.

Des **adverbes :** lentement ≠ rapidement.

La plupart des dictionnaires indiquent un ou plusieurs antonymes à la fin de chaque entrée.

D. Quand dit-on que des mots sont *homonymes* ?

— On dit que des mots sont *homonymes* lorsqu'ils ont la **même forme**, écrite ou orale, mais des **sens différents** :

- *un* **comte** *et une comtesse.*
- *le* **conte** *du « Petit Poucet »*
- *un* **compte** *en banque.*

À l'intérieur des **homonymes**, on peut distinguer :
– Les **homophones :**
Les mots **se prononcent** de la **même façon**, ils ont la même forme orale, mais s'écrivent de façons différentes.

- *une* **chaîne** *de vélo*
- *les feuilles du* **chêne**.

– Les **homographes :**
Les mots **s'écrivent** de la **même façon**, mais ils se prononcent différemment.

- *le* **président** *de la République*
- *Le préfet et le maire* **président** *la cérémonie*.

C'est souvent le **contexte**, ce qui entoure le mot, qui vous permettra de trouver la prononciation correcte des **homographes** :
– *le président* (article + nom commun) de l'Assemblée nationale ;
– *ils président* (pronom personnel sujet + verbe à la 3e personne du pluriel).

- *Le* **précédent** *film de...* ◂ ARTICLE + ADJECTIF QUALIFICATIF + NOM.
- *Elles* **précèdent** *les garçons* ◂ PRONOM PERSONNEL SUJET + VERBE + COD.

Si vous écoutez un récit, le sens de la phrase vous permettra de choisir parmi les sens possibles, et donc de trouver l'orthographe des homophones.

HOMOPHONES

- *J'écoute un* [ʃã] *mélodieux.* ▸
J'écoute un **chant** *mélodieux.*
– *Peut-on écouter un* champ ? **Non**.

- *Elle traversa un* [ʃã] *avant d'atteindre la rivière.*
▸ *Elle traversa un* **champ**.
– *Peut-on traverser un* chant ? **Non**.

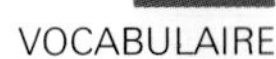

QUELQUES HOMONYMES

A

- **air / aire / ère :** un **air** frais / l'**aire** du carré, sa surface / l'**ère** tertiaire.
- **amande / amende :** croquer une **amande** / payer une **amende**.
- **ancre / encre :** l'**ancre** du bateau / une tache d'**encre**.
- **autel / hôtel :** l'**autel** de la cathédrale / l'**hôtel** de voyageurs.
- **auteur / hauteur :** l'**auteur** de cette poésie / le saut en **hauteur**.

B

- **bal / balle :** le **bal** du village / une **balle** de mousse.
- **balade / ballade :** une **balade** en montagne / chanter une **ballade**.
- **balai / ballet :** donner un coup de **balai** / un **ballet** d'opéra.
- **bar / barre :** le comptoir du **bar** / une **barre** de fer.
- **boue / bout :** des chaussures pleines de **boue** / un **bout** de pain.
- **but / butte :** marquer un **but** / monter sur une **butte**.

C

- **camp / quand / quant :** le **camp** romain / **Quand** il fera jour / **quant** à toi.
- **cane / canne :** la **cane** et ses canetons / la **canne** du vieillard.
- **canot / canaux :** un **canot** de sauvetage / les **canaux** hollandais.
- **cap / cape :** franchir un nouveau **cap** / la **cape** de Zorro.
- **car / quart :** Je me couvre, **car** il fait froid / un **quart** d'heure.
- **cent / sang / sans :** **cent** francs / une goutte de **sang** / **sans** peur.

- **cep / cèpe :** le **cep** de la vigne / Le **cèpe** est un champignon délicieux.
- **cerf / serf :** chasser le **cerf** / Le **serf** obéit au seigneur.
- **chaîne / chêne :** une **chaîne** stéréo / une table en **chêne** massif.
- **chair / cher / chère :** la **chair** de poule / **cher** oncle, **chère** cousine.
- **chaud / show :** Il fait **chaud** / un **show** télévisé.
- **cœur / chœur :** les battements du **cœur** / les **chœurs** de l'opéra.
- **coin / coing :** rester dans son **coin** / de la confiture de **coings**.
- **col / colle :** franchir un **col** en vélo / un tube de **colle**.
- **comte / compte / conte :** le **comte** et la comtesse / un **compte** en banque / un **conte** de fées.
- **coq / coque :** la poule et le **coq** / la **coque** du navire.
- **cor / corps :** sonner du **cor** / un **corps** musclé.
- **cou / coup :** un foulard autour du **cou** / éviter un **coup**.
- **cour / cours / court :** la **cour** de récréation / le **cours** de musique / le chemin le plus **court**.
- **crin / crains :** un **crin** de cheval / Je **crains** la chaleur.

D

- **danse / dense :** une **danse** populaire / un brouillard très **dense**.
- **dent / dans :** perdre une **dent** / **dans** le brouillard.
- **do / dos :** un **do** en musique / un mal de **dos**.

E

- **elle / aile :** **Elle** est blessée à l'**aile**, cette hirondelle.
- **étain / éteint :** un plat en **étain** / un feu **éteint**.
- **être / hêtre :** un **être** humain / une forêt de **hêtres**.
- **eux / œufs :** C'est à **eux** de jouer / une douzaine d'**œufs**.

F

- **faim / fin :** Elle n'a plus **faim** / la **fin** du film / un repas **fin**.
- **fausse / fosse :** une **fausse** note / la **fosse** aux lions.
- **fête / faite :** c'est la **fête** / une présentation bien **faite**.
- **fil / file :** un **fil** de laine / une **file** d'attente.
- **flan / flanc :** faire cuire un **flan** / le **flanc** de la colline.
- **foi / foie / fois :** la **foi** des croyants / un **foie** de veau / Il était une **fois**.

G

- **gaz / gaze :** l'odeur du **gaz** / de la **gaze** pour un pansement.
- **goal / gaule / Gaule :** le **goal** de l'équipe / la **gaule** du pêcheur / la **Gaule**.
- **golf / golfe :** jouer au **golf** / le port est au fond du **golfe**.
- **grasse / grâce :** une sauce **grasse** / Cette danseuse a beaucoup de **grâce**.
- **guère / guerre :** Il n'a **guère** de succès / la **guerre** et la paix.

H

- **hockey / hoquet / O.K. :** le **hockey** sur glace / avoir le **hoquet** / c'est **O.K.** !
- **hutte / ut :** une **hutte** de trappeur / La note do s'appelle aussi **ut**.

J

- **J'ai / geai / jet : J'ai** aperçu un **geai** / un **jet** d'eau.

L

- **lac / laque :** les bords du **lac** / une couche de **laque**.

M

- **ma / m'a / mas :** la maison de **ma** tante **m'a** plu / un **mas** provençal.
- **mai / mais / mets : Mais** que fais-tu le 1er **mai** ? ce **mets** délicieux.
- **maître / mètre / mettre :** le **maître** d'escrime / un **mètre** de tissu / **mettre** la charrue avant les bœufs.
- **mal / malle / mâle : mal** au ventre / une vieille **malle** / le **mâle** et la femelle.
- **mère / maire / mer :** la **mère** et l'enfant / le **maire** du village / le bord de **mer**.
- **mi / mie / mis :** do, ré, **mi** / de la **mie** de pain / Où l'as-tu **mis** ?
- **moi / mois :** Regarde-**moi** ! Je reviens le **mois** prochain.
- **mon / mont : mon** frère / un **mont** dans le Jura.
- **mot / maux :** un **mot** nouveau / des **maux** de tête.
- **mur / mûr / mûre :** un **mur** élevé / un fruit **mûr** / une gelée de **mûres**.

N

- **ni / nid / n'y : ni** queue, **ni** tête / un **nid** d'aigle / Je **n'y** peux rien.

O

- **or / hors :** un bracelet en **or** / Le joueur est **hors**-jeu.
- **os / eau / haut / au :** les **os** du crâne / une **eau** pure / là-**haut** / **au** secours !
- **ou / où / août / houx : Où** allez-vous en **août** ? À la mer **ou** à la montagne ? / une branche de **houx**.
- **oui / ouïe :** Il a dit « **Oui** » / avoir l'**ouïe** fine.

P

- **pain / pin / peint :** une tranche de **pain** / une pomme de **pin** / des murs **peints**.
- **par / part :** Passe **par** ici / une **part** de gâteau.
- **parti / partie :** un **parti** politique / une **partie** de billes.
- **pâte / patte :** une **pâte** à tarte / la **patte** du chat.
- **peau / pot :** sauver sa **peau** / un **pot** de fleurs.
- **père / pair / paire :** un bon **père** / un nombre **pair** / une **paire** de jumelles.
- **pie / pis / π :** La **pie** est un oiseau / le **pis** de la vache / le nombre **π** est proche de 3, 14.
- **piton / python :** un **piton** rocheux / le serpent **python**.
- **plaine / pleine :** une **plaine** fertile / La bouteille est **pleine**.
- **poids / pois :** un **poids** lourd / Mange tes petits **pois** !
- **poil / poêle / poêle :** le **poil** du chien / une **poêle** à frire / un **poêle** à mazout.
- **poing / point :** un coup de **poing** / N'oubliez pas le **point** et les virgules.
- **porc / port :** une grillade de **porc** / Le marin rentre au **port**.
- **pou / pouls :** fier comme un **pou** (coq) / prendre le **pouls** / une lotion contre les **poux**.
- **puits / puis :** creuser un **puits** / l'eau, **puis** la farine.

R

- **ras / rat / raz :** des poils **ras** / un **rat** et une souris / un **raz** de marée.
- **reine / renne / rêne :** la **reine** des abeilles / un **renne** et son troupeau / tenir les **rênes** de la diligence.
- **roc / rock :** solide comme un **roc** / danser le **rock**.
- **roue / roux :** la **roue** de secours / un garçon **roux**.

S

- **sain / sein / saint : sain** et sauf / le **sein** de la mère / un **saint** homme.
- **sale / salle :** une **sale** histoire / une **salle** à manger.
- **saut / seau / sot :** le **saut** en hauteur / un **seau** d'eau / Tu n'es qu'un **sot** !
- **selle / celle / sel :** la **selle** du cheval / **celle** que je préfère / le **sel** et le poivre.
- **serre / serres :** la **serre** tropicale / les **serres** de l'aigle.
- **si / six / scie / s'y / ci : si** tu veux. / **six** francs / une **scie** à bois / On peut **s'y** baigner / celui-**ci**.
- **signe / cygne :** le **cygne** glisse sur le lac / Fais-moi **signe** d'en haut.
- **soi / soie / soit :** ne penser qu'à **soi** / un foulard de **soie** / Quoi qu'il en **soit**.
- **sol / sole :** le **sol** est mouillé / une **sole** au beurre / **sol** dièse.
- **sou / sous / saoul :** Je n'ai plus un **sou** ! / Regarde **sous** la table / Il est complètement **saoul**.
- **sport / spore :** un **sport** d'équipe / la **spore** du champignon.
- **sur / sûr :** Compte **sur** moi ! / Il est **sûr** de lui.

T

- **ta / t'a / tas : ta** sœur / Il **t'a** écrit / un **tas** de feuilles.
- **tache / tâche :** une **tache** d'encre / confier une **tâche** difficile à quelqu'un.
- **tant / temps / taon : tant** pis pour toi / Le **temps** est orageux / Le **taon** est un insecte.
- **tante / tente :** l'oncle et la **tante** / une **tente** d'indien.
- **tapi / tapis :** un chat **tapi** dans l'herbe / un **tapis** de Turquie.
- **teint / thym :** un tissu **teint** / du **thym** et du laurier.
- **toi / toit : Toi**, tu exagères ! / un **toit** d'ardoises.

- **tribu / tribut :** une **tribu** indienne / payer un lourd **tribut**.
- **trop / trot : trop** petit / une course de chevaux au **trot**.

V

- **vain / vingt / vin :** Il espère en **vain** / **vingt** siècles / le **vin** nouveau.
- **vaine / veine :** le sang dans la **veine** / une tentative **vaine** / avoir de la **veine**.
- **ver / verre / vert / vers :** un **ver** de terre / un **verre** d'orangeade / un maillot **vert** / un **vers** en poésie / aller **vers** la gare.
- **voie / voix :** une route à trois **voies** / la **voix** du chanteur.
- **vos / veau :** Je regarde **vos** yeux / un **veau** dans un pré.

Un ou deux mots ?

- Certains **adverbes** écrits en un seul mot *(aussitôt, bientôt, plutôt, sitôt)* peuvent avoir des homonymes sous la forme de deux mots *(bien tôt, aussi tôt...)*.

aussitôt : Aussitôt après, l'orage éclata.
aussi tôt : Je ne vous attendais pas **aussi tôt**.
bientôt : Le match va **bientôt** commencer.
bien tôt : La réunion s'est terminée **bien tôt** aujourd'hui.
plutôt : Écris-lui **plutôt** une lettre, il sera ravi.
plus tôt : En raison des grèves, il est parti **plus tôt**.
sitôt : Sitôt son travail terminé, il allait jouer sur la plage.
si tôt : L'émission a commencé **si tôt**, qu'il en a manqué le début.

- Certains **adjectifs indéfinis** *(quelque, quelques)* ont pour homonymes des **locutions conjonctives**.

quelque : Cette ville fut construite, il y a **quelque** deux cents ans. (**environ** deux cents ans.)
quelques : Peux-tu me prêter **quelques** livres ?
quelle que : Quelle que soit votre décision je la respecterai.
quel que : Quel que soit le temps, nous partirons aujourd'hui.

3

SAVEZ-VOUS
COMMENT SONT FORMÉS LES MOTS

Observons les mots suivants :

- *enterrer, déterrer, terrain, territoire, terrestre, terrasse, terrien, atterrir, atterrissage.*

Nous constatons qu'ils sont tous formés à partir d'un même mot : ***terre***. Ils forment la **famille** de ce mot.

Cette partie centrale qui permet de former d'autres mots s'appelle le **radical**.

Le radical peut être précédé d'un élément :

- **en-***terrer* ◂ METTRE DANS LA TERRE.
- **at-***terrir* ◂ ARRIVER SUR TERRE.
- **dé-***terrer* ◂ SORTIR DE TERRE.

en-, at-, dé- sont des **préfixes**. Ils précèdent le radical.

Le radical peut être suivi d'un (ou plusieurs) éléments.

- *terr*-**ain** ◂ UNE ÉTENDUE DE TERRE.
- *terr*-**itoire** ◂ L'ESPACE OCCUPÉ PAR UN GROUPE HUMAIN OU UN ANIMAL.
- *terr*-**ien** ◂ HABITANT DE LA TERRE.

-ain, -itoire, -ien sont des **suffixes**. Ils suivent le radical.
Les mots formés à partir d'un **même radical** à l'aide de **préfixes** ou de **suffixes** s'appellent des **dérivés**.

SAVEZ-VOUS

RECONNAÎTRE LES PRÉFIXES ET LES SUFFIXES

A. Quel est le sens des préfixes ?

Observons ces mots :

- ***in**correct, **in**attendu, **in**croyable, **in**offensif, **in**oubliable.*

Nous constatons que le préfixe *in-* marque le contraire du sens contenu dans le radical.

Devant *m, b, p* le préfixe *in-* devient *im-* :

- ***im**battable, **im**possible, **im**patient, **im**mortel, **im**pair.*

Il peut également se transformer en *il-* ou *ir-* :

- ***il**lisible, **il**légal, **ir**responsable, **ir**réel, **ir**récupérable.*

Certains préfixes ont un sens précis :
-dé (s) marque également le contraire : *désordre, désobéissant*,
-re indique que l'action se produit à nouveau : *recommencer, relire*,
-pré indique que la chose ou l'action s'est passée avant : *préhistoire, prévenir*,
-ad *(ac-, af-, ag-, al-)* peut indiquer que l'action se réalise.

- ***ad**joindre, **ac**courir, **af**faiblir, **ag**randir, **ag**graver, **al**longer.*

B. Quel est le sens des suffixes ?

Les **suffixes** peuvent servir à former :
– des **adjectifs** : *vérit***able***, illis***ible***, poss***ible**
– des **noms** : *gliss***ade***, orange***ade***, feuill***age***, Paris***ien**
– des **verbes** : *mang***er***, noir***cir***, chat***ouiller***, vol***eter**.

1. Suffixes formant des adjectifs :

-able (-ible) : marque la possibilité : *lav***able***, pén***ible***, remarqu***able**
-ard : indique un aspect désagréable : *vant***ard***, chauff***ard**
-âtre : indique la ressemblance, l'approximation : *verd***âtre***, rouge***âtre**
-elet (-elette) : diminutif : *aigre***let***, bracel***et***, maigrel***ette**
-eux (-euse) : qui possède une qualité ou un défaut : *courag***eux***, boit***eux***, orgueill***euse**
-if (-ve) : *craint***if***, tard***if***, plaint***ive**
-ot (-otte) : marque un diminutif : *pâl***ot***, vieill***ot**
-u : marque la qualité : *boss***u***, feuill***u***, poil***u**.

2. Suffixes formant des noms :

-ade : un ensemble d'objets ou une action : *colonn***ade***, fusill***ade**
-age : marque une collection, une action ou son résultat : *feuill***age***, dérap***age**
-aie : plantation : *chên***aie***, châtaigner***aie***, fut***aie**
-ail : noms d'instruments : *épouvant***ail***, évent***ail**
-ais (-ois) : sert à former les noms d'habitants : *Lyonn***ais***, Lill***ois**
-aison (-ison) : action ou résultat : *guér***ison***, trah***ison***, inclin***aison**
-ance : action ou résultat : *all***iance***, puiss***ance***, insist***ance**
-ée : indique le contenu, la durée : *poign***ée***, pinc***ée***, journ***ée**
-et (-ette) : diminutif : *jou***et***, garçonn***et***, suc***ette**
-eur (-euse) : celui (ou celle) qui agit : *imprim***eur***, maquill***euse**
-ie : indique une qualité ou une région : *modest***ie***, Normand***ie**
-ure : action ou résultat de l'action : *brûl***ure***, mors***ure***, piq***ûre**.

SAVEZ-VOUS

RECONNAÎTRE LES RACINES GRECQUES ET LATINES

Les racines **suivies** d'un tiret apparaissent généralement au début des mots : ***archéo- :*** **archéo**logie.

Celles qui sont **précédées** d'un tiret se trouvent plutôt à la fin des mots : ***-cratie :*** démo**cratie**.

Quelques racines utiles à connaître

aéro- gr *air :* aérodrome, aéronaute
-agogie gr *guide :* démagogue, pédagogie
-agogue
agro- lat *champ :* agriculture, agronomie
anthropo- gr *être humain :* anthropophage, anthropologue
aqu- lat *eau :* aquatique, aqueduc
archéo gr *ancien :* archéologie
-archie gr *commandement :* anarchie, monarque
-arque
auto- gr *lui-même :* automobile, autonome
biblio- gr *livre :* bibliothèque
bio- gr *vie :* biologie
carni- lat *viande :* carnivore
chrono- gr *temps :* chronomètre
cinéma-
cinét- gr *mouvement :* cinéma(tographe)
-cratie gr *puissance :* démocratie

crypto-	gr	*caché :* cryptogame
cyclo-	gr	*cercle :* bicyclette
démo-	gr	*peuple :* démocratie
derm-	gr	*peau :* épiderme
-drome	gr	*champ :* aérodrome, hippodrome
équi-	lat	*égal :* équilatéral
géo-	gr	*terre :* géographie, géologue
-gone	gr	*angle :* polygone, hexagone
-gramme	gr	*lettre :* télégramme, anagramme
grapho-	gr	*écrire :* graphique, orthographe
gyné-	gr	*femme :* gynécologue, misogyne
hémo-	gr	*sang :* hématome, hémophile
hétéro-	gr	*autre :* hétérogène, hétérosexuel
hippo-	gr	*cheval :* hippodrome, hippopotame
homo-	gr	*semblable :* homologue, homosexuel
hydro-	gr	*liquide, eau :* hydravion, hydraulique
hypno-	gr	*sommeil :* hypnose, hypnotiser
iatre	gr	*qui soigne :* pédiatre, psychiatre
iso-	gr	*égal :* isocèle, isotherme
latéro-	lat	*côté :* équilatéral, quadrilatère
litho-	gr	*pierre :* lithographie, néolithique
logo-	gr	*discours, parole :* dialogue, monologue
macro-	gr	*grand :* macrophotographie, macroscopique
méga-	gr	*grand :* mégalithe
métro-	gr	*mesure :* kilomètre, millimètre
-mètre		
micro-	gr	*petit :* micro(phone), microscope
-mobile	gr	*qui se déplace :* automobile
mono-	gr	*un seul :* monarchie, monotone
multi-	lat	*plusieurs, nombreux :* multicolore
mytho-	gr	*légende, récit :* mythique, mythologie
naut-	lat	*pilote, marin :* cosmonaute, nautique, spationaute

néo- gr *nouveau :* néolithique, néologie
-nome gr *loi :* agronome, astronomie
-nomie
omni- lat *tout :* omnivore, omnisports
onom- gr *mot, nom :* synonyme, antonyme, paronyme, homonyme
ornitho- gr *oiseau :* ornithologue
ortho- gr *droit, exact :* orthographe, orthophonie
patho- gr *souffrance :* pathologique, sympathie
patr- lat *père :* patriarche, patronyme
péd- gr *enfant :* pédagogie, pédiatre
pédi- lat *pied :* pédestre, pédicure
pétro- lat *pierre :* pétrole
phago- gr *manger :* anthropophage, phagocyter
-phage
philo- gr *qui aime :* philanthrope, philosophie
-phobe gr *qui craint :* claustrophobe, xénophobe
-phone gr *son, voix :* magnétophone, téléphone
photo- gr *lumière :* photocopie, photographie
phyllo- gr *feuille :* chlorophylle
pisci lat *poisson :* piscine, pisciculture
pneum(a) gr *poumon, souffle :* pneumatique, pneumonie
poli- gr *ville, cité :* politique, métropole
-pole
poly- gr *plusieurs, nombreux :* polygone, polyculture
potam- gr *fleuve :* hippopotame
psych- gr *âme, esprit :* psychiatre, psychologue
ptéro- gr *aile :* hélicoptère, ptérodactyle
pyro gr *feu :* pyrogravure, pyromane
rhino- gr *nez :* rhinocéros
-scope gr *examiner, voir :* microscope, magnétoscope
théo- gr *dieu :* polythéiste, théologie

-thèque	gr	*lieu de rangement :* bibliothèque
-vore	lat	*manger :* carnivore, herbivore
zoo-	gr	*animal :* zoologie

Quelques préfixes utiles à connaître

a-	gr	*marque la privation :* anormal, analphabète
an-		
anté-	lat	*avant, devant :* antécédent, antérieur
anti-	gr	*contre :* antigel, antivol
ex-	lat	*hors de :* expulser, exproprier
extra-	lat	*au-delà :* extraordinaire
hyper-	gr	*sur, plus :* hypermarché, hypermétrope
hypo-	gr	*sous :* hypothèse
inter-	lat	*entre :* interligne, international
para-	gr	*contre :* parapluie, parasol
per-	lat	*à travers, par :* perforer
peri-	gr	*autour :* périphérique, périscope
pré-	lat	*avant :* préfixe, préhistoire
pro-	lat	*pour, à la place :* pronom
r(é)-	lat	*répétition, retour :* recommencer, renvoyer
super-	lat	*sur, au-dessus :* supermarché
syn-	gr	*avec :* synonyme, sympathie
télé-	gr	*au loin :* téléphone, téléscope
trans-	lat	*à travers :* transatlantique, transporter

Quelques préfixes servant à l'expression des quantités

FRANÇAIS	LATIN	GREC
moitié	**semi-**(semi-remorque)	**hémi-**(hémisphère)
un	**uni-**(unique)	**mono-**(monologue)
deux	**bi-**(bicyclette)	**di-**(diptère)
trois	**tri-**(tricolore)	**tri-**(triangle)

quatre	**quadri-**(quadrilatère)	**tétra-**(tétraèdre)
cinq	**quinqu-**(quinquennal)	**penta-**(pentagone)
dix	**déci-**(décimètre)	**déca-**(décathlon)
cent	**centi-**(centimètre)	**hecto-**(hectolitre)
mille	**mill-**(millimètre)	**kilo-**(kilogramme)

Comment retrouver le sens d'un mot à partir d'un préfixe et d'un radical ?

Un monologue ?

En consultant le tableau des **quantités** en latin et en grec, nous constatons que **mono**, vient du grec et signifie : *un seul*.
La liste des racines nous fournit la suite :
-logue gr *discours, parole*.

▶ Un monologue est *un discours tenu par une seule personne*.

Un téléscope ?

La liste des préfixes nous indique que **télé** signifie : *au loin ;*
-scope gr *examiner, observer*.

▶ Un téléscope est *un appareil qui permet d'observer le ciel, les étoiles*.

Orthographe ?

La liste des racines nous indique :
ortho- gr *exacte* ; **-graphe** gr *écrire*.

▶ L'orthographe est *la façon correcte d'écrire les mots*.

! Il est donc inutile de parler de l'orthographe « correcte » d'un mot puisque le mot correcte est déjà contenu dans *ortho*-graphe.

DICTIONNAIRE ORTHOGRAPHIQUE

Vous trouverez dans ce dictionnaire une liste d'environ 2000 mots présentant des difficultés orthographiques. Cette liste est faite pour vous aider à **trouver rapidement l'orthographe** d'un mot.

MODE D'EMPLOI

■ Vous ignorez l'orthographe d'un mot : après avoir lu le chapitre consacré à l'usage du dictionnaire p. 300, cherchez dans la liste les mots qui présentent pour vous des difficultés.

■ Quelle est la nature de ce mot ? Est-ce un nom ? Quel est son genre ? C'est important de le savoir pour faire l'accord du déterminant, de l'adjectif, du participe passé...

■ Si vous souhaitez en savoir plus et connaître d'autres mots qui présentent les mêmes difficultés orthographiques, reportez-vous aux numéros des pages situés au bout de la ligne.

■ Et bien sûr, si vous hésitez sur le sens d'un mot, n'oubliez pas de le rechercher dans votre dictionnaire.

LISTE DES ABRÉVIATIONS :

n. nom
f féminin
H homophones
m masculin
adj. adjectif
alors mot invariable
aimer *qqch* ou *qqu'un* verbe et sa construction
1 1er groupe
2 2e groupe
3 3e groupe

a

à H. 180
abandonner *qqch.* **1**
abattre *qqch.* ou *qqn.* **3**
abbaye n. *f.* 206
abdomen n. *m.* 201
abeille n. *f.* 257
abîme n. *m.* 206
abîmer *qqch.* **1**
abondance n. *f.* 213
aboutir *à qqch.* **2**
abri n. *m.* 206
abriter *qqch.* ou *qqn.* **1**
abrupt adj. 221
absence n. *f.* 213
absent adj. 214
absolu adj. 219
acacia n. *m.* 224
acajou n. *m.* 224
accablement n. *m.* 225
accabler *qqn.* **1**
accepter *qqch.* ou *de + inf.* **1**
accès n. *m.* 234
accessoire n. *m.* 255
acclamer *qqn.* **1**
accompagner *qqch.* ou *qqn.* **1**
accord n. *m.* 225
accorder *qqch.* à *qqn.* **1**
accroc n. *m.* 211
accrocher *qqch.* **1**
accroissement n. *m.* 225
accru adj. 225
accueil n. *m.* 257
accueillir *qqn.* ou *qqch.* **3**
accusation n. *f.* 225
accuser *qqn.* de *qqch.* **1**
acquérir *qqch.* **3**
acteur n. *m.* 256
action n. *f.* 259
addition n. *f.* 259
adhérer *à qqch.* **1**
adjectif n. *m.* 239
adjoint n. *m.* 244
adolescent n. *m.* 233
adresse n. *f.* 200
adresser *qqch.* à *qqn.* **1**
adroit adj. 242
aérien adj. 217
affaiblir *qqn.* **2**
affaire n. *f.* 229
affection n. *f.* 229
afficher *qqch.* **1**
affirmer *qqch.* à *qqn.* **1**
affluence n. *f.* 213
affluent n. *m.* 229
affreux adj. 229
affronter *qqch.* ou *qqn.* **1**
afin
africain adj. 229
agglomération n. *f.* 228
agglutiner **1**
aggravation n. *f.* 228
agrafe n. *f.* 229
agrandissement n. *m.* 229
agression n. *f.* 259
aigle n. *m.* 199
aigu adj., *f. :* aiguë 228
aiguille n. *f.* 227
aiguiser *qqch.* **1**
aile n. *f.* 199
ailleurs
aimant n. *m.* 214
aimer *qqn, qqch.* **1**
ainsi
air n. *m.* H. 309
aire n. *f.* H. 309
algèbre n. *f.* 198
algérienne adj. 200
aliment n. *m.* 214
alimentation n. *f.* 259
aller **3**
alliance n. *f.* 213
alors
alphabet n. *m.* 199
alpiniste n. *m.* 206
amande n. *f.* H. 309
amarrage n. *m.* 240
amarre n. *f.* 240
ambiance n. *f.* 214
ambigu adj., *f. :* ambiguë 228
ambiguïté n. *f.* 206
âme n. *f.* 195
amende n. *f.* H. 309
amer adj. 240
amitié n. *f.* 254
amphore n. *f.* 230
ampoule n. *f.* 214
ancêtre n. *m.* 198
ancien adj., *f. :* ancienne 217
ancre n. *f.* H. 309
âne n. *m.* 195
ange n. *m.* 213
angine n. *f.* 238
anglais adj. 213
angoisse n. *f.* 213
animal n. *m.* 173
anneau n. *m.* 210
année n. *f.* 203
annoncer *qqch.* à *qqn.* **1**
annuler *qqch.* **1**
antenne n. *f.* 200
antérieur adj. 240
antilope n. *f.* 219
antiquaire n. *m.* 224
antique adj. 213
antiquité n. *f.* 253
août n. *m.* 282
apaiser *qqn.* ou *qqch.* **1**

apercevoir *qqn.* ou *qqch.* **3**
apeurer **1**
apitoyer **1**
aplanir *qqch.* **2**
aplatir *qqch.* **2**
apogée n. *m.* 204
apologie n. *f.* 219
apothéose n. *f.* 219
apôtre n. *m.* 210
appareil n. *m.* 219
appeler *qqn.* ou *qqch.* **1**
appétit n. *m.* 219
applaudir **2**
application n. *f.* 219
appliquer *qqch.* **1**
appoint n. *m.* 244
apport n. *m.* 219
apporter *qqch.* à *qqn.* **1**
appréciation n. *f.* 219
apprendre *qqch.* à *qqn.* **3**
apprenti n. *m.* 219
approche n. *f.* 219
appui n. *m.* 219
appuyer *qqch.* / sur *qqch.* **1**
ardemment adv. 196
argent n. *m.* 214
argot n. *m.* 211
aristocratie n. *f.* 234
arithmétique n. *f.* 222
aromate n. *m.* 221
arôme n. *m.* 210
arracher *qqch.* à *qqn.* **1**
arrangement n. *m.* 240
arranger *qqch.* **1**
arrêt n. *m.* 199
arrêter *qqch.* ou *qqn.* **1** *de + inf.*
arrière n. *m.* 199
arrosoir n. *m.* 255
art n. *m.* 249

artichaut n. *m.* 211
artisan n. *m.* 213
as n. *m.* 231
ascension n. *f.* 259
assassiner *qqn.* **1**
assembler *qqch.* **1**
asseoir (s') **3**
assez
assiette n. *f.* 200
assister **1**
assurer *qqn.* de *qqch.* **1** *qqch.*
astronaute n. *m.* 210
astuce n. *f.* 232
atelier n. *m.* 204
athée n. *m.* 222
atome n. *m.* 209
âtre n. *m.* 195
atroce adj. 224
attachant adj. 222
attacher *qqch.* ou *qqn.* **1**
attaquant n. *m.* 224
attaque n. *f.* 222
attaquer *qqch.* ou *qqn.* **1**
atteindre *qqch.* **3**
attendre *qqch.* ou *qqn.* **3** *que + sub./de + inf.*
attente n. *f.* 213
attention n. *f.* 259
attirer *qqch.* ou *qqn.* **1**
attitude n. *f.* 222
attraction n. *f.* 259
attrait n. *m.* 222
attraper *qqch.* ou *qqn.* **1**
attribut n. *m.* 222
attroupement n. *m.* 222
aubade n. *f.* 210
aube n. *f.* 210
aubergine n. *f.* 239
audace n. *f.* 233
audacieux adj., *f.* : audacieuse

au-delà
auditif adj. 229
audition n. *f.* 210
auditoire n. *m.* 255
auprès
aussitôt
autel n. *m.* H. 309
auteur n. *m.* H. 309
authentique adj. 222
auto(mobile) n. *f.* 209
autocollant n. *m.* 209
autographe n. *m.* 230
automne n. *m.* 210
autoroute n. *f.* 210
autrefois
avancer **1**
avant
avare n. *m.* 240
avec
aventure n. *f.* 258
averse n. *f.* 201
aveugle n. *m.*
avis n. *m.* 249
axe n. *m.* 234
azur n. *m.* 258

baccalauréat n. *m.* 225
badaud n. *m.* 211
bagage n. *m.* 238
bagarre n. *f.* 240
bague n. *f.* 227
baguette n. *f.* 200
baie n. *f.* 246
baigner *qqn.* **1**

bain n. *m.* 218
balade n. *f.* H. 309
balai n. *m.* H. 309
balayer *qqch.* **1**
balançoire n. *f.* 255
baleine n. *f.* 199
ballade n. *f.* H. 309
banque n. *f.* **213**
banquette n. *f.* 200
bar n. *m.* H. 309
barrer *qqch.* **1**
bascule n. *f.* 258
bateau n. *m.* 210
bâtiment n. *m.* 195
bâtir *qqch.* **2**
bâton n. *m.* 195
battre *qqch.* ou *qqn.* **3**
bazar n. *m.* 236
beaucoup
beauté n. *f.* 253
bénéficiaire n. *m.* 260
besogne n. *f.* 236
besoin n. *m.* 244
bétail n. *m.* 257
bête n. *f.* 198
beurre n. *m.* 256
bibliothèque n. *f.* 224
bicorne n. *m.* 224
bien n. *m.* 217
bientôt
bijou n. *m.* 173
bijoutier n. *m.* 254
biscotte n. *f.* 222
bise n. *f.* 236
bismuth n. *m.* 222
bizarre adj. 240
blancheur n. *f.* 256
blesser *qqn.* **1**
boa n. *m.* 195
bœuf n. *m.* 174
boire **3**
bois n. *m.* 242
boisson n. *f.* 233
boîte n. *f.* 242
boîtier n. *m.* 254
bombyx n. *m.* 206
bord n. *m.* 241
bordure n. *f.* 258
bosse n. *f.* 233
bouc n. *m.* 224
bouchée n. *f.* 254
boue n. *f.* H. 309
bouée n. *f.* 203
bougeoir n. *m.* 239
bougie n. *f.* 255
boulanger n. *m.* 204
bouleau n. *m.* 172
boulevard n. *m.* 241
bouquet n. *m.* 199
bourgeois n. *m.* 242
bourgeon n. *m.* 239
bourse n. *f.* 231
bout n. *m.* H. 309
boyau n. *m.* 172
brassée n. *f.* 254
brebis n. *f.* 255
brin n. *m.* 217
briquet n. *m.* 224
bronze n. *m.* 236
brosse n. *f.* 233
brouillard n. *m.* 241
brousse n. *f.* 233
bruit n. *m.* 207
brûler *qqch.* **1**
brûlure n. *f.* 258
buggy n. *m.* 228
bulle n. *f.* 258
bus n. *m.* 231
buse n. *f.* 236
but n. *m.* H. 309

C

ça 231
cabine n. *f.* 224
câble n. *m.* 195
cactus n. *m.* 231
cadeau n. *m.* 224
cadran n. *m.* 213
caissier n. *m.* 204
caissière n. *f.* 260
calcul n. *m.* 258
calendrier n. *m.* 213
caméra n. *f.* 195
camp n. *m.* 214
camping n. *m.* 228
canard n. *m.* 241
cane n. *f.* H. 309
canne n. *f.* H. 309
canot n. *m.* H. 309
cantine n. *f.* 213
cap n. *m.* H. 309
cape n. *f.* H. 309
capétien n. *m.* 262
car n. *m.* H. 309
carafe n. *f.* 229
caravaning n. *m.* 227
carburant n. *m.* 214
caresse n. *f.* 200
cargo n. *m.* 209
carotte n. *f.* 222
casino n. *m.* 209
castor n. *m.* 240
cataclysme n. *m.* 206
catalogue n. *m.* 227
catastrophe n. *f.* 230
cauchemar n. *m.* 240
caution n. *f.* 259
ceci 232

cèdre n. *m.* 232
célèbre adj. 232
celle-là 196
cellule n. *f.* 258
celui-là 196
cendre n. *f.* 213
cent H. 309
centre n. *m.* 213
cep n. *m.* H. 310
cèpe n. *m.* H. 310
cependant
cerceau n. *m.* 210
cercueil n. *m.* 257
cerf n. *m.* H. 310
cerfeuil n. *m.* 257
certain 218
certainement
ceux-là 196
chaîne n. *f.* H. 310
chair n. *f.* H. 310
chaire n. *f.* H. 310
chamois n. *m.* 242
champion n. *m.* 214
chanson n. *f.* 231
chanter 1
chanteuse n. *f.* 236
chantier n. *m.* 254
chapelle n. *f.* 200
charcutier n. *m.* 254
chariot n. *m.* 211
château n. *m.* 195
chatte n. *f.* 222
chaud adj. H. 310
chauffer 229
chaussée n. *f.* 254
chaux n. *f.* 211
chef n. *m.* 229
chêne n. *m.* H. 310
chèque n. *m.* 198
cher adj. H. 310
chèvrefeuille n. *m.* 257
chez

chien n. *m.* 217
chiffon n. *m.* 229
chiffre n. *m.* 229
chirurgien n. *m.* 217
choc n. *m.* 224
chœur n. *m.* H. 310
chômage n. *m.* 210
chose n. *f.* 209
ciel n. *m.* 261
cigare n. *m.* 231
cime n. *f.* 231
cinéma n. *m.* 195
circonstanciel adj. 261
ciseau n. *m.* 210
cité n. *f.* 253
citoyen n. *m.* 217
clair adj. 199
clarinette n. *f.* 200
clarté n. *f.* 253
clé, clef n. *f.* 254
clientèle n. *f.* 198
clip n. *m.* 219
clôture n. *f.* 210
cocotier n. *m.* 254
cœur n. *m.* H. 310
coffre n. *m.* 229
coiffe n. *f.* 229
coin n. *m.* H. 310
coing n. *m.* H. 310
col n. *m.* H. 310
colère n. *f.* 198
colle n. *f.* H. 310
collège n. *m.* 238
collégien n. *m.* 217
colosse n. *m.* 233
combat n. *m.*
combattre *qqch.* ou *qqn.* **3**
combien
commande n. *f.* 213
commander *qqch.* à *qqn.* **1**

commencer *qqch.* **1**
à + inf. par qqch.
commettre *qqch.* **3**
communiquer *qqch.* à *qqn.* **1**
compact adj. 221
compassion n. *f.*
complet adj. 199
comprendre *qqch.* ou *qqn.* **3**
que + ind./sub.
compte n. *m.* H. 310
compter *qqch.* ou *qqn.* **1**
sur qqn.
comptoir n. *m.* 255
comte n. *m.* H. 310
concept n. *m.* 221
concert n. *m.* 241
concours n. *m.* 241
concurrence n. *f.* 213
condamner *qqn.* ou *qqch.*
qqn. à *qqch.* **1**
confetti n. *m.* 222
confiance n. *f.* 232
confidentiel adj. 261
confort n. *m.* 241
confus adj. 249
congé n. *m.* 258
conjonction n. *f.* 259
connaître *qqch.* ou *qqn.* **3**
consciemment 196
conscient adj. 233
conseil n. *m.* 257
conservatoire n. *m.* 255
consul n. *m.* 258
contact n. *m.* 221
conte n. *m.* H. 310
contempler *qqch.* ou *qqn.* **1**
contigu adj., *f. :* contiguë 228

contou**r** n. *m.* 240
contraindre *qqn.* à *qqch.* **3**
contr**aint** adj. 218
contr**ô**le n. *m.* 210
convaincre *qqn.* de *qqch.* **3**
conval**esc**ent n. *m.* 233
convers**ation** n. *f.* 259
conve**rsion** n. *f.* 259
co**q** n. *m.* H. 310
co**que** n. *f.* H. 310
coqueli**co**t n. *m.* 211
co**rps** n. *m.* H. 310
co**rr**ect adj. 240
correspond**ance** n. *f.* 232
correspondre *à* ou *avec qqn.* **3**
co**rr**ida n. *f.* 240
corriger *qqch.* ou *qqn.* **1**
cou n. *m.* H. 310
coul**oir** n. *m.* 255
cou**p** n. *m.* H. 310
cou**p**e n. *f.* 219
cour n. *f.* H. 310
courageuse**ment** 214
courageu**x** adj., *f. :* courageu**se** 238
cour**s** n. *m.* H. 310
course n. *f.* 231
cour**t** adj. H. 310
cou**s**in n. *m.* 236
c**ô**te n. *f.* 210
côt**é** n. *m.* 203
craindre *qqch.* ou *qqn.* **3**
cr**â**ne n. *m.* 195
crap**aud** n. *m.* 211
crava**t**e n. *f.* 221
cr**è**me n. *f.* 198
crépus**cule** n. *m.* 258
cr**in** n. *m.* H. 310
cro**c** n. *m.* 211

crois**sant** n. *m.* 214
cr**oix** n. *f.* 242
cube n. *m.* 224
cueillir *qqch.* **3**
cuiller**ée** n. *f.* 254
culotte n. *f.* 222
cy**c**le n. *m.* 206
cygne n. *m.* H. 314

daigner 1
d'ailleurs
d**aim** n. *m.* 218
dangereu**x** adj.
dans H. 310
d**an**se H. 310
davantage
déba**rr**as n. *m.* 240
débarrasser *qqch.* **1**
dé**ç**u adj. 232
dé**f**aite n. *f.* 229
dé**f**a**ut** n. *m.* 211
déjà
dél**ai** n. *m.* 199
dem**an**de n. *f.* 213
demeure n. *f.* 256
demeurer 1
démocra**tie** n. *f.* 234
d**en**sité n. *f.* 213
d**ent** n. *f.* H. 310
dent**elle** n. *f.* 200
dépanna**ge** n. *m.* 238
dépa**rt** n. *m.* 241
dép**en**se n. *f.* 213
dépenser *qqch.* **1**

dép**ôt** n. *m.* 211
derni**er** n. *m.* 204
derrière
descendre *qqch.* **3** *de + qqch.*
dés**ir** n. *m.* 240
dessin**ateur** n. *m.* 256
dessiner 1
dessous
dessus
détre**sse** n. *f.* 200
détr**oit** n. *m.* 242
deu**x**ième adj. 237
développer *qqch.* **1**
dict**ée** n. *f.* 254
différ**emment** 196
différ**ent** adj. 196
di**gu**e n. *f.* 227
dîme n. *f.* 206
dimin**ution** n. *f.* 259
dîner n. *m.* 204
dire**ct** adj. 221
di**sc**ipline n. *f.* 233
discour**s** n. *m.* 241
discr**étion** n. *f.* 259
discu**ssion** n. *f.* 259
disparaître *de + lieu* **3**
dispu**t**e n. *f.* 221
dis**que** n. *m.* 224
dissimuler *qqch.* à *qqn.* **1**
dist**an**ce n. *f.* 213
diver**s** adj. 241
divid**en**de n. *m.* 213
di**x** 232
di**x**-huit 237
di**x**-neuf 237
di**x**ième 237
di**z**aine n. *f.* 236
do n. *m.* H. 310
do**g** n. *m.* 227
domin**o** n. *m.*
dorénavant

dormir **3**
d**o**s n. *m.* H. 310
d**o**se n. *f.* 236
dou**x** ; *f.* : dou**ce** 250
douze 236
dra**p** n. *m.* 250
du**o** n. *m.* 209
dur**ée** n. *f.* 254

e

eau n. *f.* H. 312
ecchymose n. *f.* 204
ecclésiastique n. *m.* 204
échapper *à qqch.* ou *à qqn.* **1**
éch**o** n. *m.* 209
écho**ppe** n. *f.* 219
éclai**r** n. *m.* 240
éclairc**ie** n. *f.* 232
éclat n. *m.* 197
écorce n. *f.* 224
écorch**ure** n. *f.* 258
écr**an** n. *m.* 213
écrire **3**
écur**ie** n. *f.* 207
éduc**ation** n. *f.* 259
effacer *qqch.* **1**
effet n. *m.* 229
efficace adj. 229
effort n. *m.* 229
effrayer *qqn.* **1**
églan**tier** n. *m.* 254
égyp**tien** n. *m.* et adj. 262
électrici**en** n. *m.* 262
électri**que** adj. 224
ellipse n. *f.* 204
embarquer *qqch.* **1**
embarrasser *qqch.* ou *qqn.* **1**
émer**aude** n. *f.* 210
ém**ission** n. *f.* 259
emmener *qqn.* **1**
empêcher *qqn. de + inf.* **1**
empi**re** n. *m.* 240
employer *qqch.* ou *qqn.* **1**
emporter *qqch.* **1**
emprunter *qqch.* à *qqn.* **1**
enchanteur n. *m.* ; adj. 213
encre n. *f.* H. 309
endr**oit** n. *m.* 242
enfant n. *m.* 213
enge**lure** n. *f.* 258
enjeu n. *m.* 213
ennemi n. *m.* 200
ennui n. *m.* 213
ennuyer *qqn.* **1**
enquête n. *f.* 213
enseigner *qqch.* à *qqn.* **1**
ens**emb**le n. *m.* 214
entendre *qqch.* ou *qqn.* **3**
entraîner *qqch.* ou *qqn.* **1**
entrep**ô**t n. *m.* 211
envelo**ppe** n. *f.* 219
envelopper *qqch.* **1**
envoyer *qqch.* à *qqn.* **1**
ép**au**le n. *f.* 210
épée n. *f.* 203
épi n. *m.* 219
épi**cier** n. *m.*
épi**cière** n. *f.* 260
épître n. *f.* 206
épouv**ante** n. *f.* 213
équipe n. *f.* 203
équival**ent** adj. 214
érafl**ure** n. *f.* 258
erg**ot** n. *m.* 210
erreur n. *f.* 240
escabeau n. *m.* 201
escal**ier** n. *m.* 204
escargot n. *m.* 201
esclave n. *m.* ou *f.*
escrime n. *f.* 201
espace n. *m.* 201
esp**è**ce n. *f.* 198
esp**oir** n. *m.* 255
essai n. *m.* 204
ess**aim** n. *m.* 218
essayer *qqch.* **1**
essence n. *f.* 204
essen**tiel** adj. 261
essuyer *qqch.* et *qqn.* **1**
est verbe **être** H. 181
et H. 181
étanche adj. 221
éta**ng** n. *m.* 215
éta**pe** n. *f.* 219
éteindre *qqch.* **3**
ét**eint** adj. 218
éto**ff**e n. *f.* 229
étr**oit** adj. 242
europ**éen** adj. 217
événement n. *m.* 203
examen n. *m.* 201
excellent adj. 234
excès n. *m.* 234
excitation n. *f.* 234
exciter *qqn.* **1**
excuser *qqch./qqn.* **1**
s'excuser *de qqch.* **1**
exemple n. *m.* 201
s'exercer *à + inf./à qqch.* **1**
exercice n. *m.* 201
exigu adj., *f.* : exiguë 228
exiguïté n. *f.* 228
expli**cation** n. *f.* 259
expliquer *qqch.* à *qqn.* **1**
expl**oit** n. *m.* 242
explor**ateur** n. *m.* 256
explorer **1**
exposer *qqch.* à *qqn.* **1**

exprimer *qqch.* **1**
expulser **1**
expulsion n. *f.* 259
extérieur n. *m.* 256

f

façade n. *f.* 232
faiblesse n. *f.* 200
faim n. *f.* H. 311
faisceau n. *m.* 233
fait n. *m.* 249
falaise n. *f.* 199
fantôme n. *m.* 210
farine n. *f.* 230
fatiguer **1**
fauteuil n. *m.* 257
faux adj., *f.* : fausse 250
fée n. *f.* 254
femme n. *f.* 196
fémur n. *m.* 258
fenêtre n. *f.* 198
fente n. *f.* 213
féroce adj. 232
fête n. *f.* H. 311
fêter *qqch.* **1**
feuille n. *f.* 257
fidèle adj. 198
fier adj. 240
figuier n. *m.* 227
figure n. *f.* 227
filtre n. *m.* 229
fin n. *f.* ; adj., f. : fine H. 311
finir **2**
flan n. *m.* H. 311
flanc n. *m.* H. 311
flaque n. *f.* 224
flatterie n. *f.* 222
flottaison n. *f.* 222
flotte n. *f.* 222
foi n. *f.* H. 311
foie n. *m.* H. 311
foin n. *m.* 244
foire n. *f.* 255
fois n. *f.* H. 311
foncer *sur qqch.* **1**
fontaine n. *f.* 199
forêt n. *f.* 199
four n. *m.* 240
fourmi n. *f.* 255
fournée n. *f.* 254
fourrure n. *f.* 240
fraise n. *f.* 199
frapper *qqch./qqn.* **1**
frein n. *m.* 218
froid n. *m.* 242
frotter *qqch.* **1**
fruitier n. *m.* 254
fugitif adj. 229
fusée n. *f.* 254
futur n. *m.* 258

gadget n. *m.* 227
gag n. *m.* 227
gai adj. 199
gaieté n. *f.* 253
galaxie n. *f.* 234
galette n. *f.* 200
galop n. *m.* 211
garage n. *m.* 227
gare n. *f.* 195
gaufre n. *f.* 210
gaule n. *f.* 210
gaz n. *m.* H. 311
gaze n. *f.* H. 311
gazelle n. *f.* 236
gazon n. *m.* 236
geai n. *m.* H. 311
géant n. *m.* 238
gendarme n. *m.* 238
gêne n. *f.* 238
gêner *qqn.* **1**
général n. *m.* 173
générosité n. *f.* 253
gentil adj. 238
gentillesse n. *f.* 200
gentiment 215
geôle n. *f.* 239
géographie n. *f.* 230
gibier n. *m.* 238
gifle n. *f.* 238
gigot n. *m.* 238
gîte n. *m.* 206
glace n. *f.* 227
glisser *sur qqch.* **1**
glu n. *f.* 227
goal n. *m.* H. 311
gonfler *qqch.* **1**
gouffre n. *m.* 229
goulot n. *m.* 211
goût n. *m.* 227
goûter *qqch./à qqch.* **1**
grâce n. *f.* H. 311
gracieux adj. 250
granit n. *m.* 222
grappe n. *f.* 219
gras adj., *f.* : grasse H. 311
gratter *qqch.* **1**
grave adj. 227

griffe n. *f.* 229
grimper *à qqch.* **1**
gri**ppe** n. *f.* 219
gri**zz**li n. *m.* 237
gr**oin** n. *m.* 244
grotte n. *f.* 222
gué n. *m.* 227
guêpe n. *f.* 227
guère H. 311
guérison n. *f.* 227
guerre n. *f.* H. 311
guetter *qqch.* ou *qqn.* **1**
gueule n. *f.* 227
guide n. *m.* 227
guignol n. *m.* 227
guirl**an**de n. *f.* 213
guitare n. *f.* 227
gypse n. *m.* 206

h

habiller *qqn.* **1**
habi**t** n. *m.* 207
habit**ation** n. *f.* 259
habiter **1**
ha**ïtien** adj. 262
ham**eau** n. *m.* 210
handica**p** n. *m.* 219
hanga**r** n. *m.* 240
harico**t** n. *m.* 211
hâte n. *f.* 195
haut adj., *f.* : haute 211
héroïque adj. 206
hésiter *à + inf.* **1**
heure n. *f.* 256
heureuse adj. 236
heurt n. *m.*
heurter *qqn.* 256
ou *qqn.* **1**
hier
hippique adj. 219
hippodrome n. *m.* 219
hippopotame n. *m.* 219
hiv**er** n. *m.* 248
hori**z**on n. *m.* 248
ho**rr**ible adj. 240
hors H. 312
hôte n. *m.* 210
hubl**ot** n. *m.* 211
huître n. *f.* 206
humi**d**e adj. 248
hu**tt**e n. *f.* H. 311
hydravion n. *m.* 206
hydrogène n. *m.* 206
hypermarché n. *m.*
hypocrite n. *m.* ou adj. 206
hypoténuse n. *f.* 206
hypothèse n. *f.* 206

i

ici
ic**ô**ne n. *f.* 210
id**ée** n. *f.* 254
idio**tie** n. *f.* 234
île n. *f.* 206
imbattable adj. 217
immangeable adj. 217
impact n. *m.* 217
impair n. *m.* ou adj. 217
imperméable n. *m.* ou adj. 217
imposer *qqch.* à *qqn.* **1**
imp**ô**t n. *m.* 211
impressionner *qqn.* **1**
impru**demment** 196
impru**dent** adj. 196
indig**è**ne n. *m.* 238
indiquer *qqch.* à *qqn.* **1**
individuel adj. 217
inf**â**me n. *m.* ou adj. 195
influencer *qqn.* **1**
in**j**ure n. *f.* 228
injuste adj. 238
inouï adj. 206
inquiéter *qqn.* **1**
insol**ent** adj. 214
installer *qqch.* ou *qqn.* **1**
interdire *qqch.* à *qqn.* **3**
intéresser (s') *à qqch.* ou *qqn.* **1**
intér**ê**t n. *m.* 199
interpréter *qqch.* **1**
interroger *qqn.* **1**
interrompre *qqch.* ou *qqn.* **3**
irland**ais** adj. 200
ironie n. *f.* 240
ironique adj. 240
i**rr**itable adj. 240
issue n. *f.* 233
itinér**aire** n. *m.* 240

j

jadis
jal**oux** adj. 250
jambe n. *f.* 214
jambon n. *m.* 214
jan**t**e n. *f.* 213

japonais adj. 200
jardin n. *m.* 217
jaune adj. 210
javelot n. *m.* 211
jazz n. *m.* 237
jean n. *m.* 207
jeep n. *f.* 207
jet n. *m.* H. 311
jeu n. *m.* 238
jeune adj. 238
jockey n. *m.* 226
jogging n. *m.* 228
joie n. *f.* 242
joindre *qqch.* **3**
joint n. *m.* 244
joyau n. *m.* 210
judo n. *m.* 209
juger *qqn./que + ind.* **1**

k

kaki n. *m.* ou adj. 225
képi n. *m.* 224
ketchup n. *m.* 219

l

là
lac n. *m.* H. 311
lâcher *qqch.* **1**
laisser *qqch.* ou *qqn.* **1**
lait n. *m.* 200
lancer *qqch.* à *qqn.* **1**
landau n. *m.* 172
langage n. *m.* 213
langue n. *f.* 227
lapin n. *m.* 219
laque n. *f.* 224
larynx n. *m.* 218
lavabo n. *m.* 209
leçon n. *f.* 232
légende n. *f.* 213
léger adj. 204
légèrement
lendemain n. *m.* 218
lettre n. *f.* 200
leurre n. *m.* 256
lien n. *m.* 217
limpide adj. 217
lionceau n. *m.* 210
lire *qqch.* à *qqn.* **3**
loi n. *f.* 242
loin 244
loisir n. *m.* 240
long adj. 251
lourd adj. 241
luth n. *m.* 222
lutteur n. *m.* 222
lycée n. *m.* 203
lycéen n. *m.* 217

m

maçon n. *m.* 232
magicien n. *m.* 262
magnétophone n. *m.* 230
main n. *f.* 218
mais H. 312
maïs n. *m.* 206
maître n. *m.* H. 312
malheureux adj. 248
manche n. *f.* 213
manège n. *m.* 238
manger *qqch.* **1**
manquer *qqch./qqn. de qqch./à qqn.* **1**
marais n. *m.* 200
marée n. *f.* 254
marge n. *f.* 238
mariage n. *m.* 238
marin n. *m.* 217
marsouin n. *m.* 244
martien n. *m.* 262
martyr n. *m.* 206
massif adj. 229
mathématique n. *f.* 222
matin n. *m.* 217
mazout n. *m.* 221
méditerranéen adj. 217
ménage n. *m.* 238
mer n. *f.* H. 312
merci n. *m.* 206
mère n. *f.* H. 312
méthode n. *f.* 222
métro(politain) n. *m.* 209
mets n. *m.* H. 312
mettre *qqch.* **3** **H.** 312
mi n. *m.* H. 312
micro(phone) n. *m.* 209
mie n. *f.* H. 312
minutie n. *f.* 234
modèle n. *m.* 198
moi H. 312
mois n. *m.* H. 312
moisson n. *f.* 233
mon H. 312
monologue n. *m.* 227
mont n. *m.* H. 312

moqueur adj., 256
f. : moqueuse
mot n. *m.* H. 312
mourir de *qqch.* **3**
moy**en** n. *m.* ou adj. 217
mu**r** n. *m.* H. 312
mûr adj., *f.* : mûre H. 312
mus**ée** n. *m.* 203
myt**h**e n. *m.* 222
myt**h**ologie n. *f.* 222

n

naïf adj. 206
na**pp**e n. *f.* 219
na**tt**e n. *f.* 222
necta**r** n. *m.* 240
n**ei**ge n. *f.* 199
nénupha**r** n. *m.* 240
ne**tt**e**té** n. *f.* 253
ne**tt**oyage n. *m.* 222
nettoyer *qqch.* **1**
neuf adj. 229
nev**eu** n. *m.* 172
nez n. *m.* 204
nid n. *m.* H. 312
niè**ce** n. *f.* 232
nœud n. *m.*
noix n. *f.* 242
nommer *qqch./qqn.* **1**
note n. *f.* 221
nourrir *qqn.* **2**
nourrir (se) *de qqch.* **2**
n**oy**ade n. *f.* 242
numér**o** n. *m.* 209

o

obj**et** n. *m.* 199
obscu**r** adj. 240
observer *qqch./qqn.* **1**
obse**ssion** n. *f.* 259
ob**s**tacle n. *m.* 231
obtenir *qqch.* de *qqn.* **3**
obtus adj. 249
o**cc**asion n. *f.* 225
o**cc**lusion n. *f.* 225
occuper *qqch.* **1**
occuper (s') *de qqch.* ou *de qqn.* **1**
océ**an** n. *m.* 213
œuf n. *m.* 229
o**ff**ense n. *f.* 229
offrir *qqch.* à *qqn.* **3**
oie n. *f.* 242
oiseau n. *m.* 242
oiseleur n. *m.* 242
oisif adj. 242
omele**tt**e n. *f.* 200
onze 236
opér**a** n. *m.* 195
opposer **1**
o**pp**osition n. *f.* 219
oran**ge**ade n. *f.* 239
orgueil n. *m.* 257
ori**g**ine n. *f.* 238
or**th**ogra**ph**e n. *f.* 222
os n. *m.* H. 312
osseux adj. 233
otage n. *m.* 221
otite n. *f.* 221
ou H. 312
où H. 312
ou**est** 221
oui H. 312
ouïe n. *f.* H. 312
oxygène n. *m.* 238

p

page n. *f.* 219
pain n. *m.* H. 313
pai**r** adj., *f.* : pai**r**e ou n. *f.* H. 313
paix n. *f.* 200
panoram**a** n. *m.* 195
p**an**se n. *f.* H. 213
p**an**talon n. *m.* 213
pa**qu**et n. *m.* 224
par H. 313
paraître + *adj.* **3**
pare**ss**eux adj. 233
parisi**enne** 200
parmi
paro**issi**en n. *m.* 262
parole n. *f.* 240
part n. *f.* H. 313
partager *qqch.* **1**
part**i** n. *m.* H. 313
participer *à qqch.* **1**
parti**e** n. *f.* H. 313
pâte n. *f.* H. 313
pâtée n. *f.* 254
pa**tt**e n. *f.* H. 313
pause n. *f.* 210
pav**o**t n. *m.* 211
payer *qqch.* ou *qqn.* **1**
pays n. *m.* 206
pay**s**age n. *m.* 236
peau n. *f.* H. 313
pêcher *qqch.* **1**
pédiatre n. *m.* 195
pei**gn**e n. *m.* 199
peindre *qqch.* **3**
penser *à qqch./qqn.* **1**
que/ + inf.

péripétie n. *f.* 234
phalange n. *f.* 230
pharmacie n. *f.* 230
pharmacienne n. *f.* 200
photographier **1**
phrase n. *f.* 230
physique n. *f.* 230
pi H. 313
piano n. *m.* 209
pic n. *m.* 224
pie n. *f.* H. 313
pièce n. *f.* 198
pied n. *m.* 204
piège n. *m.* 238
pigeon n. *m.* 239
pile n. *f.* 219
pilote n. *m.* 221
pinceau n. *m.* 210
pingouin n. *m.* 244
piquant n. *m.* 224
pis n. *m.* H. 313
piscine n. *f.* 233
piteux adj., *f.* : piteuse 250
piton n. *m.* H. 313
pittoresque adj. 222
placer *qqch.* ou *qqn.* **1**
plafond n. *m.* 230
plaie n. *f.* 200
plaindre *qqn.* **3**
plaindre (se) *de qqn./qqch.* **3**
plaine n. *f.* H. 313
plaisir n. *m.* 199
plastique n. *m.* 224
plein adj., *f.* : pleine H. 313
plongée n. *f.* 254
plonger *dans qqch.* **1**
plongeon n. *m.* 239
plutôt
poêle n. *m.* ou *f.* H. 313

poème n. *m.* 198
poids n. *m.* H. 313
poignée n. *f.* 242
poil n. *m.* H. 313
poing n. *m.* H. 313
point n. *m.* H. 313
pois n. *m.* H. 313
poison n. *m.* 238
poisson n. *m.* 231
pôle n. *m.* 210
polygone n. *m.* 206
pont, n. *m.* 249
porc n. *m.* H. 313
port n. *m.* H. 313
pose n. *f.* 209
posséder *qqch.* **1**
pot n. *m.* H. 313
pouce n. *m.* 233
pouding n. *m.* 227
poule n. *f.* 219
pousser *qqch./qqn.* **1**
pré n. *m.* 203
précoce adj. 233
premier n. *m.* 204
prendre *qqch.* à *qqn.* **3**
près
presqu'île n. *f.* 206
prêt n. *m.* 199
preuve n. *f.* 219
princesse n. *f.* 200
principe n. *m.* 219
province n. *f.* 219
prudemment 196
prudent adj. 196
prussien n. *m.* 262
psychiatre n. *m.* 195
publicité n. *f.* 219
puce n. *f.* 233
puy n. *m.* H. 313
pygmée n. *m.* 203
pylône n. *m.* 210
python n. *m.* H. 313

q

quai n. *m.* 224
quand H. 309
quant à H. 309
quantité n. *f.* 253
quatorze 236
quelquefois
quelqu'un 224
question n. *f.* 224
qui 224
quinze 236
quittance n. *f.* 222
quoi 224
quotidien n. *m.* ou adj. 224

race n. *f.* 233
racine n. *f.* 240
radio n. *f.* 240
rail n. *m.* 257
raisin n. *m.* 217
raison n. *f.* 236
rancœur n. *f.* 256
rang n. *m.* 215
rapidement 214
rappeler *qqch.* à *qqn.* **1**
rappeler (se) de *qqch.* **1**
rapt n. *m.* 221
raquette n. *f.* 200
ras H. 313
rat n. *m.* H. 313
rattraper *qqch.* ou *qqn.* **1**

réc**emment** 196
réc**ent** 196
réch**aud** n. *m.* 211
récit n. *m.* 207
récolte n. *f.* 240
recommander **1**
récomp**en**se n. *f.* 213
récompenser *qqn.* **1**
reconnaître *qqch.* ou *qqn.* **3**
reco**rd** n. *m.* 241
re**ç**u n. *m.* 232
ref**let** n. *m.* 199
régim**ent** n. *m.* 214
rè**g**le n. *f.* 227
regretter *qqch.* ou *qqn.* **1**
regretter *que + subj.* **1**
r**ei**ne n. *f.* H. 313
relie**f** n. *m.* 229
remar**qu**able 224
remplacer *qqch.* ou *qqn.* **1**
remplir *qqch.* **2**
renne n. *m.* H. 313
réponse n. *f.* 231
rep**os** n. *m.* 211
ressembler *à qqch.* ou *qqn.* **1**
ressentir **3**
resp**ect** n. *m.* 250
résult**at** n. *m.* 197
rétr**o**(grade) 209
réussir *qqch.* **2**
rêve n. *m.* 198
rhinocéros n. *m.* 241
rhume n. *m.* 241
rid**eau** n. *m.* 210
rieu**s**e adj. 236
ring n. *m.* 227
riva**ge** n. *m.* 238
ri**z**ière n. *f.* 236
r**ô**le n. *m.* 210
rompre *qqch.* **3**
r**o**se n. *f.* et *adj.* 209
ros**ée** n. *f.* 254
r**ô**ti n. *m.* 210
roue n. *f.* H. 313
r**oux** adj. H. 313
ro**y**al adj. 242
ro**y**aume n. *m.* 242
rub**an** n. *m.* 213
rue n. *f.* 246
ru**s**e n. *f.* 236
ru**ss**e n. *m.* 233
rui**sseau** n. *m.* 210
rui**ss**el**et** n. *m.* 199

sab**ot** n. *m.* 211
sa**cc**ade n. *f.* 225
sa**c**oche n. *f.* 224
sain adj. H. 314
saint n. *m.* H. 314
sai**s**on n. *f.* 236
salade n. *f.* 231
sale adj. H. 314
sans-**gê**ne n. *m.* 238
sau**ce** n. *f.* 233
saut n. *m.* H. 314
sauter **1**
sav**oy**ard n. *m.* 242
saxo**ph**one n. *m.* 230
scal**p** n. *m.* 219
scarab**ée** n. *m.* 203
scénari**o** n. *m.* 209
scène n. *f.*
sceptre n. *m.* 233
scie n. *f.* H. 314
science n. *f.* 233
scientifique adj. 233
sco**ut** n. *m.* 221
scrup**ule** n. *m.* 258
seau n. *m.* H. 314
sec adj. 201
séche**resse** n. *f.* 200
secou**ss**e n. *f.* 233
secr**et** n. *m.* 199
sein n. *m.* H. 314
s**ei**ze 199
séjou**r** n. *m.* 240
sen**s** n. *m.* 231
sentim**ent** n. *m.* 214
sept 198
séri**eux** adj.
se**rr**e n. *f.* H. 314
sexe n. *m.* 234
si H. 314
siè**ge** n. *m.* 238
sien 262
signe n. *m.* H. 314
simple adj. 217
sir**op** n. *m.* 211
sitôt
si**x** 232
si**x**ième 237
so**c**ial adj. 232
sœur n. *f.* 256
soi H. 314
soie n. *f.* H. 314
soi**f** n. *f.* 229
soirée n. *f.* 242
soi**x**ante 232
soleil n. *m.* 257
sol**enn**el adj. 196
so**tt**ise n. *f.* 222
sou**ci** n. *m.* 224
sou**ff**le n. *m.* 229
souffrir *de qqch.* **3**
sou**hait** n. *m.* 200
souhaiter *qqch.* à *qqn.* **1**
que + subj.

sou**pe** n. *f.* 219
soupi**r** n. *m.* 240
souri**s** n. *f.* 255
spo**re** n. *m.* H. 314
spo**rt** n. *m.* H. 314
squel**ette** n. *m.* 200
statue n. *f.* 246
stéré**o** (phonique) adj. 209
style n. *m.* 206
su**cc**ès n. *m.* 234
su**cc**in**ct** adj. 234
su**cc**ursale n. *f.* 225
su**ff**isant adj. 229
suj**et** n. *m.* 199
superficie n. *f.* 219
supérieur adj. 236
supermarché n. *m.* 219
supplément n. *m.* 219
su**pp**lice n. *m.* 219
support n. *m.* 219
supporter *qqch.* ou *qqn.* **1**
que + subj.
supposition n. *f.* 219
sur H. 314
s**ûr** adj. H. 314
sûreté n. *f.* 253
symbole n. *m.* 218
sympa**th**ie n. *f.* 222
sympt**ô**me n. *m.* 210
synonyme n. *m.* 206
système n. *m.* 206

t

taba**c** n. *m.* 250
table n. *f.* 221
ta**che** n. *f.* H. 314
t**â**che n. *f.* H. 314
tahi**tien** adj. 262
tambou**r** n. *m.* 240
tant H. 314
tante n. *f.* H. 314
tantôt
taon n. *m.* H. 314
taux n. *m.* 211
te**ch**nique n. *f.*
teint n. *m.* H. 314
télé**ph**one n. *m.* 230
t**élé**vision n. *f.* 203
tém**oin** n. *m.* 244
temps n. *m.* H. 314
tendre adj. 213
téno**r** n. *m.* 240
tension n. *f.* 213
tente n. *f.* H. 314
ter**rain** n. *m.* 218
te**rr**ible adj. 240
test n. *m.* 221
texte n. *m.* 234
t**hé** n. *m.* 203
thé**â**tre n. *m.* 195
thème n. *m.* 222
théorie n. *f.* 222
thermique adj. 222
thermomètre n. *m.* 222
thèse n. *f.* 222
thorax n. *m.* 222
thym n. *m.* 222
ti**è**de adj. 198
timbre n. *m.* 217
ti**r** n. *m.* 240
tira**ge** n. *m.* 239
ti**ss**u n. *m.* 233
toa**st** n. *m.* 221
to**cs**in n. *m.* 234
toi H. 314
toil**ette** n. *f.* 200
toit n. *m.* H. 314
t**ô**le n. *f.* 210
tomber *sur qqch./qqn.* **1**
tombol**a** n. *f.* 195
toréado**r** n. *m.* 240
to**rr**ent n. *m.* 240
to**rr**ide adj. 240
to**rt** n. *m.* 241
tôt
tot**em** n. *m.* 201
tou**ffe** n. *f.* 229
toujours
tourn**ée** n. *f.* 254
tourne**do**s n. *m.* 211
toutefois
toux n. *f.* 250
trafi**c** n. *m.* 224
tr**ain** n. *m.* 218
traîn**eau** n. *m.* 210
tr**ait** n. *m.* 200
traj**et** n. *m.* 199
tr**an**quille adj. 213
transe**pt** n. *m.* 221
tr**an**sport n. *m.* 213
tra**ppe** n. *f.* 219
travers**ée** n. *f.* 253
tr**ei**ze 199
tr**en**te 213
très
tréso**r** n. *m.* 240
tri n. *m.* 206
trib**u** n. *f.* H. 249
trib**ut** n. *m.* H. 249
triom**phe** n. *m.* 230
tr**ois** 242
tronçon n. *m.* 232

trop H. 315
trot n. *m.* H. 315
truffe n. *f.* 229
tuyau n. *m.* 172
tweed n. *m.* 207
type n. *m.* 219

u

univers n. *m.* 249
urgent adj. 214

v

vacances n. *f.* 213
vacarme n. *m.* 224
vaccin n. *m.* 234
vague n. *f.* 227
vain adj., *f.* :
vaine H. 315
vainqueur n. *m.*
vaisseau n. *m.* 172
vaisselle n. *f.* 200
vautour n. *m.* 240
veau n. *m.* H. 315
veine n. *f.* H. 315
velours n. *m.* 249
vendeuse n. *f.* 236
vendre *qqch.* à *qqn.* **3**
vénitien adj. 262
ver n. *m.* H. 315
véranda n. *f.* 195
verre n. *m.* H. 315
verrou n. *m.* 240
vers H. 315
vêtement n. *m.* 214
vexant adj. 234
vin n. *m.* H. 315
vingt H. 315
vingtaine 199
violemment 196
violent adj. 196
visage n. *m.* 236
voie n. *f.* H. 315
voilà
voix n. *f.* H. 315
volant n. *m.* 214
volcan n. *m.* 213
volet n. *m.* 199
vos H. 315
voyage n. *m.* 242
voyageur n. *m.* 256
vraiment 214
vue n. *f.* 246

w

walkman n. *m.* 243
water n. *m.* 243
watt n. *m.* 243

y

yeux n. *m.* 237

z

zèbre n. *m.* 237
zénith n. *m.* 221
zéro n. *m.* 237
zone n. *f.* 237
zoo n. *m.* 237

INDEX

SAVEZ-VOUS

CE QU'ILS VEULENT DIRE

Liste des principaux symboles utilisés dans Bescherelle Junior.

!	Attention ! Ce point est particulièrement important : il faut le **retenir**.
	Le son exprimé par un symbole phonétique ([ɛ] , [ɔ] , etc.).
	La graphie d'un son.
ÉTYMOLOGIE	Le mot vient **d'un mot étranger** (en général, du latin, ou du grec).
FAMILLE DE MOTS	Vous pouvez vous aider d'un mot **de la même famille** pour trouver l'orthographe correcte du mot, retrouver la lettre muette convenable par exemple.
HOMOPHONES	Attention ! Ce mot se prononce comme un autre, mais son sens est tout à fait différent.
TABLEAU 7 | 42	Ce symbole renvoie au ***Bescherelle 1,*** *la Conjugaison* (Éd. Hatier). Le chiffre de gauche indique le numéro du tableau, le chiffre de droite la page.

LES CAHIERS BESCHERELLE CM 1, CM 2, 6e

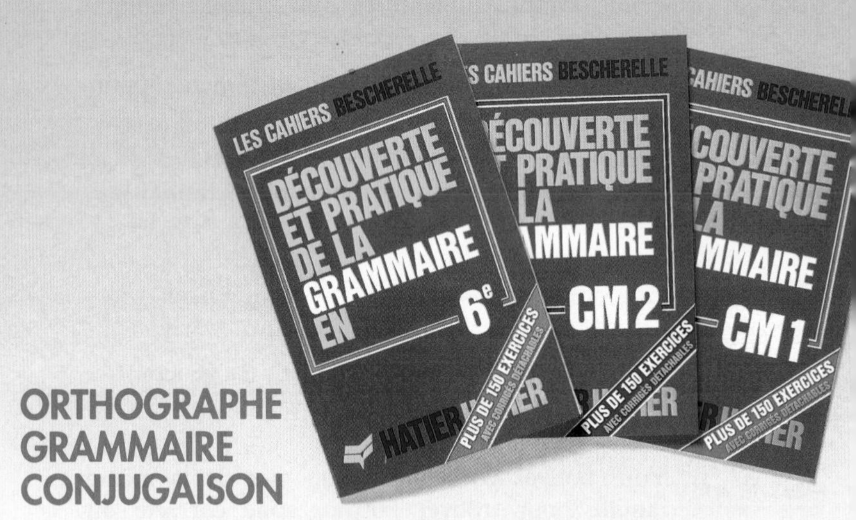

Tous les programmes de l'année en 150 exercices par ouvrage, avec en plus des objectifs à atteindre et un résumé pour vérifier que les notions sont bien acquises.

BESCHERELLE
LA PASSION DE LA LANGUE FRANÇAISE

HATIER

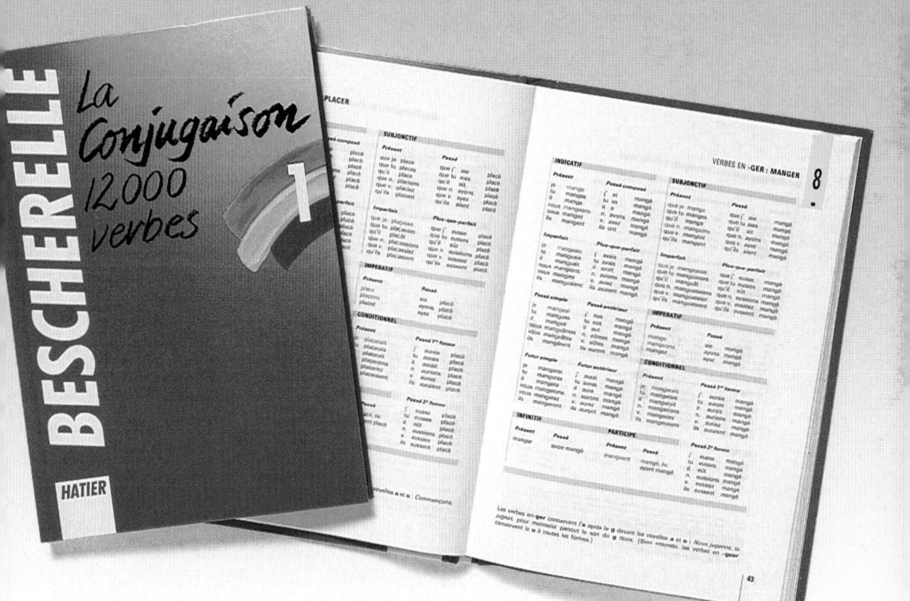

Illustrations : Sophie Beaujard

Schémas : Thierry Leveau

Achevé d'imprimer sur les presses de MAURY-IMPRIMEUR S.A. – 45330 Malesherbes
ISBN : 02643 – Dépôt légal : 8750 – Janvier 1992
N° d'impression : L91/37170 B

Imprimé en France